LÉON BLOY

LETTRES
A
PIERRE TERMIER
1906-1917

*Suivies de Lettres à Jeanne Termier
(Mme Jean Boussac) et à son Mari.*

ÉDITION ORIGINALE

PARIS

LIBRAIRIE STOCK
DELAMAIN ET BOUTELLEAU
7, Rue du Vieux-Colombier

LETTRES A PIERRE TERMIER

Suivies de Lettres à Jeanne Termier
(Madame Jean Boussac) et à son Mari

Photographie DORNAC.

LÉON BLOY

LETTRES
A PIERRE TERMIER

1906-1917

Suivies de Lettres à Jeanne Termier
(Madame Jean Boussac) et à son Mari

AVERTISSEMENT DE
PIERRE TERMIER,
de l'Institut

PARIS
LIBRAIRIE STOCK
DELAMAIN ET BOUTELLEAU
7, Rue du Vieux-Colombier, 7
MDCCCCXXVII

Nº 177

AVERTISSEMENT

Dans l'Invendable, quatrième volume de son Journal, Léon Bloy a narré lui-même notre rencontre, à Montmartre, le 17 janvier 1906. C'est ce qu'il appelle, dans la Table des matières du livre, « l'apparition de Pierre Termier sur la Montagne des Martyrs ».

Nos chemins, jusqu'alors, avaient été bien différents, et beaucoup de nos contemporains nous eussent jugés très dissemblables. Il faut croire cependant qu'il y avait entre nous une affinité mystérieuse, car nous devînmes presque immédiatement de grands amis. Amitié chaude et fidèle, qui ne connut jamais le moindre nuage. Elle reste l'honneur de ma vie, et il m'est infiniment doux de penser qu'elle a pu, avec un petit nombre d'amitiés semblables, adoucir quelque peu la dure et sombre vieillesse de Léon Bloy.

L'auteur du Désespéré est mort le 3 novembre 1917, âgé de 71 ans; lors de notre première entrevue, dans ce café de Montmartre où il m'attendait, « vêtu de velours comme un charpentier », il approchait de la soixantaine.

Voici la série complète des lettres que m'a adressées cet homme extraordinaire; elles sont l'histoire, le plus souvent douloureuse, de ses onze dernières années. Simples et familières, tout à fait sans apprêt ni recherche, parfois drôles, malicieuses, amusantes, elles vont droit au but sans le moindre détour; mais il arrive que, dans la plupart, dans les plus laconiques comme dans les plus longues, brusquement jaillisse un éclair, révélation soudaine et inattendue d'une âme prodigieusement haute, d'un cœur incroyablement sensible, d'un don de l'image et de l'expression qui va jusqu'au génie.

En les lisant, ces lettres, on verra Bloy sous un jour qui n'est pas celui dans lequel, habituellement, le mettent ses portraitistes. Le pamphlétaire féroce a disparu, faisant place au doux mystique, au chrétien amoureux, à l'ami indulgent ; le violent est devenu un tendre. Plus exactement, violence et tendresse cohabitent, celle-ci couvrant celle-là et la cachant presque ; et quand, par instants, surgit la colère, la colère qui, chez Bloy, n'est jamais très longtemps assoupie, elle n'apparaît plus que comme l'explosion de son indignation généreuse ou « l'effervescence de sa pitié ».

Les éditeurs ont bien voulu ajouter, à la série des lettres que Bloy m'a écrites, celles qu'il a adressées à l'une de mes filles, Jeanne, la dédicataire de l'Invendable, et à son mari.

Pierre TERMIER.

Novembre 1926.

LETTRES A PIERRE TERMIER

Paris, 14 Janvier 1906,
40, rue de La Barre, Montmartre.

Cher Monsieur,

Assurément, je verrai avec plaisir *un ingénieur que mes livres ont pu intéresser* — ce que je croyais au moins difficile.

Mais, vous voyez, nous sommes éloignés, séparés matériellement par un grand espace.

Vous seriez bienvenu dans ma petite maison. Ma femme, à peine convalescente après une maladie grave qui nous a tous mis en danger, et nos deux aimables fillettes vous feraient un accueil très doux.

Cependant un tel voyage vous serait peut-être difficile. D'autre part, j'ai des occasions d'aller au *Mercure*. Si donc vous ne pouvez pas venir, fixez-moi, n'importe où, un rendez-vous, vingt-quatre heures à l'avance. J'y serai fidèle.

On me reconnaît à ceci que je suis vêtu de velours comme un charpentier et que j'ai l'air d'une brute.

Votre

Léon Bloy.

P.-S. — Je veux croire que vous ne tenez pas absolument à me nommer « cher maître ». N'étant pas huissier, ni avoué, ni notaire, je vous serais particulièrement obligé de ne pas me flétrir de ce protocole.

23 *Janvier* 1906 (*Festum Desponsationis*).

Cher Monsieur Termier,

Je serai certainement chez vous demain mercredi, à midi, très heureux d'être présenté à Mme Termier et à vos enfants. Mais une pensée triste m'est venue et je veux vous la dire en toute simplicité.

Je vous ai envoyé *le Mendiant* parce que c'est un beau livre, de toutes manières; parce qu'il m'en reste quelques exemplaires; enfin et surtout parce que vous êtes un ami de la Salette. Or, d'après votre lettre, il semblerait que le *titre* de ce Journal douloureux vous a paru un *appel* et m'en voilà un peu mortifié.

C'est vrai que, par l'injustice homicidement concertée de plusieurs contemporains, je suis, depuis vingt ans, un ouvrier privé de salaire; c'est vrai aussi que je n'ai pas honte d'accepter ce que Dieu m'envoie, le don fût-il accompagné de soufflets et de crachats. Tels les Saints dont je n'ai malreusement pas l'honneur d'être.

Mais je ne voudrais pas qu'on me crût habile et capable de détours. S'il en était ainsi, je serais riche pour ma honte et ma damnation. Nous reparlerons de cela demain. Que Dieu vous bénisse, cher monsieur et ami.

Votre

Léon Bloy.

40, *rue de ce polisson de La Barre,*
1ᵉʳ *Février* 1906.

Cher Ami,

Ma victoire est vraiment trop facile et je suis un peu confus d'avoir été si agréable avec si peu d'efforts.

Marie et Jeanne auraient pu me faire un accueil pointu. Elles m'ont été hospitalières et douces. Ne pouvant faire mieux, je leur ai offert un tout petit livre dont le principal mérite est d'avoir été imprimé soigneusement. Cela ne méritait pas même qu'on en parlât.

Certes, nous serons heureux de vous voir ici quand il vous plaira de venir avec vos enfants. Je me demande seulement s'il y aura assez de place et assez de chaises. Il est vrai que nous avons un jardin.

Je serai très heureux aussi de déjeuner chez vous mardi, c'est bien sûr. Mais je serais deux fois heureux si ma chère Véronique m'accompagnait. Si vous y consentez, ne me répondez pas. Je saurai que cela veut dire : oui. On parle beaucoup de vous et des vôtres depuis mon voyage à Vaugirard et ma pauvre et délicieuse aînée rêve déjà de se faire des amies de Marie et de Jeanne. Vous savez ce que je vous ai dit. C'est une fille du Saint-Esprit. La pureté, la droiture de cette âme *artiste* scandaliseraient plusieurs troupeaux.

C'est demain la Chandeleur, fête des petits enfants et des vieillards. Je parlerai de vous à Quelqu'un qui m'a souvent écouté.

Votre

Léon Bloy.

Voulez-vous prier Mme Termier de se souvenir de moi avec bienveillance?

7 *Février* 1906.

Mon cher Ami,

Voici le titre du livre dont je vous ai parlé hier :
Traité de la Vraie dévotion à la Sainte Vierge, par le vénérable serviteur de Dieu Louis-Marie Grignion de Montfort. Librairie Henri Oudin.

Cette librairie est, je crois, dans les environs de Cluny. Le Bottin vous renseignera.

C'est un très petit livre. Mais l'auteur du *Désespéré*, le contempteur assidu de la basse littérature de piété, vous dit que c'est un chef-d'œuvre dont *vous avez besoin*.

Vous pourriez acquérir, du même coup, *le Secret de Marie* par le même, une toute petite plaquette. Les deux coûtent à peine trente sous.

Mais, encore une fois, pour mettre à profit cet enseignement héroïque, cette pédagogie de lion, il faut la communion quotidienne — absolument. J'ai beaucoup connu la peine dont nous avons parlé et je sais ce que je vous dis.

Je vous aime déjà beaucoup, vous et votre famille, mon cher Termier. Il m'est facile de prier pour vous. J'espère que ce ne sera pas en vain, ayant, par bonheur, beaucoup à offrir, puisque je suis malheureux et très menacé.

Offrez le bonjour affectueux de Marchenoir à Mme Termier, à Marie, Jeanne, Geneviève et Joseph. J'ai oublié les autres noms.

Votre

Léon Bloy.

Quand je retournerai chez vous, rappelez-moi certaines corrections que je veux faire dans votre exemplaire de *Belluaires*.

24 *Février* 1906, S. *Matthias,*
l'apôtre du Saint-Esprit et l'un de mes
protecteurs très particuliers.

Mon cher Termier,

Hier soir, dernière heure, en même temps que votre lettre et les 500 francs de M. Gabriel Chanove, je recevais une lettre de mon ami Jacques Maritain, l'un des jeunes hommes les plus extraordinaires que j'aie rencontrés. Conquis par mes livres, sûr d'avoir trouvé en moi une sorte de prophète, il s'est dit, dès le premier jour, qu'il avait le devoir de s'opposer à ma destruction par la misère et, tout de suite, ce devoir s'est imposé à lui comme un maître très impérieux. Lui et sa charmante jeune femme, Raïssa Maritain, dédicataire du *Salut*, se sont donné pour tâche, depuis environ huit mois, m'ayant trouvé presque agonisant, de me ranimer et je leur dois strictement d'avoir vécu ce temps-là. Aujourd'hui la pauvre Raïssa est malade. Elle a même été assez malade pour mourir. Et je suis la cause infiniment probable. C'est comme un rêve de voir, aujourd'hui, de telles âmes!

Eh bien! Jacques me disait hier ses démarches auprès de vous, ayant cru, comme moi, qu'un Pierre Termier se présentant inopinément, à la fin de la maladie dangereuse de ma femme, c'est-à-dire au moment précis où tout semblait épuisé, c'était comme une vision de la Main de Dieu, une assurance miraculeuse de n'être pas abandonnés.

Il avait raison, sans doute, puisque voilà le résultat, et je n'ai pas mieux à faire que d'admirer.

Pratiquement, les 500 francs de M. Chanove étaient exactement ce qu'il fallait pour que je ne fisse pas la culbute, la définitive culbute à la fin du présent mois, en plein carnaval. Le charbonnier, le boucher, le boulanger, le propriétaire et quelques autres resserraient chaque jour leurs étreintes et semblaient déterminés à me poursuivre jusque dans la Plaie du Cœur de Jésus.

Nous ne souffrions pas trop, cependant, habitués au miracle depuis tant d'années. Mais il était temps que les fantômes disparussent. On a beau croire et savoir, le contact de la Main froide est toujours terrible.

J'irai déjeuner chez vous le mercredi des Cendres, mais seul. Véronique a eu la rougeole, mais elle pourrait l'avoir encore, et la communiquer à Madeleine qui en est *morte* le 7 mars 1900 (voir *Mon Journal*) et qui est ressuscitée juste au moment où elle expirait. Souvenir de douleur énorme que je voudrais anéantir.

Vous me donnez l'adresse de M. Gabriel Chanove, sans doute pour que je lui écrive. Je le veux bien, mais ne sachant rien de lui sinon ce mouvement généreux que vous avez déterminé, je crains d'être maladroit ou indiscret et je vous prie de m'éclairer.

Offrez, je vous prie, mes salutations les plus affectueuses à Mme Termier, à Marie, à Jeanne, à Marguerite, à Thérèse, etc., etc...

Votre

Léon BLOY.

1er Mars 1906.

Feria quinta post Cineres — « Jacta
cogitatum tuum in Domino, et ipse
te enutriet. »

MON CHER PATRIARCHE,

Hier soir, en rentrant, j'ai expédié à Gabriel Chanove un exemplaire du *Salut par les Juifs* qu'il a dû recevoir aujourd'hui.

Voici maintenant une copie de la lettre envoyée ce matin et qu'il recevra très certainement ce soir :

« Monsieur, vous recevrez, je l'espère, en même temps que cette lettre, un exemplaire du *Salut par les Juifs*, celui de mes livres qui m'est le plus cher et qui vient d'être heureusement réédité.

« J'ai différé jusqu'à ce jour de vous écrire, quoique touché à fond de ce que vous avez fait pour moi. Par vous, j'ai vu disparaître en un instant l'angoisse trop connue dont j'ai souffert tant de fois. Mais je craignais, vous écrivant cela, de vous importuner, de paraître me jeter à vous.

« Notre excellent ami Termier, que j'ai vu hier, a dissipé cette crainte en m'assurant que vous êtes ce que tant de gens ne veulent pas être ni paraître : un catholique. Il y a donc des chances pour que vous acceptiez, par pure bonté de cœur et *en tenant compte des voies inconnues de Dieu*, ce qui peut sembler exorbitant chez un écrivain qui n'a jamais su rien dire que l'ABSOLU.

« Il vous suffira de lire quelques pages de l'un ou l'autre de mes livres pour comprendre ma *solitude* et la rigueur excessive de mon destin. En vue d'être le Témoin particulier de l'Honneur de Jésus-Christ, j'ai subi, trente ans, les traitements les plus rudes et j'ai souffert tout ce que j'ai raconté, c'est-à-dire, à peu près, tout ce qu'un pauvre homme peut souffrir.

« Aujourd'hui, j'ai 60 ans, une chère petite famille à préserver, des ressources nulles et une œuvre considérable à finir. Quelques-uns tels que vous et Termier penseront peut-être que ma tête vaut d'être sauvée.

« Je vous prie, Monsieur, d'agréer l'expression de mes sentiments très affectueux. »

J'espère, mon cher ami Termier, que cette lettre vous semblera convenable.

A vous, maintenant, de voir comment vous pourrez l'appuyer. J'admire ce que Dieu fait pour moi, depuis tant d'années. Souvent je me dis, avec émotion et palpitation du cœur, qu'il faut que mes livres soient vraiment bénis pour me procurer de telles amitiés, pour faire venir à moi de telles âmes : les Termier, les Maritain, d'autres encore. Car c'est ainsi. Mes livres opèrent seuls. N'étant pas homme du monde et n'allant nulle part, il n'arrive pas ordinairement qu'un ami me soit présenté par un autre. Presque toujours c'est un inconnu qui vient à moi, comme vous êtes venu, comme les Maritain sont venus, et qui est forcé de se présenter lui-même, quelquefois en tremblant à cause de ma réputation de férocité.

Mais votre cas est particulièrement *surnaturel*. La Salette a été le point de départ de ma vie intellectuelle et, autant que je peux voir, de ma vie religieuse. Cela se passait en 79, époque pour moi de tels prodiges que le monde, après cela, n'a plus été pour moi qu'épouvante ou vomissement : *terram tenebrosam et opertam mortis caligine, terram miseriae et tenebrarum, ubi umbra mortis, et nullus ordo, sed sempiternus horror inhabitat.* Or, c'est la Salette qui vous a donné à moi; c'est la première chose que vous m'avez dite, dans ce café où nous nous sommes vus pour la première fois.

N'avais-je pas raison, l'autre jour, de vous écrire que vous êtes particulièrement missionné pour me procurer le secours dont Dieu sait que j'ai besoin, juste au moment où ce besoin est absolu et devenu tout à fait urgent? Peut-être jugerez-vous qu'il n'y a pas de temps à perdre pour revoir votre ami Chanove que ma lettre, à l'heure où j'écris celle-ci, a pu, par la volonté divine, impressionner *déjà*, favorablement.

Qui sait la redoute que vous pourriez enlever du premier coup, en ne différant pas l'assaut un seul jour?

Je vous ai tout dit hier et vous avez tout compris. La culbute est évitée, mais *c'est tout*. Avant quatre jours, nous n'aurons plus rien.

Donc, mon cher ami, de la confiance et une généreuse audace! Je crois que quelque chose de grand vous est confié.

Fideliter et Fiducialiter.

Votre

Léon BLOY.

8 Mars 1906.

MON CHER AMI TERMIER,

Avez-vous reçu ma lettre de vendredi dernier 2 mars? Je pensais qu'elle vous arriverait avant votre départ. Je vous envoyais une copie de ma réponse de la veille à l'envoi de M. Chanove. Tout cela avait pour moi une assez grande importance.

Ce soir, je vous écris de nouveau parce que je suis dans le trouble et l'affliction. Votre apparition dans ma vie cruelle m'a semblé, je vous l'ai dit, un signe de miséricorde. Le mercredi des Cendres, vous m'avez encouragé à espérer et je suis revenu ici saturé d'espérance.

Aujourd'hui, je vous prie *très gravement* de me faire savoir le plus tôt possible si, réellement, j'ai quelque chose à espérer. J'aimerais mieux apprendre qu'il n'y a rien que d'être dévoré par l'incertitude un jour de plus. Vous ne pouvez avoir oublié ce que je vous ai dit. La somme donnée par M. Chanove a payé, je ne dis pas nos dettes, mais nos fournisseurs, et c'est tout, absolument. On ne peut plus que recommencer la vie à crédit. Depuis quatre ou cinq jours, on est exactement dénué. Chaque matin il faut chercher, comme je l'ai fait tant d'années, les quelques francs indispensables.

Si c'est dans la volonté de Dieu que cela continue, autant dire que ma vie littéraire est finie. Je n'ai plus, aujourd'hui, la force de supporter ce tourment et je suis profondément découragé. Est-ce donc si difficile de trouver du pain pour un homme tel que moi?

Je vous prie donc, encore une fois et au *Nom de Dieu*, de me dire la vérité.

Cette lettre est affranchie avec les centimes d'un ami très pauvre. Si elle n'obtient pas de réponse, je n'aurai pas le moyen ni le courage de recommencer.

Votre

Léon Bloy.

10 *Mars* 1906.

Mon cher Termier,

J'ai reçu hier vos deux lettres et le mandat, le précieux mandat !

Le matin, après la communion, Dieu m'avait donné cette pensée que nous devions être secourus par notre petite Madeleine dont c'était le jour anniversaire. Cette aimable enfant est née à 9 heures du matin, le 9 mars, il y a 9 ans. Je n'ai donc pas été surpris, mais la crise de découragement a pris fin. C'est un mal intermittent dont la fréquence a été horrible depuis trente ou quarante ans. J'ai beau savoir par une expérience non moins longue que je suis dans la main du Père d'une façon très spéciale et que je ne peux pas périr quelles que soient les menaces; n'importe, Jésus est le maître de mon âme et il m'inflige cet obscurcissement quand il a besoin de me voir souffrir en sa compagnie.

Pour ce qui est de vous, cher ami, vous ne pouvez pas plus qu'un autre agir en dehors de la volonté ou de la permission divine. C'est le contact, le point de ressemblance des hommes avec les anges qui sont, vous le savez, des messagers, des exécuteurs.

En ce qui me concerne, vous avez reçu, c'est fort évident, une mission tout à fait particulière. Dieu, voyant en vous quelque chose d'exceptionnel, vous a envoyé à l'individu exceptionnel que je suis et je vous donne l'assurance formelle qu'il en résultera pour votre âme un *bien* exceptionnel. Vous êtes, vous et les vôtres, avec ceux que je porte dans mon cœur et qui m'accompagnent ainsi chaque jour à la Basilique.

Votre

Léon BLOY.

Ma femme vous serre affectueusement la main. Comptez sur moi, lundi matin. Je lirai à vos chères filles quelques-uns de mes contes militaires.

Paris, 18 *Mars* 1906.

MON CHER PATRIARCHE,

Ayant entrepris et réalisé, en grande partie déjà, le déblaiement que vous savez, et forcé de me vêtir à neuf, je préfère que la somme dite me soit envoyée.

Pour les raisons exprimées dans ma dernière lettre, je suis très persuadé que vos efforts seront exceptionnellement bénis, en même temps que votre personne et votre aimable famille.

Il y a sur moi bien des choses qu'on ne sait pas et qui vous seront montrées un jour.

Chacune de vos démarches pour moi est une spéculation de vie éternelle pour vous-même et pour les vôtres. Je le dis avec une certitude profonde.

Vous avez raison d'espérer de l'auteur du *Salut* de nouveaux livres à la Gloire de Dieu.

Notre rencontre à ma *onzième heure* est un signe bien évident que je vais enfin recevoir mon salaire, c'est-à-dire être mis en état de faire usage de ce que Dieu m'a donné pour son service.

Le moment paraît arrivé ou sur le point d'arriver.

Il y a, dans le *Consulat et l'Empire* de ce misérable Thiers, une page qui m'a fait trembler et presque sangloter d'admiration, non pour l'historien, mais pour l'histoire. C'est lorsque, en 1805, Napoléon devenu le Maître, n'ayant plus ni chefs ni compétiteurs, marche au Danube — *in fortitudine cibi* — dans la force de l'aliment divin qui est son génie, dans la joie surnaturelle de sa plénitude et de son expansion.

Votre

Léon BLOY.

P.S. — Quand j'aurai le plaisir d'aller chez vous, tâchez, je vous en prie, d'avoir lu *Sueur de Sang* qui doit aller dans d'autre mains.

24 *Mars* 1906.

Mon cher Ami,

Votre science m'étonne et m'humilie. Je me sens au-dessous de tout en présence des phénomènes orogéniques et je me déclare tout à fait incapable de choisir entre le lambeau de recouvrement et le lambeau de charriage.

Pour ce qui est de l'âge mésozoïque, ou néozoïque, des schistes lustrés et particulièrement de la série cristallophyllienne compréhensive, j'avoue que ces expressions, probablement claires, me laissent béant et stupide.

J'ai donc été forcé de fermer votre brochure, avec tristesse, renonçant à savoir ce que c'est qu'un plissement ou un synclinal, et plusieurs autres choses très belles qui me seront expliquées dans le Paradis.

Une seule page, la dernière, a pu échapper au désastre, puisqu'elle me parle des Livres Saints, mais c'est une lueur qui n'éclaire pas pour moi vos redoutables chemins.

J'aurais pourtant bien voulu pouvoir vous suivre, mon cher Termier. Pardonnez-moi d'être une pauvre vieille bourrique très affectueuse et croyez que je prie pour vous et les vôtres, chaque matin, sur la *montagne* des Martyrs et du Sacré Cœur.

Votre

Léon Bloy.

In festo Pretiosissimi Sanguinis
D. N. J. C., 30 *Mars* 1906.

Mon cher Termier,

Vous êtes ce que j'ai écrit, un très vrai et très bon ami. Alors je pense que vous vous croirez récompensé quand je vous aurai dit que vos démarches, évidemment bénies, ont cet effet absolument nouveau de me procurer la paix, la paix extérieure que je n'ai *jamais* connue, l'ayant toujours désirée.

Vous êtes donc un ami très particulier de Dieu. Cela, je vous le dis très gravement, et du plus profond de mon âme. A cause de cela, quelles que puissent être vos fautes, vous serez traité avec une exceptionnelle douceur, je vous en donne l'assurance plénière, comme si Jésus m'avait parlé.

Ne m'envoyez rien. Nous reparlerons d'argent vers l'époque du terme. J'ai la délicieuse paix déjà dite, parce que j'ai pu me débarrasser de ceux qui se croyaient en droit de me troubler. Je vous avais parlé de mes dettes. C'est très simple. Je commencerai à jouir des « cinq mille » francs espérés, à partir seulement des premières unités du troisième mille. Jusque-là, j'ai seulement la joie de me délivrer des insectes, — ce qui est déjà un avant-goût du Paradis.

Vous m'avez parlé avec admiration de la lettre de Maritain. Voudriez-vous me la communiquer? Ce serait une occasion d'ajouter quelque chose à mon sentiment pour ce délicieux ami qui a été jugé seul digne de la merveilleuse Raïssa.

Donnez-moi une fois de plus le plaisir de revoir vos enfants en m'invitant à déjeuner un jour où vous serez à peu près libre.

Votre

Léon BLOY.

Paris, 6 *Avril* 1906.

Très cher Ami,

Voici l'accusé de réception et la lettre extrêmement précieuse de Jacques Maritain.

Pour ce qui est du chèque, vous savez ce que j'ai dans le cœur pour vous, mon bon Termier, vous le savez à peu près. Quelques lignes plus ou moins *rares* ne vous apprendraient pas grand'chose. Mais en ce qui concerne les Maritain, quelle merveille! quel miracle à vous raconter!

En vous quittant hier, j'ai couru chez eux. Je vous avais dit, il me semble, qu'ils m'attendaient, *ayant quelque chose à me dire*. Oui, certes, et j'en suis encore tout pantelant.

Ils étaient à l'extrême limite du désert et *ils demandaient le Baptême* ! Dans leur ignorance des formes liturgiques, ils pensaient que j'allais pouvoir les baptiser moi-même, Raïssa n'ayant absolument pas reçu ce sacrement et Jacques n'en ayant reçu, tout au plus, que le simulacre. Il

m'a fallu leur expliquer —, avec quelle ivresse de cœur !
— que n'étant pas en danger de mort et l'intervention
d'un prêtre étant facile, il leur fallait le baptême tel que
l'Église le confère et non pas le simple ondoiement *in
extremis* administré par un laïque.

Il a été décidé que je les mettrais, dimanche, en présence d'un très bon prêtre connu de moi, et ce prêtre,
que j'ai vu ce matin et à qui j'ai raconté ce miracle en
pleurant, aura l'immense joie d'introduire ces deux âmes
dans l'Église, la semaine prochaine, la semaine sainte.

Quelle fête de Pâques pour nous !

Dites-vous, Pierre Termier, que ce sera la septième fois
que j'assisterai à une abjuration procurée par moi ou à
cause de moi.

Une religieuse idiote à qui ma femme parlait, à Lagny-
Cochons, de mes livres, lui demanda s'ils étaient *approu-
vés*. Je sais, aujourd'hui, et je vois qu'ils le sont, non par
un évêque, mais par l'Esprit-Saint.

Bonjour à mes petites amies de la rue de Vaugirard.
Votre

Léon Bloy.

Paris, 10 Avril 1906,
mardi saint.

Mon cher Termier,

J'ai reçu coup sur coup vos deux lettres. Comme vous
m'annonciez votre départ, j'ai pensé qu'il n'y avait pas
lieu de répondre avant la veille de votre retour.

Parlons d'abord de l'abjuration. Nos chers amis sont
venus déjeuner chez nous dimanche et ont pu passer avec
nous plusieurs heures délicieuses. On les a mis en présence d'un des chapelains de la Basilique venu tout exprès.
C'est un prêtre jeune autour de qui semble flotter un
arome d'amour divin; une sorte de figure d'enfant et de

martyr que vous aimeriez. Il leur a dit avec infiniment de prudence et de précision ce qu'il fallait. Ils se sont déclarés parfaitement et irrévocablement décidés, mais ayant besoin d'un peu de délai. Contradiction très humaine et qui n'est qu'apparente. Ils croient avoir besoin *d'élan*. Au fond ils sont peut-être plus impatients que nous-mêmes.

Je les ai revus hier. En ma qualité de parrain, j'ai donné à Raïssa une *quinzaine de Pâques* et ils ont promis de suivre les offices, les admirables offices de ces saints jours. Peut-être vont-ils recevoir le dernier coup.

J'ai fait connaître votre désir et tout de suite j'ai vu l'inquiétude et le souci. Lorsqu'ils auront accompli leur évolution et que l'heure de marcher sera venue, il se pourrait, à cause de leur immense estime pour vous, que votre présence fût possible, à condition toutefois que vous fussiez *seul*.

J'y penserai et j'y veillerai. Comptez sur moi. Je désire pour vous cette joie que j'ai eue *cinq* fois et qui est tout à fait unique.

Votre ami aux mille francs est admirable et ce que Dieu fait par vous est plus admirable encore. Je vous l'ai écrit. Ce que vous entreprenez pour moi est extraordinairement *béni*. Lorsque j'ai commencé à souffrir décidément et résolument pour Dieu, il y a bientôt *trente ans*, vous étiez déjà désigné pour mettre fin à mes peines. Je crois être avec les plus hauts théologiens et les maîtres de la vie spirituelle, en vous affirmant que dix années de pénitence héroïque ne vous auraient pas été plus profitables que ce que vous avez fait pour le Mendiant ingrat.

Vous serez traité, mon ami, avec *une très grande douceur*. Je sais ce que je vous dis.

Les derniers mille francs nous mettent à 3.750. C'est parfait, je vais régler quelques dettes de plus et je vais faire construire un poulailler, rêve de ma femme depuis notre mariage. Quand nous serons à 5.000, il est entendu que vous vous reposerez. Cependant si une bonne occasion *non prévue* se rencontrait, je pense qu'il faudrait se soumettre à la volonté divine et la saisir avec énergie.

Hier soir, j'ai raté Bunau-Varilla de quelques minutes. Ces gens n'attendent pas. Mais il avait chargé son secrétaire de me dire qu'il m'attendra ce soir à 5 heures. Il paraît qu'on veut faire de moi un rédacteur du *Matin*, chose à peu près incompréhensible. Il est clair que si les lecteurs de cette feuille savaient ce que je pense d'eux, ce qu'ils ne tarderaient pas à savoir, je serais immédiatement débarqué.

Hier, j'ai fait la démarche avec répugnance. Ce soir, je vais la faire avec répugnance et curiosité. Vous serez tout de suite avisé du résultat.

Je crois, cher ami, vous être agréable en vous communiquant une lettre reçue ce matin. Elle est d'un homme très humble, très pauvre et probablement un peu sublime, qui m'a fait l'honneur de m'écrire plusieurs fois. C'est un frère de la doctrine chrétienne qui a passé sa vie à instruire des enfants de paysans ou d'ouvriers, et à recevoir des injures. Rien ne m'honore plus que cette amitié.

Prière de me renvoyer cette lettre quand vous l'aurez lue. J'ai besoin de l'avoir sous les yeux pour y répondre.

Voulez-vous offrir à Mme Termier et à vos chers enfants l'expression de mes sentiments les plus affectueux ?

Votre

Léon Bloy.

> *Paris*, 11 *Avril* 1906.
> *Fête de S. Léon le Grand.*

Cher Ami,

En aussi peu de lignes que possible, étant fort pressé, voici ma seconde visite au *Matin*. Bunau-Varilla m'a reçu à 5 heures, mais une minute seulement. Poignée de main banale, « heureux de faire votre connaissance ». Et il est parti, me confiant à son secrétaire chargé de m'expliquer les choses.

Ce fut exquis.

Vous ne devineriez jamais ce qui m'a été demandé pour commencer : *L'immolation des ingénieurs*, l'immolation de *tous* les ingénieurs, Ponts et Chaussées, Mines, Marine. J'ai commencé par être un peu ahuri de cette demande présentée par le frère d'un ingénieur, et d'un ingénieur qui m'avait recommandé. J'ai répondu tout de suite que je ne marchais pas. Insistance du secrétaire qui m'a paru décontenancé et refus plus formel. « Non seulement je suis tout à fait incompétent, ai-je dit, mais en outre, j'ai des raisons dont la meilleure, peut-être, est que je n'engueule pas sur commande. »

Là-dessus, protestations admiratives dudit secrétaire qui rend justice à mon caractère, qui m'a lu, qui n'a même lu que moi, qui me déclare le plus original des écrivains, etc... et qui cherche ce que je pourrais bien faire au *Matin*.

Il finit par trouver Chaumié, il m'offre la peau de Chaumié. On va m'envoyer des documents. J'étais si las, si dégoûté, que je n'ai pas même pensé à offrir la seule chose que je puisse faire dans une telle feuille sans démentir toute ma vie : des Contes. Je sais, d'ailleurs, que cela ne leur conviendrait pas. *Vos de deorsum estis, ego de supernis sum. Vos de mundo hoc, ego non.* Si j'avais offert ce texte de saint Jean, il est probable que même le sens des mots n'aurait pas été saisi. Je suis parti sans déception, n'ayant rien espéré, content même d'échapper à des besognes de journalisme qui me détourneraient d'œuvres supérieures.

L'argent, c'est-à-dire la sécurité, me vient. Donc Dieu veut que je fasse mon œuvre à moi, non celle des autres. Vous l'avez compris.

Au revoir, mon bon ami Termier, saint Léon le Grand est content de vous et vous envoie un petit bonjour.

Léon BLOY.

26 *Avril* 1906.

Mon cher Ami,

J'écris ceci avant de sortir, ayant décidé d'aller chez vous, quoique fort souffrant. Si je ne vous rencontre pas, je laisserai ce papier.

Vous savez les bruits qui courent. Je n'en suis pas très effrayé. On parle trop de la révolution pour qu'elle n'avorte pas. Mais on est effrayé autour de moi et je dois, en conscience, faire tout ce qui peut être fait, c'est-à-dire m'assurer dès à présent de toutes mes ressources et les avoir immédiatement sous la main.

Voilà ce que j'ai à vous dire, si j'ai le bonheur de ne pas faire un long voyage vainement. Puis, j'avais pris déjà l'habitude de voir, assez souvent, vous et les vôtres, et ce plaisir me manque fort depuis vingt jours.

Donnez le bonjour le plus amical à tout votre monde.

Léon Bloy.

Paris, 27 *Avril* 1906.

Cher Ami,

J'ai reçu ce matin votre chèque à la date du 28. J'irai donc demain à la Banque.

Pendant que j'étais à Vaugirard les Maritain déjeunaient chez moi, s'étant annoncés par une dépêche venue après mon départ. A mon retour ils venaient de partir. Il fallait donc, pour une raison admirable, que je ne les rencontrasse pas et c'est pour cela que je vous ai rencontré vous-même, d'une manière si étonnante. On mourrait d'admiration si on voyait le plan de Dieu. Ce qu'on a de mieux à faire, c'est d'adorer sans comprendre.

Une certaine tristesse est dissipée. Ces jeunes gens n'ont pas changé de sentiment. Ils veulent toujours entrer dans l'Église, mais le dernier pas, celui qui est *irrévocable*, les épouvante. Il y a un moment, probablement très proche, voulu et connu de Dieu seul. Il faut l'attendre.

Offrir pour vous, comme je l'ai fait pour bien d'autres, mes souffrances passées, dites-vous. C'est ma constante pratique depuis longtemps. Qu'offrirais-je, sinon cela ? J'offre même les peines à venir, c'est-à-dire les dons les plus précieux que sa divine Majesté pourra me faire. Ce me serait une grande joie de pouvoir vous être utile à mon tour et ce serait tellement juste...

Saluez de ma part, très respectueusement, Mme Termier et dites pour moi quelques mots affectueux à vos chers enfants.

Votre

Léon Bloy.

Savez-vous que vous nous faites beaucoup rêver, avec votre idée de notre pèlerinage à la Salette? Quels souvenirs pour moi surtout et quelle émotion de revoir ce lieu dont on a beaucoup parlé, mais dont la vraie grandeur est si méconnue!

Ci-joint la carte de mon petit relieur.

Sacré-Cœur, 8 Mai 1906.

Cher Ami,

J'ai reçu hier soir le message ci-joint. Le papier contenait un billet de cent francs. Vous remarquerez qu'il n'y a pas de timbre. Cet objet a été remis à notre concierge par une jeune personne fort élégante, paraît-il, qui a pris aussitôt la fuite. Un groupe l'attendait à la porte. C'est tout ce que nous avons pu savoir. Je me demande et je vous demande si cela vient de quelque personne connue de vous. L'écriture et le cachet armorié vous éclaireront peut-être. Dans ce dernier, je distingue une licorne???

Ces surprises m'ont été faites plusieurs fois. Mais comment arriver à des gens qui ne veulent pas se faire connaître?

Le printemps est particulièrement exquis sur notre montagne. J'ai fait faire une grande table de jardin et nous mangeons délicieusement sous nos lilas en fleurs.

Voici ce que nous disions, tout à l'heure, ma femme et moi. Pourquoi notre bon ami Termier ne viendrait-il pas déjeuner chez nous avec une partie de sa smala? Il est matériellement impossible de la recevoir toute en une seule fois, mais il doit être possible de diviser. Ce serait pour nous une vraie joie et peut-être une occasion de vous aimer un peu plus. Ne nous la refusez pas. On est si bien près du Sacré-Cœur que les canailles fermeront demain, si Dieu le permet !

Offrez, je vous prie, à Mme Termier et à tous les vôtres l'expression de mes sentiments très affectueux.

Votre

Léon BLOY.

Tous les jours seraient bons, excepté le *jeudi*.
Véronique a un attrait particulier pour Thérèse.
Prière de me garder le document.

Sacré-Cœur, 10 *Mai* 1906.

CHER AMI,

Nous avons reçu avec beaucoup de joie la très bonne nouvelle de votre venue dimanche, c'est-à-dire dans trois jours. Un gigot vous attendra à midi.

Dieu voudra peut-être que l'orage ait pris fin et qu'on puisse mettre la table dans le jardin. Sinon, nous déjeunerons dans la salle d'armes, sous mon redoutable bronze.

Dites à Marie, à Jeanne et à Thérèse qu'elles seront reçues avec amour et offrez à Mme Termier mon profond respect. On est heureux d'être des chrétiens et de le *savoir*.

Il y a certainement des anthropophages qui sont des chrétiens de premier ordre, sans le savoir. Nous autres privilégiés, nous le savons et pourtant nous sommes probablement d'ordre inférieur. Méditez cela. *

Je pense constamment à vous, mon cher Pierre Termier, et avec émotion, voyant en vous une sorte de prédestiné. Je n'oublierai pas votre petit garçon et je compte sur vos prières le jour où je serai dans les tourments.

Votre

Léon BLOY.

* Nous le savons et nous n'en « faisons pas de cas » (la Salette). C'est pour cela que nous sommes d'ordre inférieur.

Paris, 15 Mai 1906.

CHER AMI,

Tout à fait en hâte, je vous dis que jeudi, après-demain, j'ai rendez-vous de bonne heure au *Mercure* pour le service dit de presse de *Pages choisies.*

Je ferai cette corvée en deux fois, avant et après midi. Pourriez-vous me recevoir, ce jour-là, à l'heure du déjeuner? J'arriverais chargé d'un paquet d'exemplaires pour vos amis.

Si c'est oui, inutile de me répondre. Si c'est non, fixez un autre jour. Mais je crains que vous ne soyez déjà sur la Méditerranée.

De manière ou d'autre les volumes seront chez vous. C'est important.

Un bonjour affectueux et circulaire à tous les vôtres, mon bon ami, de la part de

Léon BLOY.

Paris, 23 Mai 1906.

MON CHER AMI,

Je viens de recevoir ce que vous m'avez envoyé. Dieu vous bénisse une fois de plus et fasse de vous ce que nous voulons devenir nous-mêmes : un saint ! Les chrétiens oublient ou ne veulent pas comprendre que telle est leur fin dernière et qu'il n'y a pas moyen d'y échapper. Donc nous demandons la sainteté pour vous et les vôtres, tous les jours.

Aujourd'hui et demain, notre attention amoureuse est particulièrement acquise à votre petit Pierre. Dites à cet innocent de compter sur les prières d'un vieil homme qui a beaucoup offensé Dieu, mais sans parvenir à s'en faire détester et qui, par privilège très spécial, obtint souvent d'être exaucé de façon tout à fait miraculeuse.

Nous avons revu, avant-hier, nos chers amis les Maritain et l'assurance parfaite nous a été donnée par eux-mêmes de leur entrée fort prochaine dans l'Église. Ce sera même plus beau qu'on ne pensait. Il y aura non seulement Raïssa, mais sa sœur, israélite comme elle, puis l'abjuration de Jacques Maritain, élevé dans les ténèbres du protestantisme. Trois baptêmes d'adultes dont un conditionnel, celui de Jacques. J'ai le cœur tout palpitant à cette pensée.

« Un tel événement qui devrait être annoncé par les carillons, etc. » (Voir *Pages choisies*, 319).

Vous serez loin alors et vous ne pourrez pas en être le témoin, mais j'espère pouvoir vous écrire à temps et votre cœur sera avec nous.

Je ne sais trop comment je pourrais vous voir avant votre départ si prochain. Je suis malade depuis trois jours et en traitement. Oh! ce n'est pas grave et je ne suis pas empêché d'aller à la Basilique, mais c'est une incommodité fort pénible, ridicule même.

Je pense toutefois que rien ne s'opposera à ce que j'aille déjeuner chez vous le jeudi 31 mai, comme vous m'y invitez. Peut-être Véronique viendra-t-elle avec moi, pour revoir son amie Thérèse.

Dieu soit avec vous, mon cher voyageur !

Votre

Léon BLOY.

Je vous expédie, en même temps que cette lettre, un petit paquet d'imprimés qui pourront servir à votre propagande.

Paris, 1er *Juin* 1906.

Cher Ami,

Je n'ai pas déjeuné à Vaugirard hier. Une lettre, envoyée à temps par ma femme, a informé Mme Termier d'un grand malaise qui ne me permettait pas de faire une course aussi longue. Je suis en mauvais état depuis quelques semaines. Un habile médecin, qui est mon ami, m'ayant examiné avec soin, a diagnostiqué un engorgement de bile au foie. Et me voici en traitement. J'espère cependant être complètement valide au mois de juillet pour le pèlerinage tant désiré.

Rien n'est fait encore du côté des Maritain. La jeune femme est trop faible pour venir. Leur bonne volonté est certaine, mais il y a toujours à craindre les atermoiements, les obstacles de toute nature suscités par l'Ennemi que la perte de ces belles proies désespère. Nous ne pouvons que prier et attendre. Faites cela avec nous.

Ce matin, mon ami, premier vendredi du mois du Sacré Cœur, je me suis souvenu de vous à la Basilique avec une grande douceur et il m'a paru que vous étiez grandement aimé de Dieu, et certainement béni de la bénédiction la plus étendue.

Ce que vous avez fait pour moi vous sera payé avec une grande magnificence, je vous le dis.

Mes *Pages choisies* m'attirent beaucoup de lettres ou de cartes. J'ai reçu un bon remerciement de M. Berthet et un autre de M. Quarré. Parmi toute cette correspondance, je prends une lettre que je vous prie de lire. Elle est d'un homme simple, d'un vrai chrétien.

Rien ne m'est plus doux, ne me va plus directement au cœur qu'un peu de justice rendu au *Salut par les Juifs* qui est assurément mon livre le plus fort et le moins apprécié. On commence à y entrer un peu et c'est pour moi une consolation et une espérance. Si vous saviez sur quel fleuve de prières ce livre me fut apporté — autrefois !

Il convient qu'un tel « cantique » soit compris par les humbles et les simples. « *Confiteor tibi Pater, Domine cœli et terræ, quia abscondisti hæc a sapientibus et prudentibus, et revelasti ea parvulis.* »

En réponse à l'envoi de mon livre, l'admirable frère Dacien, confus de ce qu'il appelle « mes bontés », a tenu à nous prouver qu'il en est tout à fait indigne. « Sachez, nous a-t-il écrit, que je n'ai reçu aucune culture intellectuelle. »

Songez qu'il a copié *le Salut par les Juifs* jusqu'à trois fois! Je me dégoûte moi-même quand je pense à un tel homme.

Lisez la lettre de mon ami Raoul Le Meland. *C'est son vin que je vous ai fait boire.* Ce propriétaire est un pauvre vigneron qui a beaucoup de peine à vivre. Gardez son adresse et, à l'occasion, recommandez-le. Vous qui connaissez tant de gens, vous l'aideriez peut-être à vendre ses récoltes. Cela vous ferait un ami de plus, auprès de Dieu.

Votre

Léon BLOY.

Vous donneriez de la joie à mes fillettes en leur envoyant des cartes illustrées de Tunis.

Paris, 9 *Juin* 1906.

J'espère que vous avez reçu ma lettre datée du 1er. Elle en contenait une autre que je pensais devoir vous intéresser.

Je ne vais pas mieux et mon traitement me fait souffrir.

L'objet de cette nouvelle lettre est surtout de vous apprendre que Jacques Maritain, sa charmante femme Raïssa et la sœur de cette dernière, Véra, seront baptisés lundi 11, fête de saint Barnabé, à Montmartre. Ma femme, Véronique et moi seront les parrain et marraines. Si cette lettre vous parvient assez tôt je recommande ces belles âmes à vos prières. Vous êtes de ceux qui peuvent comprendre l'immensité et la splendeur fort inaperçues d'un tel événement.

C'est quelque chose de penser qu'en mourant je laisserai à genoux et pleurant d'amour des gens qui ne savaient rien de cette attitude avant de me connaître.

J'écris dans le même sens au frère Dacien.

Je veux, à cette occasion, vous dire un mot de saint Barnabé, apôtre ainsi canonisé par l'Esprit-Saint : *Erat vir bonus, et plenus Spiritu Sancto et fide.* Quand je lus pour la première fois, dans les Actes des Apôtres, chap. xiv, ce détail étonnant que les Lycaoniens, écoutant avec stupeur les prédications de saint Paul et de son compagnon saint Barnabé et les prenant pour des Dieux sous forme humaine, appelaient Barnabé Jupiter et Paul Mercure, je fus extrêmement saisi. Il me parut bien évident que ce Barnabas, *hebraïce filius consolationis*, que les païens prenaient pour le roi des Dieux, devait être un personnage infiniment mystérieux et vénérable. J'ai décidé alors de le vénérer et de le prier d'une façon toute particulière et je n'y ai pas été trompé. Saint Barnabé a fait pour moi de grandes choses et chaque année j'attends son jour avec une amoureuse impatience. Le 11 juin dernier, j'avais vu finir la journée sans aucun signe de cette grande protection et j'en étais triste. Mais ce fut plus beau. Le 11 juin tombant, en 1905, le dimanche même de la Pentecôte, il avait fallu renvoyer saint Barnabé au 20 juin, et c'est *ce jour-là* que je reçus la première lettre des Maritain, qui étaient alors pour moi des inconnus. Cette année vous voyez ce qui arrive. Probablement il arrivera autre chose encore. Je sais ce que j'ai demandé. Je vous prie, mon cher ami, faites attention à ces admirables concordances. Chacun de nous est au centre de combinaisons infinies et merveilleuses. Si Dieu nous donnait de les voir, nous entrerions en Paradis dans un évanouissement de douleur et de volupté.

Votre

Léon BLOY.

Paris, 19 Juin 1906.

CHER AMI,

J'ai reçu votre réponse à la première des deux lettres que je vous ai adressées à Tunis. J'espère que cette troisième vous parviendra. Vous me dites que vous serez de retour à Paris le 26 ou le 27.

Mme Termier, accompagnée de Thérèse et de Marguerite, est venue dimanche, à l'occasion d'un pèlerinage de Vaugirard. Vous en avez sans doute été informé. Nous avons parlé de ce qui nous remplit le cœur depuis dix jours, des conversions et abjuration de nos amis, cérémonie admirable qui a eu lieu à Saint-Pierre de Montmartre, le lundi 11, fête de saint Barnabé.

Baptêmes des deux petites juives, l'une ayant pour marraine Véronique et l'autre ma femme, puis abjuration et baptême conditionnel de Jacques Maritain. J'étais, cela va sans dire, le parrain des trois, en ma qualité d'excitateur de ces belles âmes, puisque c'est la lecture de mes livres qui les a affamées de Dieu.

On ne connaît pas la beauté incomparable du Rituel romain, en ce qui regarde le baptême des adultes. J'ai donc vu et entendu cela huit fois. Mais lundi, il y avait cette circonstance infiniment rare de la renonciation simultanée de deux juives. *Horresce Judaicam perfidiam, respue Hebraicam superstitionem.* Il est dans l'ordre que le parrain soit associé par le prêtre à ce grand acte surnaturel et ma bénédiction a précédé la sienne au moment redoutable de l'exorcisme. Nous avons donc arraché ensemble le terrible *velamen !...*

Vous devinez ce qui pouvait se passer en moi. Il m'a semblé que les murs de l'église auraient pu éclater. En aucun lieu du monde, à la même heure, il ne s'accomplissait une plus grande chose, assurément. Oh! la bonne volonté, la candeur amoureuse de ces trois êtres aimés de Dieu! Ma femme entendait les chants et les harpes du Paradis.

Vous me demandez mes prières, cher ami. Comment pourrais-je vous oublier? Mais que peuvent mes prières si vous ne faites pas vous-même ce que vous avez le devoir de faire? Le gallicanisme, arrière-faix immonde du jansénisme, a stéréotypé ce blasphème que les chrétiens n'ont pas le *devoir* de communier tous les jours. En vain Jésus a prescrit le « Panem quotidianum supersubstantialem ». C'est comme le *Vendite quae possidetis* et tant d'autres paroles que personne ne veut plus entendre. J'ai pensé bien souvent que le refus de recevoir le Corps de Jésus est rigoureusement identique au refus des gens de Bethléem. Soyez attentif, mon cher Termier, et vous entendrez, chaque matin, quelqu'un frapper à votre porte. Si vous ouvrez, vous verrez entrer Marie portant Jésus ; si vous n'ouvrez pas, vous ferez pleurer les anges, car vous êtes appelé très particulirement, je vous le dis.

Ce matin, à la première messe, j'ai pensé beaucoup à vous, uniquement à vous. Votre image m'a été montrée avec précision et il m'a semblé qu'elle m'était présentée d'une main agitée par l'angoisse, comme si vous aviez besoin de moi en cet instant. Puis j'ai pensé à Mme Termier qui était avant-hier dans ma maison, et j'ai senti, avec plus de force, qu'il y avait quelque chose à faire, quelque chose de très important, de très divinement demandé et qui NE SE FAIT PAS...

Vous êtes, mon cher ami, un cœur généreux, un esprit

noble, vous avez de l'humilité et de la bonne volonté, mais vous êtes, en une manière, fortement lié par le Monde et c'est ce qui vous empêche de marcher. Il y a une certaine *touche* qui vous manque et qu'il faut pourtant que vous receviez.

Pourquoi auriez-vous été mis sur mon chemin? Votre femme est *guérissable*, non par la science humaine. Je suis poursuivi de cette pensée dans la prière. Mais cela dépend de vous, en grande partie.

En recevant Dieu, ce matin, j'ai crié vers lui, pour vous, de toutes mes forces, mon cher Pierre Termier.

Votre

Léon Bloy.

N'ayez pas d'inquiétude à mon sujet. Trois semaines, j'ai été fort languissant, mais aujourd'hui je vais mieux. J'ai retrouvé, hier soir, un peu d'appétit.

Paris, 28 Juin 1906.

Cher Ami,

Par l'occasion de la fête de saint Pierre, je vous informe d'un meilleur état de ma personne visible et passible. Les grandes douleurs ont pris fin et je suis déjà beaucoup moins faible.

Mais voici autre chose. En octobre nous aurons cessé d'habiter l'aimable endroit. Nous n'aurons plus de jardin. Tous les locataires sont expulsés. Cet ensemble de bosquets et de parterres, l'un des derniers coins du Montmartre charmant d'autrefois, sera traversé du haut en bas par une large rue garnie de marches en pierre dure. De chaque côté se dresseront de hideuses maisons à cinq étages. Chaque arbre sera remplacé par un concierge. C'est une tristesse énorme que je peux à peine supporter. La propriétaire, vieille chrétienne sur le point de mourir, avait besoin d'accroître sa fortune pour crever plus riche. Elle

a donc vendu sa propriété à d'immondes spéculateurs qui
commenceront leur destruction à partir du 16 octobre,
peut-être avant. Qu'importe à ces misérables le chagrin
et le dommage causés à des gens comme nous ?

Si, du moins, je savais où aller ? Faudra-t-il recommencer la tribulation des appartements coûteux et insalubres?
priver ma femme et mes pauvres fillettes de cette verdure,
de ce bon air qui leur donne de la santé? Dieu voudra-t-il
me donner encore le peu que je lui demande depuis si longtemps et que je croyais tenir : une petite maison sous les
arbres, dans le voisinage d'une église, et la paix?

Combien de gens riches qui ont cela et qui le laissent
perdre, n'en faisant aucun cas! J'ai trop souvent rêvé
d'un admirateur pouvant donner cette joie à ma vieillesse
et la donnant de bon cœur. Mais les rêves n'ont jamais
servi qu'à me torturer.

Priez pour moi, mon cher Pierre.

Léon Bloy.

Paris, 3 Juillet 1906.

Cher Ami,

Vous serez content d'apprendre que nous avons un nouveau gite. C'est ma femme qui l'a trouvé avant-hier, par
l'effet d'une protection spéciale, rue Cortot, à très peu de
distance du Sacré-Cœur. Logement beaucoup plus grand
que l'actuel et jardin passable, avec vue sur une sorte de
parc dont l'existence étonne dans Paris. Il est vrai que
cela nous coûtera un peu plus cher, mais Dieu paiera
comme toujours.

Je travaille avec énergie à mon étude sur Byzance qui
peut être finie ce mois. Une revue nouvelle qui va paraître
publierait cette œuvre avantageusement pour moi au point
de vue finances. Dix francs par page me feraient environ
mille francs, agréables à trouver à mon retour de la

Salette. Mais c'est trop beau et trop incertain. Jusqu'à présent, il ne s'agit que d'une ouverture faite par un personnage non autorisé. En cas de refus, je n'aurais plus que le *Mercure* avec un cinquième à peine de ce salaire. Je me suis fait tant bien que mal à cette injustice de ne pouvoir vivre de ma plume.

Ici, mon cher ami, le cœur me manque et je prie ma femme de continuer.

Votre

Léon BLOY.

Paris, 9 Juillet 1906.

CHER AMI,

Quelques lignes seulement. J'espère qu'elles vous trouveront encore à Vaugirard.

En examinant avec soin les billets de chemin de fer que vous m'avez donnés, j'ai remarqué qu'à l'endroit : *Arrêts autorisés*, il y a le mot NÉANT en gros caractères rouges. Cela veut-il dire que nous ne pourrons pas, au retour, nous arrêter à Lyon comme nous l'avions désiré et n'y a-t-il aucun remède à cela? Prière de me répondre.

Si les impressions reçues dans la prière peuvent être considérées comme des avertissements sûrs, je crois que vous pourriez bien réussir aujourd'hui chez Mme de R... Si oui, ce serait un grand réconfort pour moi d'en être informé.

Et voilà tout, mon bon Termier. Vous êtes parfaitement aimé et béni dans notre maison.

Léon BLOY.

Montmartre, 14 Juillet 1906.

CHER AMI,

Ceci est une réponse à vos deux lettres des 9 et 11 juillet. Tout d'abord, le « Mendiant ingrat » a reçu avec joie les bonnes nouvelles annoncées. 500 francs de Mme de R...., puis 700 francs de vos Liégeois, et enfin les mystérieux 1.000 francs de l'Académie des Sciences ! Voilà qui est admirable, certes, et qui peut donner à penser que Dieu s'intéresse d'une façon très particulière à vous et à moi.

Parlons maintenant de Véronique. Ce n'est pas tout à fait facile, car je crains de vous faire de la peine et le peu de temps que je parviens à distraire de mon travail me force à la concision.

Nous refusons pour Véronique l'offre bienveillante de Mme de R..., d'abord et avant tout parce que nous ne voulons pas que Véronique soit *lancée*, ni qu'elle se fasse un *nom dans le monde* artistique. Son nom ne pourrait jamais être que le mien, c'est-à-dire celui d'un écrivain qui a passé sa vie à exprimer son horreur du *monde* et à ne rien vouloir faire de ce qu'il aurait fallu pour être *lancé*. Ma femme et moi, nous aimerions mieux voir mourir notre enfant et mourir nous-mêmes dans les tourments que de consentir à la livrer au démon qui est le Prince du Monde. Cela est formel, absolu.

C'est vrai qu'elle a reçu un don très rare et nous en bénissons Dieu chaque jour, amoureusement. Comment pourrions-nous mettre cette fleur dans le fumier du monde?

Le grand pianiste Ricardo Viñes est venu déjeuner chez nous avant-hier jeudi et il s'est offert avec joie pour être l'introducteur de Véronique à la Schola Cantorum qui est, vous ne l'ignorez pas, une institution musicale, aussi importante pour le moins que le Conservatoire et, de plus, un milieu chrétien où la musique liturgique est tenue en grand honneur, Viñes, qui est un chrétien, pense que nulle autre place ne conviendrait à Véronique et il croit facile d'obtenir de M. Vincent d'Indy son admission gratuite, *à cause du nom de son père* qui est sans valeur chez les gens du monde, mais que l'on considère et que l'on respecte en cet endroit. Véronique elle-même, je le sais, ne supporterait pas longtemps d'être *protégée* par des personnes qui n'admireraient pas son père.

Pourquoi Mme de R..., qui *n'a jamais entendu Véronique*, juge-t-elle que « nous avons été mal conseillés » et que cette enfant « perd son temps » ?

Avant dix ou douze ans, sa vocation très exceptionnelle ne s'était pas montrée le moins du monde. Aussitôt que nous avons connu cette vocation nous lui avons donné, au prix de grands sacrifices, l'éducation qu'il fallait, et voilà que depuis un an elle suit les cours de Mme Marcou, professeur au Conservatoire, *ce que n'est pas Mlle Renié*, quel que puisse être son talent d'instrumentiste. Notre ami Ricardo Viñes, grand admirateur de ce que Dieu a fait en notre enfant, a été fort étonné d'apprendre que certaines personnes trouvaient insuffisante cette culture. Il juge en connaisseur qu'il n'y a pas une minute de perdue et que Véronique est tout à fait en état d'entrer à la Schola Cantorum — ce qui, d'ailleurs, est le désir de cette enfant.

Enfin, hier, vendredi, une personne est venue, envoyée par Mme de R..., chargée d'une lettre nous annonçant, *deux heures seulement à l'avance*, que rendez-vous avait été pris avec Mlle Renié pour la présentation de Véronique. L'impossibilité d'accepter ce rendez-vous était absolue et notre choix le rendait fort inutile. Nous nous sommes excusés sans aucun espoir de ne pas mécontenter Mme de R... Voilà où en sont les choses. En conscience, pouvions-nous faire autrement ?

Vous demanderez peut-être, après cela, comment nous pouvons imaginer l'avenir de Véronique, en tant que musicienne, puisque nous ne voulons pas du monde. Ah! c'est bien simple! et nous en parlions hier avec elle. Elle chanterait ses mélodies aux très pauvres gens, aux infirmes et aux indigents qu'elle irait soigner chez eux, pour l'amour de Dieu, pour les consoler, et le contentement de ces humbles êtres lui serait meilleur que les appaudissements imbéciles des habits noirs.

J'espère, mon cher ami, que vous pourrez avaler cette lettre qui n'est pas bien méchante en somme et que j'avais le devoir de vous écrire.

Je vais reprendre avec énergie mon grand travail sur Byzance que je compte toujours finir ce mois. Après, nous nous élancerons vers la Salette où il me sera peut-être donné de faire ce que vous attendez de moi.

Je retiens votre promesse de venir nous voir entre le 23 et le 25.

Amitiés de nous tous.

Votre

Léon BLOY.

La Salette, Jeudi 16 Août 1906.

CHÈRE MADAME (1),

Voulez-vous me permettre de vous écrire? On pense beaucoup à vous sur cette Montagne, *très spécialement à vous*, et très affectueusement aussi, comme si on en avait reçu la mission douce et facile. En ce qui me concerne je vous assure que je fais ce que je peux. Si Dieu ne vous guérit pas soudainement, complètement, ostensiblement et miraculeusement, ainsi que je le demande, son refus ne pourra pas, du moins, nous être imputé. Mais nous espérons beaucoup.

Les deux premiers jours m'ont été pénibles. Je le savais à l'avance. La Salette est pour moi un lieu redoutable. J'ai des raisons fort anciennes déjà.

D'ailleurs, le supérieur, homme singulièrement pénétrant, a deviné du premier coup ce qu'il me fallait et a poussé la charité sacerdotale jusqu'à me gratifier aussitôt d'une mortification plénière. J'ai pu tout de même rattraper mon équilibre et faire en paix ce que je suis venu faire ici.

(1) Adressée à Mme Pierre Termier.

Nous avons reçu, dès hier soir, la nouvelle infiniment grave venue de Rome et, ce matin, j'ai lu l'Encyclique. Je pense que les âmes profondes se réjouiront de voir Dieu agir d'une façon si manifeste et le Pape entrer enfin dans l'Absolu de sa Fonction : *Non possumus.* J'ai vu, ce matin, un digne prêtre qui ne savait comment exprimer son contentement de l'imminence d'une persécution, laquelle sera d'abord hypocritement douce et bientôt après sanglante. Crible salutaire attendu par moi depuis ma première visite à la Salette, il y a vingt-huit ans.

Véronique nage dans les délices en songeant qu'on lui coupera peut-être le cou à cause de Notre Seigneur Jésus-Christ et Madeleine elle-même a peu d'objections.

Et ceci me fait penser tout à coup à Josef Florian venu mardi soir. En voilà un qui a une face pour le martyre. Rarement un visage humain m'a autant impressionné. Ce traducteur de mes livres parle très difficilement le français, bien entendu. Il me disait, mardi soir : « A quoi bon parler? vos écrits suffisent. J'ai fait ce grand voyage de quatre jours et quatre nuits pour prier sur la Sainte Montagne, mais aussi *pour vous voir*, et je suis content ». Ces quelques paroles, articulées péniblement, doivent vous faire entrevoir le personnage.

Il me disait, ce matin, au pied de la statue nommée l'*Assomption*, avec une extrême gravité : « Il n'y a au monde qu'un homme pouvant écrire un livre sur la Salette, c'est Léon Bloy ». Cet encouragement que je ne sollicitais pas est tout-puissant sur moi, car il n'y a personne au monde dont le suffrage me soit plus précieux que celui de cet étranger qui me paraît être quelque chose de beaucoup plus que mon frère.

J'aurais peut-être autre chose encore à vous dire. Mais voici le facteur. Nous descendrons *mardi* matin pour arriver à Saint-Georges-de-Commiers mardi soir, où nous attendrons votre voiture, puisque vous êtes assez bonne pour nous donner encore une fois l'hospitalité. Je vous prie de dire au docteur que j'ai été, que *nous* avons été très heureux hier de le voir et que nous l'aimons beaucoup, lui et les siens.

Marie, Jeanne, Thérèse, Marguerite, Geneviève, Pierre et Joseph, nous vous portons tous dans notre cœur.

Votre

Léon BLOY.

Mon cher Pierre Termier, mon très bon ami, je découvre à la dernière minute qu'il n'y a pas un mot pour vous dans cette lettre. Cela tient à ce que je vous suppose absent. Si donc vous êtes présent, je vous embrasse.

Votre

Léon BLOY.

Paris, 3 Septembre 1906.

MON CHER AMI,

Excusez-moi. Je suis rentré à Paris dans un état physique déplorable. Chaleur énorme, fatigue immense, anéantissement complet. Lyon surtout et Fourvières m'avaient achevé.

Dussiez-vous en être indigné, voici les notes rapides de mon Journal :

« Revu, presque achevée, la Basilique vue en 1880 — les murs étant nus encore — et qui me déplaisait déjà. Aujourd'hui, elle me fait horreur. C'est splendide et ignoble comme un opéra ou un casino. C'est une de ces bâtisses dont on dit qu'elles ont coûté tant de millions. Vainement, j'essaie de prier là. Je ne sens que l'indignation et l'amertume. Visité aussitôt après la vieille chapelle à peine éclairée, pleine d'ex-voto ridicules et touchants où parlent et pleurent des guéris, des secourus, morts depuis une ou deux générations. Aucune place à espérer pour ces pauvres images dans l'orgueilleuse basilique dont les murs sont couverts de mosaïques médiocres et infiniment coûteuses. Ici, du moins, on peut prier. »

Vive la Basilique du Sacré-Cœur! Elle n'est pas bien belle non plus, mais du moins elle a le mérite d'être une sorte de copie de la byzantine cathédrale de Périgueux tant admirée dans mon enfance. Et puis elle est pauvre comme Job, sur son fumier de Montmartre. Au lieu de marbres luisants et de dorures, elle a d'honnêtes pierres, trop taillées pour mon goût et que je préférerais informes comme dans les Catacombes où il faudra bien redescendre un jour, demain peut-être, pour que s'accomplisse la Parole de Dieu.

Notre visite à l'Antiquaille a été un peu consolante. Cependant je n'ai pas retrouvé dans le caveau de sainte Blandine et de saint Pothin l'émotion et les sanglots de 1880. Il y a trop de changements, trop d'électricité et de mosaïques. D'ailleurs, aujourd'hui, je suis vieux, exténué de douleurs, sans autre espérance que celle du martyre sanglant, faveur désirable par-dessus toutes, sortie privilégiée de cet affreux monde, grâce infiniment insigne et constamment demandée par moi.

Encore une fois, vive le Sacré-Cœur transpercé! La *montagne* choisie par lui pour saigner sur Paris est douce à mon triste cœur et me suffit complètement.

J'espère écrire là, mon bon Termier, ce que vous avez espéré de moi. Ma dernière démarche à la Salette, ma prière du départ, a été sur la tombe de mon ami l'abbé Tardif de Moidrey qui avait voulu de toute son âme ce que vous voulez aujourd'hui. Ayez confiance et soyez bénis, vous et les vôtres, pour le bien que vous avez fait à un pauvre grandement consolé par vous depuis tant de mois!

Votre

Léon BLOY.

Envoyé, ce matin, quelques papiers amusants à mon amie Jeanne Termier. L'article de Godefroy sur *le Salut* pourra vous intéresser.

Saluez pour moi le docteur et sa femme que j'aime beaucoup en vérité.

Paris, 19 Septembre 1906.
(60ᵉ *anniversaire de l'Apparition.*)

CHER AMI,

J'espère que ma lettre du 3 vous aura rattrapé dans les Pyrénées ou ailleurs et que celle-ci, moins importante peut-être, vous atteindra à Varces dans l'intervalle quelconque de votre retour et d'un nouveau départ.

Je ne peux actuellement que vous renouveler l'expression de mes sentiments de vive amitié, en vous informant que je suis en plein travail et très heureux de ce que Dieu fait passer dans mon esprit.

J'achève avec beaucoup de force et d'entrain la grande étude sur Byzance qui me fera honneur, j'ose l'espérer, qui me vaudra peut-être aussi quelques avantages et qui n'est pas du tout, comme vous l'avez supposé, une réclame à M. Schlumberger.

J'y ai vu l'occasion d'affirmer Dieu — une fois de plus — dans les événements historiques et d'écrire de nobles pages pour certaines âmes. connues ou inconnues de moi, mais que j'ai reçu le pouvoir de toucher salutairement et qui, par conséquent, me furent confiées.

Il y a plus de dix ans que je rêvais ce travail sur Byzance que voilà presque fini.

Quand vous reviendrez ici, je serai probablement occupé de la Salette, non sans enthousiasme. Je m'y prépare déjà et j'ai trouvé diverses pensées qui vous surprendront peut-être. Je crains seulement un peu de retardement et d'ennui causé par mon cinquantième déménagement.

A ce propos, je suis sans nouvelles de Mme de R...

et cela m'importune légèrement. Il est certain qu'en outre des frais de ce déplacement pénible, il me faudra payer d'avance un terme de mon prochain loyer et que je me trouverai ainsi furieusement entamé.

Mais peut-être avez-vous reçu une réponse de cette dame. Je vous prie de me le faire savoir.

Je salue très affectueusement Mme Termier et vos chers enfants et je vous prie de donner pour moi une forte poignée de main à votre frère.

Votre

Léon BLOY.

Paris, 11 *Octobre* 1906.

CHER AMI,

Si cette lettre écrite en hâte vous trouve à Paris, voudriez-vous ou pourriez-vous nous voir une dernière fois ici?

Autant que possible nous avons voulu y prolonger notre séjour et profiter de cet automne exceptionnel. Mais il faut fuir, la semaine prochaine, et cela paraît sans rémission. Cela ne va pas sans tristesse ni inquiétude, Mme de R... n'ayant rien fait.

Il est même infiniment probable que nous serons dans le plus cruel embarras, ne pouvant ni régler le terme qui sera exigé d'avance, ni même payer nos déménageurs.

C'est comme cela, d'ailleurs, que j'ai écrit tous mes livres.

Ainsi encouragé, non seulement j'ai pu achever mon grand travail sur Byzance, mais encore j'ai beaucoup commencé le travail sur la Salette. Je pourrais, dès maintenant, vous lire deux longs chapitres qui sont peut-être ce que j'ai écrit de meilleur. Ce très favorable début d'un livre dont vous m'avez cru l'auteur *désigné* et les mouvements très particuliers de mon âme, depuis quelques jours, me font espérer un secours *surnaturel*.

Alors, venez, si vous le pouvez. Peut-être, en m'écoutant, serez-vous pénétré de cette espérance.

Je voudrais aussi apprendre quelque chose de Mme Termier et de vos aimables filles. J'en suis resté au pèlerinage d'Assise.

Votre

Léon BLOY.

> Paris, 12, *rue Cortot*,
> 24 Octobre 1906.

MON CHER TERMIER,

J'ai touché hier le montant du chèque. Me voilà délivré de plusieurs ennuis, outillé pour reprendre *Celle qui pleure*, aussitôt après avoir achevé notre installation, car nous sommes, depuis une dizaine de jours, dans la poussière et le désordre. J'espère que notre installation sera finie dimanche, bienheureux jour à partir duquel je pourrai recevoir enfin quelques amis. Mais cet octobre a été dur.

J'écris à Mme de R... une petite lettre, convenable, je crois.

Nos amitiés à Mme Termier et à vos chers enfants, je vous prie.

Votre

Léon BLOY.

> *Paris, 21 Décembre. S. Thomas.*
> *Beati qui non viderunt et crediderunt.*

CHER AMI,

Je vous remercie profondément d'avoir pensé à notre Noël qui aurait pu être, en effet, sans vous, froid et sombre de toutes manières. Cette attention de votre cœur est inscrite au fond du mien, tout au fond, avec plusieurs autres choses...

Vous n'avez plus de nouvelles de la rue Cortot, dites-vous. C'est vrai. Je n'osais pas. Je craignais d'être un « ami onéreux », comme les prétendus consolateurs de Job, et je me sais la main si lourde! Quand vous avez pris la peine de venir, je n'ai rien trouvé. Et pourtant, j'ai passé *deux* fois par la porte que vous connaissez, avec des aggravations ou raffinements qui ont pu faire sangloter Marie sur son trône.

Je suis né en 1846, au moment que Dieu a voulu, 70 jours avant l'Apparition. J'appartiens donc à la Salette, en une façon assez mystérieuse, et vous avez été choisi pour me mettre en état d'écrire ce qu'il fallait écrire, à la fin! Ce livre grandit en moi, chaque matin, et j'admire qu'après tant d'années de gestation, il soit exigé de moi, décidément, à l'heure précise où les plus terribles menaces de la Salette semblent devoir s'accomplir.

Ce que je pense? demandez-vous. C'est simple. Heureux et bienheureux ceux qui auront appris à souffrir. L'échéance arrive et il y a beaucoup à payer, infiniment plus qu'on ne pense.

L'infortune exceptionnelle du fils de Louis XVI vous émeut. Qu'est-ce pourtant que cette iniquité en comparaison de l'effroyable crime d'avoir *bâillonné* la Mère de Dieu depuis tant d'années ; d'avoir bafoué ses avertissements, ses ordres formels, ses prophéties ; d'avoir mis en garde contre Elle ses enfants ; d'avoir persécuté et déshonoré ses témoins??

Mélanie une folle! Maximin un ivrogne! Calomnies indéracinables.

Il n'y a pas de mots pour exprimer l'horreur de la prévarication qui consiste à choisir ce qui plaît dans le fait de la Salette et à rejeter comme rêveries ou mensonges ce qui ne plaît pas. Et on s'étonne de ne pas être exaucé!

Mais on s'étonnera bien autrement de ce qui va venir après des ajournements inconcevables et de prodigieux sursis. J'ai été informé de l'imminence du Cataclysme en 1880, exactement le 19 septembre, à la Salette même, un peu avant la publication du *Secret de Mélanie*. Depuis, l'attente continuelle des divines catastrophes est devenue ma raison d'être, ma destinée, mon *art*, si vous voulez. J'ai toutes mes racines dans le Secret de la Salette et c'est pour cela, sans doute, que l'universelle conspiration du *Silence* a tenté de m'assassiner. J'ai passé ma vie à m'indigner de ne pas voir le déluge.

Que vous dirais-je de plus? Attendez mon livre. Vous êtes un homme de si bonne volonté que Dieu vous fera voir la miséricorde merveilleuse dont vous avez été l'objet, le très douloureux objet, mon cher ami.

A vous et à chacun des vôtres mes sentiments les plus affectueux. J'ai beaucoup pleuré avec vous et je vous porte tous vraiment dans mon cœur.

Votre

Léon Bloy.

27 *Décembre* 1906.

Cher Ami,

Je pense que vous aurez quelque joie à lire la lettre ci-jointe que je vous prie de me retourner aussitôt après l'avoir lue. J'ai pensé que vous ne recevriez pas en vain, *le jour des Saints Innocents*, ces consolantes et belles pages d'un ami de Dieu et de nous.

J'étais profondément triste et même un peu en détresse tout à l'heure et cette lecture m'a ranimé. Je me hâte de vous offrir ce secours, à vous qui êtes tellement avec le pauvre Marchenoir.

Mais n'oubliez pas de me renvoyer le précieux objet. J'ai le devoir d'y répondre.

Soyez tous bénis, mes très chers, et pardonnez-moi de vous écrire si peu et si mal. Je ne puis faire mieux en ce moment.

Votre

Léon Bloy.

5 *Janvier* 1907.

Cher Ami,

Vous m'écriviez, il y a juste quinze jours : « Après le 1ᵉʳ janvier et quand vous voudrez... »

Le moment est, hélas! venu. On ne peut plus attendre.

Ne vous en étonnez pas. Depuis notre déménagement, c'est-à-dire depuis trois mois, il nous a fallu subsister avec très peu d'argent, user de notre crédit, escompter l'avenir, et nous avons fini par nous trouver en présence de retards énormes.

Pardonnez-moi ce rappel que vous avez autorisé,

Audivi frequenter talia, pourriez-vous dire avec Job, *tu es amicus onerosus.*

Mais non, il n'est pas dans votre nature de parler ainsi. Puis il y a la Salette qui vous demande un peu d'endurance. Je faisais remarquer au Frère Dacien la beauté providentielle du rôle de Pierre Termier apparaissant en 1906 pour me décider à réaliser un livre entrepris en 1879. Vingt-huit ans! Intervalle climatérique voulu de Dieu comme toutes choses. Il fallait ce livre en 1907 et il fallait vous, mon ami. Tel était le désir de Notre-Dame des Sept Douleurs, et c'est à cause de cela que vous avez pleuré, mon cher ami.

J'aurais voulu pouvoir vous envoyer mes deux nouvelles brochures. Elles n'ont pas encore paru. Depuis deux mois, je suis victime du repos hebdomadaire, de la fainéantise bi-hebdomadaire et de la rosserie quotidienne des corporations ouvrières. Patience.

Bonjour à vous tous, mes très bons amis.

Léon Bloy.

Paris-Montmartre, 8 *Janvier* 1907.

Mon cher Ami,

Vous devez savoir par la lettre de ma femme à Mme Termier que nous avons reçu le chèque.

Assurément Dieu « se mêlera » de nos affaires, comme il y a quinze ans, trente ans, comme toujours. C'est parce qu'il s'en est mêlé que nous nous connaissons, que nous nous aimons... C'est encore parce qu'il s'en mêle que je suis poussé à vous écrire ceci :

Vous m'avez dit, parlant d'un de vos amis, M. C..., je crois, que vous espériez bien tirer de lui mille francs par an pour moi. Ce serait juste mon loyer, y compris les contributions.

Vous savez, peut-être, que le retour trimestriel des quittances de loyer a remplacé, pour les pauvres, tous les supplices abolis des époques prétendues barbares.

Si donc votre ami veut me délivrer de cette horreur, *à commencer par le 15 janvier 1907*, il aura été mon collaborateur certain pour le livre sur la Salette.

Il ne s'agirait pas du tout de me donner d'un seul coup mille francs qui pourraient être employés autrement, mais de m'envoyer automatiquement le quart de cette somme tous les trois mois, vingt-quatre heures avant le terme.

Voilà tout, cher ami. Il me semble que cette idée m'a été *donnée*.

J'ai acheté hier, rue Clovis, 9, chez Weibel, *Notre-Dame de La Salette et ses deux Élus*. Savez-vous que c'est un livre admirable?

Votre

Léon Bloy.

24 *Janvier* 1907.

Cher Ami,

J'ai reçu hier soir, avec étonnement et joie, ce que vous m'avez envoyé. Dites à l' « ami » inconnu que j'ai offert, ce matin, pour lui, ma communion.

Vous me dites « prophète ». Soit. Alors mon devoir est tracé. Je dois vous parler en prophète, c'est-à-dire sans crainte de déplaire. Vous avez été choisi pour me pousser à la Salette où j'avais quelque chose à faire depuis vingt-huit ans. Je vous ai écrit avant notre départ de Paris, peu importe quel jour : « Votre femme est guérissable ». Je croyais être sûr que cette guérison était *voulue*, réglée d'avance, et que votre charité pour moi en était le signe. Je le crois encore. Je pensais que cet événement arriverait en août d'une manière foudroyante...

Un obstacle s'est rencontré, toujours le même, depuis l'Évangile, *le manque de foi*. Je l'ai su plus tard. On veut bien du miracle de la Salette, mais à la condition de rejeter ce qui ne plaît pas. La Mère de Dieu a le droit de parler du blé ou des pommes de terre, mais elle n'a pas le droit de parler des mauvais prêtres, ni surtout des évêques horribles qui abusèrent de leur autorité pour LA *bâillonner* bientôt après, qui persécutèrent hideusement ses deux témoins et qui sont morts comme des damnés.

J'ai vu, hélas! cet effrayant esprit dans votre maison et alors j'ai su pourquoi la guérison d'une maladie *surnaturelle* avait été surnaturellement refusée.

On peut compter sur les plus étonnants miracles — miracles des Derniers Temps — si on croit humblement, enfantinement, à la Parole de Marie, c'est-à-dire au *Secret de Mélanie* qui fut une *sainte* odieusement calomniée et dont le corps, il y a quelques mois, était parfaitement conservé et *stigmatisé*. Nous venons d'avoir la preuve tellement certaine de cette *facilité* du miracle, que nous ne nous arrêtons pas d'en pleurer d'admiration.

Vous avez reçu certains avertissements, mon pauvre et bien cher Termier. Dieu vous a fait l'honneur de vous choisir, de vous désirer. Ayez pitié de LUI et de vous-même.

Autre chose, c'est le prophète qui parle encore. « M. C..., m'avez-vous écrit le 9 janvier, vient de perdre l'un de ses frères. Je ne puis songer à l'aller voir en ce moment. » Parole du monde, à faire pleurer les morts. C'est le contraire qu'il aurait fallu. — « Vous êtes chrétien, mon cher C... Voici ce qu'il faut faire pour l'âme de votre frère et *tout de suite*, parce que l'âme de votre frère pourrait bien être dans les tourments. » Tel eût dû être votre langage.

Je m'arrête, n'en pouvant plus. Vous me rendrez peut-être cette justice qu'aucun de vos contemporains ne vous eût écrit une pareille lettre.

Votre

Léon BLOY.

28 *Janvier* 1907.

Ce n'est pas la première fois, mon cher ami, ni la dernière, qu'on m'aura reproché d'être *obscur*. Cela tient à ce que, marchant très en avant de mes compagnons, j'oublie quelquefois qu'ils ne sont pas à portée de m'entendre. Ne vous scandalisez pas de cette façon de parler que les *dévots* ne manqueraient pas de trouver fort orgueilleuse. Je vous dis bien tranquillement que je parle comme il faut parler, ayant une mission précise et une destinée tout exceptionnelle.

Assurément, vous êtes un homme de bonne volonté à qui la paix *in terra* ne sera pas refusée. Votre premier mot, d'ailleurs, est celui de saint Paul précipité : *Quid me vis facere ?*

Mais je trouve que vous faites ma lettre trop « obscure ». Il me semble qu'il vous eût été facile de me comprendre, si vous l'aviez voulu avec énergie.

Ma lettre tout à fait inattendue, je le vois trop, et qui, pourtant, devait nécessairement venir un jour, puisque je vous suis *envoyé*, avait surtout pour objet de vous avertir du voile qui est entre vous et la lumière.

Voici vos expressions : « Je ne manque pas de foi.

Personne n'a plus d'amour que moi... Peu d'hommes ont autant que moi le désir de la gloire de Dieu. »

Le saint que je voudrais tant devenir vous répondrait : « Mon cher Pierre aimé de Jésus et de Marie, pourquoi ne diriez-vous pas *avec moi*, pourquoi ne dirions-nous pas *ensemble* ceci : — Je manque de foi, personne n'a moins d'amour que moi, peu d'hommes ont aussi peu que moi le désir de la gloire de Dieu ? » Ah ! que ce serait beau et que ce serait vrai!

Si vous obéissiez à Notre-Seigneur qui veut être mangé par vous, chaque jour, vous verriez clair, vous ne m'écririez pas que vous « croyez être dans la voie droite, que vous n'avez à vous reprocher que des défaillances journalières... enfin qu'un changement radical dans votre façon de vivre ne vous paraît pas *exigé* ». C'est exactement le contraire que vous m'auriez écrit et, en l'écrivant, vous auriez eu un éblouissement, une ivresse de joie et d'amour au lieu de la tristesse et du trouble.

Comment ne comprendriez-vous pas cela? Il ne sert de rien de dire que vous êtes un « misérable pécheur ». Vous l'êtes moins que moi et nous le sommes peut-être, l'un et l'autre, moins que saint Paul avant la foudre. Il ne s'agit pas de ça. Il s'agit d'obéir à Dieu, de tout quitter, de tout vendre, de détruire en soi l'esprit du monde. Or l'esprit du monde est chez vous — infiniment moindre, je le reconnais, que chez les missionnaires ou chapelains de la Salette, par exemple — et mon langage n'est pas « injuste ».

Vous voulez que je « précise ». Soit. Mme Termier a défendu, un jour, à ses filles, avec une extrême énergie, la lecture du *Secret de Mélanie*, c'est-à-dire du Message de notre Reine donné par Elle à l'admirable bergère pour qu'elle *le fît passer à tout son peuple*. Autant interdire la lecture du *Magnificat*. Ah, je sais que le *Magnificat* est canonique et que le *Secret* ne l'est pas. Mais la provenance est la même et n'est-il pas *effrayant*, je vous le demande, de juger dangereuses ou impures les propres paroles de la Sainte Vierge?

Quand je vous ai parlé de la guérison de Mme Termier, soyez sûr que je ne vous disais pas un mot poli, bien-veillant et vain. Je parlais *dans l'Absolu*. La guérison aurait eu lieu, sans cet obstacle. Elle aurait eu lieu en août.

Et ma petite amie Marie Termier, jugeant Mélanie, le même jour, décidant que cette héroïne avait manqué à sa mission! etc... N'est-ce pas là un esprit à faire peur? Je craindrais les pires catastrophes si je le sentais dans ma maison.

Je sais bien, mes chers amis, que vous avez été horri-blement trompés, comme tant d'autres et mieux que les autres, précisément parce que vous êtes du Dauphiné ou du Lyonnais, et cela est une excuse, mais rien qu'une excuse et non pas une arme ni un écran contre la lumière à venir.

Voilà, mon bien cher Termier, ce que je peux vous dire *de la part* de Celle qui pleure.

Vous êtes appelé ineffablement, je le sais, je le vois et j'ai le devoir de vous en instruire.

Les chrétiens du monde sont immobiles et contents d'eux-mêmes ; les autres, en très petit nombre, sont des torrents jamais satisfaits. Dieu vous veut *saint*, je ne dis pas ver-tueux ou honorable, ce qui est bon pour les bourgeois, mais saint, et il saura vous y contraindre, fût-ce par d'effroyables douleurs, des douleurs à la Marchenoir. Il vous tire à lui, chaque jour, par la fleur de vos entrailles qui est dans son Paradis. Comment résisteriez-vous et comment n'entraîne-riez-vous pas ceux qui vous entourent?

Votre ami passionné,

Léon BLOY.

Paris-Montmartre.
(*Oratio in horto Olivarum* — 1907.)

MON BIEN CHER PIERRE TERMIER,

Notre Souveraine Immaculée à qui je me suis donné autant qu'on peut se donner, quand on n'est qu'un homme, Notre-Dame de la Salette à qui j'appartiens comme saint Laurent à son gril et à ses charbons ardents, vient de m'accorder une faveur tout à fait extraordinaire.

C'est votre lettre qui me fait vous aimer plus que je ne pourrais dire.

Vous ne savez peut-être pas encore que la conversion des honnêtes gens est incomparablement plus miraculeuse que la conversion des scélérats.

Telle est la joie que votre lettre m'apporte et voilà tout ce que je peux vous dire en pleurant.

Votre

Léon BLOY.

5 *Février* 1907.

CHER AMI,

Je vous réponds quelques lignes seulement, étant pressé d'aller changer votre billet de cent francs à la *Samaritaine* où je dois acheter un pantalon que la plus élémentaire décence rend indispensable.

Je vous avais parlé de M. C... parce que mon terme de loyer me préoccupait. Il a pu être payé, difficilement. Et maintenant, il y a tout le reste. Je dois plus de 200 francs à mon charbonnier seulement, etc.., etc....

Je crois vous l'avoir dit ou écrit déjà. Une somme *émiettée* ne profite pas. On tue le crédit par de trop faibles acomptes. La somme donnée par M. C... nous mettrait en équilibre tout de suite, à condition de nous arriver en bloc.

Puis, Dieu nous continuera sa protection, laquelle, en ce qui me regarde, est un miracle permanent et manifeste depuis plus de trente ans. Je l'ai beaucoup dit.

Ce Maître me veut tellement dans sa main qu'il n'a jamais voulu ni permis que je subsistasse de ma plume. Alors il y pourvoit lui-même de diverses manières — jusqu'au jour connu de lui seul où son Mendiant sera mis en posture d'accomplir sa *vraie mission* dont les livres douloureux, imprécatoires ou mourant d'amour que vous savez ne sont que *l'apparence* ou le prélude.

Si la tentation vous était présentée, mon cher Bienheureux, de juger que je coûte fort cher, écartez-la vivement, en vous disant que c'est la Reine qui paie et que j'ai, peut-être, moi aussi, mes œuvres.

J'écrirai, cet après-midi, à M. Gabriel C... J'espère qu'il me sera donné d'écrire ce qu'il faut. Ils m'ont lu, dites-vous, et ils m'aiment. Comment cette pensée ne me soutiendrait-elle pas ?

Joie chez nous de revoir votre aimable belle-sœur. Hier matin précisément j'ai envoyé l'*Épopée* au docteur.

Assurément, je déjeunerai chez vous, le mardi-gras, si quelque obstacle insurmontable ne se présente pas.

Donnez, je vous prie, mon bonjour le plus affectueux à Mme Pierre Termier, à Mme Joseph Termier et à vos très chers enfants.

Votre

Léon BLOY.

7 Février 1907.

Quelle douce récompense pour moi, mon cher Pierre!

Ces deux paroles d'un pauvre, au-dessus de l'image de celui pour qui nous avons le devoir de prier, bien qu'il soit très probablement en Paradis! Quel cœur est le vôtre, mon ami!

Ah! certes, vous êtes *choisi*, dans la « terreur », peut-être, mais dans l' « extase ».

Je vous ai dit « Bienheureux », je le dis encore et nous serons « Bienheureux » ensemble, fût-ce dans les plus cruelles souffrances.

Vous saurez ce que c'est que d'être mon ami. Loyalement, et vainement, j'ai fait ce que j'ai pu pour vous dégoûter de moi.

Il faudra donc que vous accomplissiez votre bienheureux destin. Relisez *Mend. Ingr.*, page 405, 6 septembre, et songez aux « Apôtres des derniers temps ».

Je vous embrasse,   Léon BLOY.

Ma femme remercie de tout son cœur Mme Termier pour son affectueux envoi.

19 Février 1907.

C'est entendu, cher ami, je suis avec vous, de tout mon cœur, et j'ai commencé ce matin.

Le miracle n'est qu'une « restitution de l'ordre » ; on l'a dit et cela fait partie du christianisme de croire qu'il est au pouvoir de tout homme. Il suffit d'avoir la foi.

Oui, ma chère Marie Termier, *il suffit d'avoir la* FOI.

Vous trouverez pour Mme Termier un *sinapisme* infaillible dans l'Évangile de saint Matthieu, XVII, 19, ou dans celui de saint Luc, XVII, 6. *Tolle, lege.*

Je vous félicite du concours des Maritain. Ils sont en position de tout obtenir.

Je vous embrasse.   Léon BLOY.

1907, feria sexta post Dom. III quadrag.
« Si scires donum Dei .....
..... Ego sum qui loquor tecum. »

MON CHER PIERRE TERMIER,

Vous direz à votre grand industriel de la Loire que je prierai pour lui. Mais il serait bon que j'eusse son nom de baptême que vous m'enverrez en même temps que le manuscrit ci-joint. C'est une sorte d'avant-propos dont j'ai senti la nécessité en avançant dans mon œuvre qui devient une chose imprévue que Dieu semble vouloir, car tout vient à moi.

Je pourrais presque dire que je m'attendais à ce qui m'arrive par vous, l'ayant précisément demandé ce matin, à trois messes, avec une insistance particulière.

Je ne suis pas autorisé à vous promettre quoi que ce soit, mais je sais que vous accumulez des bénédictions *depuis un an*, des bénédictions très spéciales dont les vôtres, aussi bien que vous-même, sentiront l'effet.

Il est bien certain que tout ce qui arrive est adorable, mais je suis triste d'apprendre que Maritain n'a pu vous rencontrer. Votre joie de le voir eût été au delà de ce que vous pensez. Nous l'avons eu lundi, plusieurs heures, et nous avons su ce que c'est que d'être avec un ami de Dieu. J'ai cru voir une cire vierge devant un brasier et je crois que nous avons dit peu de paroles, étant, à chaque mot, sur le point de pleurer d'amour. Quelle journée!

Ne gardez pas longtemps mon manuscrit. Je peux en avoir besoin. Rappelez-moi à tous les vôtres que j'aime autant que vous, c'est-à-dire beaucoup.

Votre
                                        Léon BLOY.

                                        12 *Mars* 1907.

CHER AMI,

Je vous avais communiqué mon avant-propos, uniquement parce que je vous aime et parce que vous avez été mon *excitateur*. Je vous avais déjà lu d'autres pages.

Mais il n'est pas dans mes habitudes de faire ainsi. Il n'est bon pour aucun auteur de soumettre à la critique un ouvrage en cours d'exécution. Le juge est aussi mal placé que possible pour bien voir, et l'artiste, presque sans défense, est exposé fort absurdement à attraper de mauvais coups.

Laissant donc de côté vos objections, voici quelques lignes d'une lettre à mon ami l'abbé Combe :

« ...La Vérité (nom de Jésus, *Ego Veritas*) fait toujours souffrir et tous les Saints ont fait souffrir *en disant la Vérité*, comme Jésus a fait souffrir les marchands du Temple en les fouaillant comme des chiens. Comment pourrions-nous être des amis de Dieu si nous ne faisions pas souffrir quelqu'un, ne fût-ce que le Diable? Plus qu'un autre, je dois congédier toute préoccupation du lecteur. Un homme tel que moi n'a pas à plaire ni à déplaire. Soldat de l'*Absolu*, j'ai la consigne de dire la Vérité n'importe à qui et à n'importe quel moment, en attendant le martyre épouvantablement douloureux que j'espère et que j'implore depuis des années, comme *témoin* de l'Immaculée Conception et de Notre-Dame des Sept Douleurs. Voilà. »

Une chose m'a étonné et impressionné péniblement. Cette communication, par sa nature même, était une *confidence*. Elle ne devait pas aller à un étranger, surtout à un prêtre. Il est probable que vous ne m'exprimez qu'une partie de vos sentiments réels. Votre timidité de nouveau converti, multipliée par la frousse sacerdotale, a dû être un spectacle affligeant.

Enfin je vous aime bien tout de même et je prierai pour Adrien en même temps que pour Gabriel et pour toute la famille de Pierre. Je vous demande seulement cette justice *d'avoir confiance en moi*. J'espère que cela ne vous sera pas trop difficile.

Votre

Léon BLOY.

Le 2ᵉ tome de l'admirable *Vie* de Catherine Emmerich est à la disposition de la famille Termier, quand le 1ᵉʳ sera fini et rendu. J'aime trop ces livres, que je consulte souvent, pour m'en séparer facilement. Je ne les prête qu'un à un et seulement à vous.

12, rue Cortot,
18 mars 1907.

MON CHER AMI,

C'est, demain, le 19 mars.

Pour la fête de votre Joseph qui vous attend dans la maison de Notre Père, je vous envoie simplement l'assurance renouvelée de ma très grande affection.

Je dis, chaque nuit, l'Office des Défunts.
Votre

Léon BLOY.

Transfixio. B. M. V.
Mars 1907.

MON BIEN CHER TERMIER,

Quelques lignes seulement pour ne pas trop m'éloigner de Notre-Dame des Sept Douleurs à la Gloire de qui vous savez que je travaille.

J'ai reçu votre lettre hier soir avec joie, mais sans étonnement. D'une manière générale, je suis autorisé à vous dire que tout ce que vous entreprendrez pour moi sera béni. Vous l'avez déjà souvent éprouvé. Vous l'éprouverez de plus en plus. Je vous dis, avec assurance, que vous m'avez été envoyé par un décret spécial de Notre Souveraine et qu'il y a un lien tout à fait mystérieux entre nous par sa volonté formelle. J'espère que vous en sentirez certains effets au fond de votre âme.

Il va sans dire, chers amis et amies, que je serais heureux de vous voir chez moi le Jeudi Saint, mais je vous avertis que je serai seul, ma femme et mes enfants devant, par force, être absentes tout l'après-midi.

Votre

Léon BLOY.

12 *Avril* 1907.

Cher Ami,

J'ai reçu, hier soir, ce que vous m'avez envoyé.

Au point où nous en sommes, depuis quelque temps déjà, je pense que des expressions de reconnaissance — venant surtout de l'auteur de quelques-uns de mes livres — seraient un peu ridicules.

Sachez seulement que la mariée est très belle et que vous avez un fort intérêt dans la maison.

Je ne vous écris pas davantage, étant accablé de mes travaux apostoliques.

Votre

Léon Bloy.

Marie, Jeanne, Thérèse, Marguerite, Geneviève et Pierre, demandez à Notre-Dame de la Salette que le vieux *lion* de Montmartre ne soit pas privé de son rugissement ni de sa crinière.

1er *Mai* 1907.

Mon cher Termier,

Je pense que votre aimable autant que « civil » ingénieur Philippe Raoux a fait la commission dont je l'avais chargé pour vous et que vous avez été informé par lui de mes sentiments.

Toutefois, ce n'est pas assez. Il convient que je vous écrive un peu. Ce n'est pas facile. Je me sens très stupide ou plutôt très confisqué. Je suis presque toujours ailleurs. Combien je suis touché de votre zèle à me propager et surtout de votre constance! Il ne vous a pas suffi que j'eusse des dévots en Moravie; vous avez voulu me conquérir la Hongrie. Quelles autres surprises ne me réservez-vous pas! Je vous aime beaucoup, mon bon Termier, et j'aime beaucoup tous les vôtres. J'aime ceux que vous aimez et je suis vraiment avec vous. Dieu veuille que vous ne vous lassiez pas d'être avec moi. Mes chemins sont étranges et sans douceur, vous le savez. Il est bien vrai que je n'en connais pas d'autres.

Jusqu'à ce jour, les gens qui sont venus à moi ont été des êtres malheureux ou qui avaient besoin de souffrir. La souffrance est un tel bienfait! Les âmes désignées pour cette École Supérieure et vraiment *polytechnique* viennent de mon côté, sans savoir, comme les brebis vont au pâturage ou à l'abattoir.

Si vous revoyez Philippe Raoux avant son départ, dites-lui que je me suis particulièrement souvenu de lui en ce premier jour de mai qui commence par la prière de l'aimable apôtre, son patron : *Ostende nobis Patrem*, cri extérieur ou intérieur de tous les peuples et de tous les siècles.

Je vous embrasse,

Léon BLOY.

CHER AMI,

Une tristesse par-dessus d'autres tristesses. Voici la lettre reçue hier soir :

« 14 *Mai* 1907.

« CHERS AMIS,

« Je vous annonce d'une main tremblante que notre ami Josef Polak, Pèlerin de la Salette, est mort et qu'il sera enterré le 15 mai.

« Je veux vous écrire bientôt. J'écris cette lettre à Telc, son lieu natal, et je ne puis guère davantage. Priez pour lui! Véronique, notre chère amie, priez pour lui.

« Votre

« Josef FLORIAN. »

On souffre un peu rue Cortot.

Léon BLOY.

17 *Mai* 1907.

Mon cher Termier,

A l'heure où je vous écris vous avez reçu ma carte de ce matin.

Vous aurez sans doute remarqué, alors, cette concordance pareille ou analogue à tant d'autres concordances par lesquelles tout s'expliquerait si on pouvait les voir.

Si j'apprenais, par exemple, le vrai nom de celui qui se cache sous les initiales L. A..., qui sait si Dieu ne me ferait pas la grâce d'entrevoir pourquoi il a fallu que Huysmans, dont la mort m'a profondément troublé, fût enterré *le même jour* que l'humble prêtre de Moravie qui a peut-être payé, *in extremis*, pour cette colonne morose de l'Église contemporaine où Notre-Dame de la Salette avait été flagellée...

Combien d'autres choses! Celui à qui Dieu le Père montrerait ce qui s'accomplit, dans une même seconde, par tout l'univers, celui-là serait son Fils unique, son Consubstantiel, et il jugerait le monde.

Il n'y a pas d'acte isolé, sans support, indépendant de la Syntaxe divine qui est un article de notre foi et qui se nomme Communion des Saints. Lorsque vous m'avez écrit, ce matin, 17, vers 9 heures, n'est-ce pas? j'accomplissais une démarche par laquelle une pauvre famille sera sauvée.

Je le répète, combien d'autres choses !

La première Communion de Geneviève! A quoi n'est-il pas lié, cet acte indicible?

Posez cette lettre sur votre table et lisez le 2ᵉ alinéa de la page 191 de *Cochons-sur-Marne*, 10ᵉ ligne, puis l'alinéa en bas de la page 193.

Pour Véronique, Dieu a voulu que la concordance fût très *visible*. Voilà tout. C'est un cas exceptionnel. Mais on peut être sûr que Jésus ne se laisse pas dévorer par un enfant, quel qu'il soit, sans qu'intervienne un cataclysme d'ordre matériel ou spirituel ou les deux ensemble. De telles pensées, comme vous dites, agrandissent l'horizon.

Il n'y a qu'une prédication, depuis saint Paul, c'est de montrer aux hommes l'importance infinie de l'Acte libre. Seulement les prédicateurs sont absents.

Certainement, je vous attendrai le dimanche de Pentecôte. Si vous ne pouvez pas venir, je penserai que cette privation m'est infligée pour le Salut de quelqu'un, qu'elle assure la constance d'un martyr ou le châtiment désirable d'un persécuteur, et je continuerai à vous chérir de plus en plus.

Donnez, je vous prie, à Mme Termier, à Marie, à Jeanne, à Thérèse, à Marguerite et à Pierre l'expression de mes sentiments les plus affectueux, mais je salue votre première communiante avec un profond respect.

Votre

Léon Bloy.

12, rue Cortot, Sacré-Cœur, 1907.

Cher Ami,

Voudriez-vous interrompre, quelques instants, vos méditations sur les ruines d'El-Djem pour vous remplir, une fois encore, de la plus héroïque bienveillance? La chose étant fort pressée, je vais m'expliquer, si je peux, brièvement.

Ignorant votre adresse actuelle, je suis forcé d'envoyer cette lettre à Vaugirard avec prière de faire suivre d'urgence.

Il ne s'agit pas de moi, mais de gens beaucoup plus intéressants, et il s'agit surtout de Notre-Dame de la Salette.

Voici. J'apprends que les Maritain ayant fini leur séjour en Allemagne vont revenir, en passant par la Salette — accomplissement du vœu de ce pèlerinage formé au moment de la guérison miraculeuse de Raïssa, guérison obtenue à l'expiration d'une neuvaine à Notre-Dame de la Salette conseillée par nous.

Vous avez su cette merveille et vous ne serez pas étonné d'apprendre que ces baptisés du 11 juin dernier (S. Barnabé), ces premiers communiants du 3 août, m'ont très facilement dépassé. Jacques, Raïssa, Véra, mes trois enfants spirituels, sont devenus des tisons d'amour et c'est le parrain qui a maintenant besoin de leurs prières!

Et quel besoin! ! !

Je me réjouis donc de leur prochain pèlerinage dont j'espère pour moi-même un grand profit. Mais voici une peine.

Faute d'argent, Véra ne peut accompagner sa sœur et son beau-frère. Elle reviendrait donc seule d'Heidelberg à Paris. Grande pitié et grand chagrin.

Je viens de leur écrire : « Ne précipitez rien. A cause de la Salette, Termier voudra certainement et pourra peut-être faire pour vous ce qu'il fit pour moi : vous procurer des permis ».

Voilà, cher ami, comment vous êtes puni d'une bonne action. Ai-je bien ou mal fait de donner cette espérance? Que vous puissiez ou non la réaliser, voici, *pour gagner du temps*, l'adresse de ces admirables pauvres :

M. Maritain, 17, Gaisbergstrasse, Heidelberg, Duché de Bade, Allemagne.

Vous n'avez pas à répondre. Regardez la présente lettre comme une sollicitation « douce et suave » sortie, *aujourd'hui*, pour aller à vous, du Cœur percé de Jésus.

Votre

Léon BLOY.

Le départ d'Heidelberg aura lieu au plus tard le 20 juin. En supposant possible ce que je vous demande et en tenant compte des retards, il y aurait peut-être moyen d'envoyer les permis à la Salette. En ce cas, il faudrait s'entendre; vous avez compris que nos amis ont besoin d'être fixés tout de suite.

10 *Juin* 1907.

Prière à mon cher ami Termier de faire *tout* ce qu'il pourra, sans prudence humaine, considérant que la vie est courte et que les âmes doivent passer avant tout.

Les Maritain sont parmi ce que Dieu m'a donné de plus beau, de plus précieux.

Que ne risquerais-je pas, Pierre Termier, cher envoyé de Notre-Dame de la Salette au Mendiant ingrat, pour que vous et les vôtres devinssiez des Saints? Vous savez qu'il le faut *absolument*.

Je vous embrasse.

Léon Bloy.

Retournez la lettre communiquée, S. V. P.

18 *Juin* 1907 (92ᵉ *anniversaire*
de Waterloo).

Ce matin, mon cœur va vers vous, mon cher Termier. Effet probable d'une visite de Philippe Raoux venu, hier, avant son grand départ. Nous avons beaucoup parlé de vous, naturellement, et, ce matin, à la Basilique, me souvenant de l'un et de l'autre, j'ai pensé qu'il était étrange que je ne vous eusse rien écrit de Josef Polak dont la mort nous a tant émus. Nous ne l'avions vu que deux jours à la Salette, mais Dieu nous avait montré son âme et c'était un très vieil ami.

Les circonstances de sa mort, connues par Florian, montrent qu'il était de ceux que Dieu est impatient de tirer à lui. Il est mort, pour ainsi dire, à l'autel, le jeudi de l'Ascension, au centre de son action de grâces, j'ai lieu de le croire.

Il se nommait *Josef*. Je ne le sépare pas, dans mon souvenir, d'un autre Joseph qui n'était pas prêtre, mais qui était un innocent.

Or voici une rencontre qui vous touchera, mon ami, comme elle nous a touchés. Nous avions demandé une messe au Sacré-Cœur pour Polak et le jour, *non choisi* par nous, avait été fixé par le prêtre pour sa commodité particulière, indépendamment de toute vue surnaturelle.

Ce jour-là était le 4, fête de saint François Carraciolo. Quel n'a pas été notre saisissement de découvrir qu'à l'épitre, le célébrant nous lisait tout simplement *l'histoire de notre ami* racontée par l'Esprit Saint (Sap. IV, 7-14). Il vous sera doux de voir vous-même que ce Texte a une autre application.

Votre

Léon Bloy.

25 *Juin* 1907.

Cher Ami,

En même temps que votre lettre qui nous a remplis de joie, nous en avons reçu une des Maritain écrite à la dernière heure. Ils ont quitté Heidelberg, hier matin, et arriveront probablement ce soir à la Salette. C'est un événement très important pour moi, car je sais que ces trois âmes gagnées *par moi* à Notre-Dame de la Salette, à « Celle qui pleure », auront une grande force pour me secourir du haut de la Montagne.

Je ne cherche pas à vous exprimer ma gratitude. Je ne dirais évidemment que des sottises.

Je déjeunerai chez vous jeudi très volontiers. J'apporterai la lettre de Florian et peut-être autre chose.

Mais tout cela n'est possible que si je suis autorisé à amener Madeleine. Ma femme est forcée de courir dès le matin à la Schola avec Véronique et cette enfant ne peut naturellement rester seule.

Inutile de me répondre s'il n'y a pas de difficulté.

Votre

Léon Bloy.

Visitation, 1907.

Cher Ami,

Je vous écris en hâte et le cœur douloureusement troublé.

Depuis la carte datée de Chambéry, 25 juin, que je vous ai montrée, je ne sais plus rien des Maritain.

Or, le 26, je leur ai écrit, à la Salette même, une première lettre qu'ils ont dû ou pu recevoir vendredi en même temps que vos permis et votre invitation, si précieuse pour eux.

Nouvelle lettre, le 28, qui a dû arriver à la même adresse, dimanche. Je leur parlais de vous, les pressant d'accepter votre hospitalité.

Ces deux lettres étaient importantes pour eux.

Leur silence nous trouble, nous désole profondément. Je sens pour eux, depuis leur baptême, une tendresse extrême, quasi maternelle. Je pense à eux continuellement et je ne sais prier pour eux sans pleurer d'amour.

Ma femme et Véronique les aiment, je pense, autant que moi. Voilà pourquoi l'absence de nouvelles nous afflige excessivement. Nous ne pouvons expliquer cela que par une infidélité inouïe de la poste ou je ne sais quelle catastrophe.

Êtes-vous plus heureux et pouvez-vous me renseigner?

Cette peine ajoutée à d'autres angoisses à peu près insupportables me torture et m'idiotifie. Répondez-moi, je vous en prie.

Ah! je suis bien désigné pour « Celle qui pleure ».

Votre

Léon Bloy.

Bonjour à tous les vôtres sans oublier Casimir.

Cette lettre était adressée à Varces. Ma femme assure que vous ne partez que le 4. Donc je change l'adresse et j'écris à Vaugirard.

2 Juillet, 7 h. 1/2 soir.

CHER AMI,

Toujours en hâte, je vous réponds. Reçu le très doux cataplasme. Il est admirable que nos deux lettres se soient ainsi croisées. Une heure après le départ de la mienne est arrivée enfin une missive de la Salette.

Le retard de trois jours est dû à cette cruelle Raïssa qui a mis l'embargo, voulant m'écrire des choses très étendues qu'elle n'a pu trouver. Enfin tout va bien. Je suis consolé.

Que « Celle qui pleure » vous bénisse, mon bon Pierre, et qu'Elle vous rende, comme Elle sait, le bien que vous me faites.

Votre

Léon BLOY.

7 h. 3/4, seconde lettre des Maritain.

29 Juillet 1907,
Ste Marthe.
« Gloriosa Christi hospita, dic illi ut
me adjuvet! »

MON CHER AMI,

Vous m'aviez parlé d'un millionnaire belge à qui vous deviez me présenter. J'avoue avoir rêvé plusieurs fois de cet homme riche à qui Dieu enverrait peut-être, par pitié pour son âme pauvre (évidemment une *âme riche* est incapable de conserver des capitaux), un mouvement de générosité à mon égard. Il serait temps.

Je suis si las de ne jamais avoir la certitude ou seulement l'espérance d'être assis tranquillement quelques mois! Je suis si triste aussi de voir de bons cœurs s'affliger de ne pouvoir, même à grand effort, opérer ma délivrance!

Celle qui pleure peut être achevé à la fin d'août. On n'a jamais été mieux entraîné. Mais il faudrait une grande paix à celui qui pleure. Or cette paix est fort absente. C'est l'angoisse, au contraire, et on peut me tourmenter dans deux jours.

Il doit pourtant y avoir — même parmi les millionnaires belges — des individus capables d'un effort sérieux pour favoriser l'éclosion d'une telle œuvre, *s'ils la connaissaient seulement un peu.*

J'espère que ce sera celui de mes livres qui me fera le plus d'honneur. Ma grande victoire? Au moins, il sera, je vous assure, le fruit de la prière et vous l'avez peut-être senti déjà, mon cher Termier, en m'entendant lire.

Votre

Léon Bloy.

P. S. — Avez-vous reçu les brochures d'Henry Houssaye que je vous ai envoyées à Varces le 6 ? C'était un envoi recommandé.

2 *Août* 1907.

Cher Ami,

Utinam mihi daretur gratias agere tibi congruenter! C'est du latin par entraînement, ayant une correspondance avec l'excellent prêtre morave Iakub Deml qui ne sait pas le français, mais qui m'admire dans les traductions de Florian.

Dieu sait ce que vous faites, mon cher Termier, et il vous rétribuera. Celle qui pleure aussi, soyez-en sûr. Le *miracle*, dites-vous. Pourquoi pas? Le plus grand de tous, c'est la Foi, *Donum Dei*, par laquelle tout est possible, à commencer par la translation des montagnes, ainsi que Notre-Seigneur nous l'a dit de sa Bouche.

La foi est donc la chose à demander uniquement. C'est la *seule* qu'on ne demande pas dans le monde prétendu chrétien. On croit l'avoir. C'est comme un paralytique dans sa petite voiture qui croirait marcher. Il se fait peu de miracles, parce qu'il y a peu de foi. Je ne vois vraiment pas autre chose à dire. Demandons la Foi.

Nous sommes tristes et inquiets en pensant aux Maritain. Nous les avons vus, la dernière fois, mercredi 24, mais Jacques et Véra seulement, Raïssa n'ayant pu faire le voyage. Son absence a été pénible. Depuis une semaine, on s'était réjoui à l'avance de ce déjeuner où se trouvait une amie des parents juifs, par le moyen de laquelle on espère les convertir. Cette autre jeune personne est une juive militante, une sioniste que vous connaîtrez peut-être un jour. Ses aventures, depuis que les Maritain sont devenus chrétiens, déconcertent. On assiste à un beau combat surnaturel. J'ai la gloire d'impressionner fortement cette jeune prophétesse dont la conversion au christianisme serait peut-être payée d'un coup de poignard. Depuis ce jour, 24 juillet, nous avons eu, en tout, une lettre de Véra disant son inquiétude et celle de Jacques. Cette douce Raïssa doit-elle être un holocauste? La constance de son mari et de sa sœur est admirable. Ce qui est cruel, c'est que nous ne puissions pas voir la malade. Les parents nous ont en horreur. Je suis signalé comme un ami très dangereux, comme une espèce de voleur d'âmes, et on se cache pour venir chez moi. Comment cela finira-t-il?

Je n'ai pas encore vu les Chanove.

Véronique écrira à Thérèse.

Respectueux souvenir de L. B... à Mme Termier qui souffre peut-être pour que son mari devienne un *Saint*, et bon voyage à tous.

Peramanter   Léon BLOY.

Dites à Celle qui pleure que je fais sa volonté et que j'obéis très fidèlement à ses inspirations. Demandez-lui de me continuer son secours.

L. B.

« Celle qui pleure », *opus indignationis, caritatis et lacry-*
marum ante altare, ai-je écrit à Iakub Deml.

3 Août.

Cette lettre n'a pu partir hier soir. Ce matin, lettre
de Véra nous disant que sa sœur « est guérie ».

Hélas! Plût à Dieu que la chère enfant n'eût plus besoin
de guérison!

Lettre aussi de Philippe R... m'apprenant qu'une opération dangereuse sur sa petite fille a réussi. Le pauvre garçon est malheureux chez les Cosaques. Je vais essayer de le
remonter.

20 Août 1907.

Madame (1),

J'ai l'honneur de vous informer que je commencerai, vendredi prochain, 23, une neuvaine pour vous à Notre-Dame
de la Salette.

J'ai des raisons pour croire que c'est par la Salette que
vous pouvez obtenir ce qui vous a été refusé jusqu'ici. Mais
je suis surtout déterminé par cette pensée que, travaillant, avec un *très manifeste* secours de Dieu, au service
de « Celle qui pleure », je suis exceptionnellement situé
pour l'implorer.

Je ferai ce que je pourrai, vous demandant seulement de
vous en souvenir et d'être avec moi.

Il paraît bien certain que le livre tant désiré par votre
mari est voulu de Dieu et que l'auteur est voulu aussi, car
je suis extraordinairement aidé pour l'écrire.

Je pourrais même dire que la plus importante partie de ce
travail se fait à genoux, puisque je reçois le matin, presque
chaque jour, à la Basilique, ce qu'il me faut pour écrire
jusqu'au soir.

---

(1) Adressée à Mme Pierre Termier.

5

Je commencerai donc ma neuvaine vendredi prochain pour la finir le 31. Vous serez ainsi présente à mes derniers efforts pour achever cette œuvre dont je voudrais offrir le manuscrit complet à Marie, le jour de sa Nativité.

Agréez, je vous prie, l'expression de mes sentiments les plus affectueux.

Léon BLOY.

4 Septembre 1907.

CHER AMI,

Votre lettre attendue depuis trois jours, avec la plus grande impatience, m'a désolé. J'avais tant espéré de cette neuvaine qui avait été marquée, pour ma femme et pour moi, d'impressions si fortes! Véronique y avait pris part, et quelle part! C'est Dieu qui le sait.

Ce que nous savons, nous autres, c'est que de telles entreprises doivent être sérieuses et que, pour obtenir, il faut donner.

« *Alter alterius onera portate et sic adimplebitis legem Christi.* » Cette loi du Christ, c'est la *substitution*. Je l'ai fait remarquer, Jésus ne guérissait les malades qu'en prenant sur lui leurs maux invisiblement, de même qu'il ne remettait les péchés qu'en les plaçant sur ses épaules. Gouffre de lumière et de douleur!

Ce n'est rien de dire des *Ave Maria*, il faut souffrir. Le 31, au soir, dernier jour de notre neuvaine, Véronique a dû s'aliter pour deux jours et j'étais dans un tel état, depuis quarante-huit heures, que ma femme voulait absolument courir chez un médecin, malgré moi qui lui disais : « C'est la neuvaine, je ne serai pas malade une heure de plus ».

Après minuit, aussitôt après minuit, la voyant exténuée de tous les soins qu'il avait fallu, car Madeleine aussi toussait très fort, je lui dis d'une voix claire qu'elle ne connaissait plus (depuis des heures, je ne pouvais parler qu'avec de grandes douleurs) : — Jeanne, je suis guéri et Mme Termier doit être guérie !

Dimanche et lundi, du matin au soir, j'ai espéré une joyeuse dépêche. Maintenant je pleure. J'avais désiré ce miracle, non seulement pour vous, mes amis, à qui je dois tant, mais pour qu'il fût un *signe manifeste* que mon livre est selon le cœur de Dieu et selon le cœur de Marie.

Je ne dis pas que j'ai fait ce que je pouvais. *On ne fait jamais ce qu'on peut*, mais j'avais essayé de faire quelque chose, au milieu d'un tourbillon de peines qui parurent envoyées tout exprès; j'ai prié par ma souffrance et par le vieux tourment de ma misère, comme les petits enfants prient par leur innocence.

Il faudra donc recommencer et c'est ce que je compte faire aussitôt après avoir fini mon livre — *votre* livre, Termier — dont j'écris les dernières pages.

On se réjouit beaucoup de vous voir, dimanche, notre très bon ami.

Je vous embrasse,

Léon Bloy.

Puisque cette lettre vous trouvera *seul* à Vaugirard, ne pensez-vous pas qu'il conviendrait de la garder pour vous seul? Elle est un peu confidentielle, me semble-t-il.

Tout le monde ici se porte bien et votre pâté sera bienvenu.

5 Octobre 1907.

Mon cher Ami,

Après l'accusé de réception de ce matin, je me suis exténué sur la Dédicace (chose la plus difficile qu'il y ait en littérature) et voici ce que j'ai trouvé :

A PIERRE TERMIER
Ingénieur en Chef des Mines
Professeur à l'École des Mines.

Il faut bien que ce livre vous soit dédié, mon cher ami, puisqu'il n'existerait pas sans vous. J'en avais abandonné le projet, depuis vingt-sept ans, et j'avais fini par y renoncer, le croyant impraticable.

Notre-Dame de Compassion sanglotait toujours sur Sa Môntagne et j'avais fini par ne plus L'entendre. Elle a voulu que je fusse réveillé par vous.

Nous nous sommes rencontrés de façon si miraculeuse! Depuis trente ans, vous attendiez quelqu'un qui vous parlât enfin de la Salette! Depuis environ le même nombre d'années, j'attendais qu'il me fût donné d'en parler convenablement. Il arriva enfin qu'un jour — il n'y a pas bien longtemps — ayant lu, dans un de mes livres, les quelques pages où je me suis efforcé de glorifier la Salette, il vous parut que j'étais l'écrivain que vous aviez espéré. Nous nous connûmes alors et votre impression, loin de changer, devint plus précise.

Encouragé par vous, voyant en vous un ambassadeur de Marie, qu'avais-je mieux à faire que d'obéir?

Il ne me fallait pas moins pour affronter les difficultés et les amertumes inhérentes à un tel sujet. La Salette est, depuis soixante ans, la Fontaine de Contradiction dont il est parlé dans le Saint Livre et ceux qui l'aiment sont appelés à souffrir.

« Faites-le passer à tout mon peuple », avait dit aux Bergers la Mère de Dieu, leur ayant annoncé la *Grande Nouvelle*.

Etc., etc...

Ma Dédicace est ainsi plus longue. Mais vous remarquerez que je me suis effacé tant que j'ai pu, m'abstenant de nommer, par exemple, la *Femme pauvre*. S'il n'était pas dans ma nature, dans ma *mission* même, de me montrer agressif, si cela était possible, je crois qu'un tel livre gagnerait à être complètement *anonyme*.

Je vous embrasse.

Léon Bloy.

Dimanche, 6 *Octobre* 1907.

Cher Ami,

Voici ce que ma paresse a inventé : remplacer une longue lettre due et promise par une série de petites lettres. Contentement pour ma lâcheté naturelle et joie pour les amis qui ont ainsi l'illusion d'un amour vigilant et infatigable.

Vous avez reçu ce matin, mon cher Termier, le nouveau projet de dédicace annoncé hier. J'ai fait réellement ce que je pouvais et il me semble que cela va bien ainsi. Voulant à la fois la simplicité et la précision, je me suis servi de vos propres expressions, les modifiant à peine.

Ai-je besoin d'ajouter ceci : cette dédicace est à deux fins : 1° honorer, par quelques lignes de plus, la Sainte Vierge; 2° être agréable à mon ami Pierre Termier. Donc je suis prêt à tous les remaniements ou modifications, et je recevrai avec reconnaissance tout ce qui me sera conseillé ou suggéré.

Je n'ai pas encore d'éditeur. Les non-catholiques ne conviennent pas, vous le savez, et les catholiques sont inaccessibles — la Salette étant, pour quelque temps, en défaveur à Rome et l'auteur des *Dernières Colonnes* n'ayant pas tout à fait l'entregent qu'il faudrait.

Neuf prêtres sur dix m'ayant un peu *lu* ne peuvent sentir que de l'horreur pour celui qui a pu écrire le chapitre sur Coppée et la lettre sur le *Bazar de Charité*. On m'a renseigné. Je le savais d'ailleurs.

Reste Stock, l'éditeur de Huysmans. Je sais qu'il me désire. Je le fais travailler. D'une heure à l'autre, je peux avoir une réponse. Vous en serez informé. Une démarche *directe* auprès de cet homme serait ou me semblerait la pire solution. Je m'y résignerai cependant, si je vois que Dieu me demande cette humiliation.

Je vous ai parlé d'un voyage nécessaire. Il s'agissait de Véronique dont les cours à la Schola vont recommencer. La pauvre petite, bien moins forte qu'on ne croirait, avait un besoin extrême de se renouveler. J'ai pu l'envoyer deux semaines, avec sa sœur et leur mère, au Tréport où j'ai été les reprendre juste au moment où le temps, magnifique une dizaine de jours, est devenu soudain horrible.

Vous parlez de ce « billet bleu qui vous est tombé du ciel ». Voyez, après un tel effort, combien cette parole est exacte, en ce qui nous concerne.

Et voilà finie ma petite lettre n° 3. J'espère, cher ami, que la quatrième ne se fera pas longtemps attendre. Quand vous écrirez à Varces, n'oubliez pas de rappeler à Mme Termier et à vos aimables filles que je les aime beaucoup.

Votre

Léon Bloy.

10 *Octobre* 1907.

Cher Ami,

Ecce quem amas infirmatur. Il y a près d'un mois que ça ne va plus. Aussitôt mon livre fini il a fallu souffrir. Il se peut que cette sorte de grippe tenace n'ait pas de gravité. Mais avec mon habitude de la santé et mon mépris invincible des médecins, la persistance de ce mal m'ennuie.

Savez-vous qu'en écrivant *Celle qui pleure*, j'ai été obsédé de cette pensée que la fin de ce livre, entrepris il y a si longtemps, aurait pour accompagnement ou conséquence ma propre fin ? Je ne vous dis pas cela très sérieusement, mon cher Termier, et je vous prie de croire que je n'ai rien d'un somnambule. Mais, tout de même, considérant l'étonnante économie de ma destinée et l'importance exceptionnelle de ce livre suscité par vous, réalisé si étrangement par le moyen de vous, juste au moment où il pourrait être enfin — par le *miracle* de la documentation la plus imprévue et la moins cherchée — autre chose qu'un pieux bavardage; considérant aussi que, tout le temps qu'a duré sa confection, — à peu près un an — j'ai été visité, harcelé, *interrompu* par cette même pensée que je n'ai pas confiée même à ma femme; oui, tout de même, je me suis demandé et je me demande s'il faut partir.

Je commence à être une espèce de vieux. La plupart des ennemis que je me suis faits, à l'époque du *Désespéré* ou auparavant, sont morts. Je vais me trouver *sans ennemis*, situation nouvelle, incompréhensible. En faire d'autres à mon âge, c'est trop demander. Il est vrai que *Celle qui pleure* pourrait être l'occasion d'un nouveau registre fort copieux. Mais qui la publiera? Et quand? Aucune nouvelle jusqu'à présent.

Vous m'avez infiniment secouru, mon cher Termier. Je ne serais pas digne d'une telle sollicitude si je ne vous disais pas exactement la vérité. Hier, il nous a fallu acheter un poêle pour l'atelier en remplacement du nôtre hors de service. Ce matin il a fallu payer la Schola. Ces choses et d'autres du même genre, s'ajoutant aux fournisseurs, il faudrait pour assurer notre tranquillité d'hiver désirée par vous que ma Maîtresse vous envoyât encore quelqu'un ou quelques-uns...

Reçu, ce matin, une lettre de Raoux qui récalcitre à Grignion de Montfort, c'est-à-dire à la Vie supérieure où j'essaie de l'engager. Cet homme tendre souffre surtout de l'absence de sa fillette. Il se plaint un peu, très doucement, d'être sans nouvelles de vous.

Enfin, mon cher solitaire, je vous remercie de me dire que « songer à moi vous réconforte ». Les modifications au texte de la Dédicace sont faites et d'autres encore si vous voulez. Cela jusqu'au dernier moment. Envoyez, je vous prie, mes amitiés à Varces, sans oublier mon cher

confrère Casimir et sa très aimable femme dont je suis
probablement amoureux.

Je vous embrasse.

Léon Bloy.

14 Octobre 1907.

Cher Ami,

Voici le dernier et, peut-être, définitif remaniement (1).
Souvenez-vous cependant de ce que je vous ai dit. Jusqu'au dernier moment, je suis à vos ordres.

Ci-joint une réponse de Vallette qui devait faire sonder
habilement Stock. Jusqu'à présent, je n'ai rien de plus.
L'intervention du jeune homme dont vous parlez, et que
sa qualité de « disciple » de Huysmans ne recommande
pas, sera-t-elle heureuse? Elle a cet inconvénient, qu'on
aurait voulu éviter, de laisser voir ma pénurie d'éditeurs
et surtout mon désir d'être édité chez Stock. A la grâce de
Dieu et à la volonté de Marie! Comment un livre si manifestement exigé de moi et environné de tels signes pourrait-il ne pas être publié?

D'ailleurs, mon désir de ramasser quelques clients de
Huysmans est furieusement combattu par le dégoût que
m'inspire cet éditeur. Je vois mal *Celle qui pleure* en
contact avec les ignominies de son étalage.

Il est bien entendu que je ne sais comment cela finira.
Tout ce que je sais, — tristement —, c'est qu'il existe
certainement, ici ou là, un chrétien ami de la Salette qui
serait heureux, apprenant l'existence d'un tel livre, de se
faire pardonner sa richesse, en supprimant d'un seul coup
toutes les difficultés. Mais où est-il?

Il a été voulu, et vous verrez plus tard combien c'est
beau, que mon livre arrivât en même temps que com-

---

(1) Dédicace de *Celle qui pleure*, telle qu'elle est dans le livre.

menceraient les catastrophes infinies annoncées dans le Secret et *connues de moi avant sa publication*.

Vous voyez ce qui se passe dans le Midi...

Dieu fera de moi ce qu'il voudra.

Je peux marcher, lire, écrire, manger et dormir un peu, mais je ne suis pas bien.

Votre

Léon Bloy.

14 Novembre 1907.

Mon cher Termier,

Je n'ai pas à vous dire l'effet sur moi de votre lettre. Il a été ce que vous pouvez bien penser : une délivrance.

Je vous communique le dernier message de l'abbé L.... en vous priant de me le renvoyer bientôt. Il vous montrera un peu l'âme de ce prêtre. Vous verrez aussi qu'il n'y avait pas lieu de désespérer.

Mais, pessimiste, non par nature, mais par expérience, je m'étais assombri sur les mots de « combinaison ». Pour ce qui est du lieu commun : « elle ferait l'impossible », comment aurais-je pu — étant auteur de plusieurs livres d'imagination — ne pas me mettre à la place du monsieur disant à la dame : « Je ne vous demande pas *l'impossible*, je vous demande de vous donner vous-même, tout simplement »? C'est l'idée qui ne vient presque jamais, sinon aux femmes soi-disant perdues, *se donner*.

J'étais donc, même après cette lettre, triste et résigné, attendant que la volonté de Dieu se manifestât, plein de la pensée qu'un livre tellement *voulu* ne pouvait pas ne pas être publié, mais totalement impuissant.

Ma situation était bien nette. La Souveraine avait exigé telle chose. En ce qui me concernait, j'avais obéi, malgré des tiraillements, j'avais fait ce qui m'était demandé, *ce que j'étais seul à pouvoir faire*. Que les autres, après cela, eussent à obéir à leur tour!

Le cas est absolument unique. La Mère de Dieu en a assez du mépris de sa Parole et de ses Avertissements. Son ultimatum est le livre d'un mendiant, étant Elle-même une Reine mendiante. Il serait très dangereux de vouloir ou de permettre que ce livre fût étouffé. D'autre part, c'est une sorte de blasphème et un aveuglement infini de sacrifier la Salette à Lourdes, comme tout le monde fait depuis longtemps. C'est exactement l'action barbare et insensée de couper la tige d'une fleur. Aucun moyen d'échapper à la Salette, pas même la mort, surtout la mort.

Il a plu à la Grande Reine de vous choisir, vous Pierre Termier, pour être l'excitateur et le confortateur de son très petit prophète. A cela vous ajoutez de votre plein gré le buccin des Anges. On ne peut que vous féliciter amoureusement.

Votre

Léon BLOY.

J'écris à l'imprimeur.

Vous avez raison. J'annexerai le récit, mais en français. La traduction en tchèque que vient de m'envoyer Florian aurait trop peu de lecteurs.

26 Novembre 1907.

MON CHER TERMIER,

J'ai craint de ne pouvoir trouver d'imprimeur. A ce moment de l'année, la plupart se déclarent surmenés; les autres sont trop exigeants ou trop bêtes. Après beaucoup de paroles inutiles, j'ai enfin obtenu de mon imprimeur picard, qui m'avait fort dégoûté, une lettre raisonnable. On pourra marcher.

Cet imprimeur me ferait passer avant un autre client qui le talonne et le livre devrait être exécuté en un mois, ce que j'étais loin d'espérer. Mais avant de commencer, il lui faudrait une avance pour ses ouvriers qui ne lui font pas crédit comme le marchand de papier.

Tirage à 2.000, format du *Salut par les Juifs*. Prix définitif que j'ai fait réduire autant que possible, 1.000 à 1.200 francs, y compris les frais d'expédition. Voyez et jugez. J'aurais besoin d'une réponse immédiate.

Je ne pourrai pas déjeuner à Vaugirard jeudi. J'attends précisément, ce jour-là, l'abbé L... qui aura peut-être du nouveau. D'ailleurs, je ne suis pas bien. Une tristesse me déprime et j'ai besoin de sentir, près de moi, ma femme et mes deux enfants.

Votre

Léon Bloy.

Tirage à 2.000, ai-je dit. S'il n'était qu'à 1.000, il y aurait une grosse économie sur le papier. Pensez-y. Nous avons le temps. Ce qui presse, c'est de mettre la composition en train et cela dépend de vous.

29 *Novembre* 1907.

Cher Ami,

Je viens de recevoir une lettre délicieuse de l'ami dont je vous avais parlé. Il est joyeux de travailler pour Notre-Dame de la Salette et veut que le livre soit très beau. J'ai donc trouvé ce que je cherchais, l'imprimeur choisi et désiré par Celle qui pleure !

Il doit venir chez moi lundi ou mardi, pour une conversation technique préférable à cinquante lettres, et on marchera enfin, plein d'espérance et de sécurité. Réjouissez-vous avec moi.

Répandez mon cœur chez vous, je vous prie. C'est un vase plein de parfums.

Votre

Léon Bloy.

Vu, hier, l'abbé L..., plusieurs heures, avec délices. Il continue à espérer beaucoup. Quel prêtre fait pour nous! Et quel honneur pour moi d'attirer de telles âmes!

9 Décembre 1907,
3 h. 1/2 après-midi.

CHER AMI,

En hâte, je vous dis que je viens de recevoir les 500 francs de Mme de R... qui a, en effet, le plus immense besoin de prières et que je ne veux pas oublier.

Il n'y a pas de naufragés en péril de mort en plus affreux danger que les « heureux de ce monde ».

Votre

Léon BLOY.

Dimanche de « Rorate », 1907.

Pardonnez-moi, cher ami, de ne pas vous avoir répondu hier. Il était si tard! Que le Père des pauvres vous bénisse! Notre nuit de Bethléem, en effet, sera plus douce.

Je n'ai rien de mieux à faire que de prier pour vous. Croyez-le, je vous dis cela du fond de mon cœur.

J'attends, avec l'impatience que vous pouvez comprendre, les premiers placards de Celle qui pleure. Mais vous savez que ceux-là sont ordinairement les plus lents à venir. Ensuite cela va tout seul. Patience !

Le lundi 30 nous convient. Véronique, alors, sera en vacances. Ma femme voulait voir Mme Termier demain. Elle la verra donc huit jours plus tard.

Que Dieu vous comble tous, chers amis. Le 30 nous serons QUINZE à votre table, dont trois invisibles, et le Fils de Celle qui pleure, invisible aussi et sans nom deux jours encore, se tiendra à la porte comme un enfant pauvre dans les bras de sa Mère couronnée d'étoiles.

Votre

Léon BLOY.

In Nativitate Domini, 1907.

CHER AMI,

Voici ce que la Reine nous envoie. J'ai fini *Celle qui pleure*, le jour de la Nativité de Marie; les premiers pla-cards m'arrivent le jour de la Nativité de son Fils. Je vous prie de le remarquer.

Ces papiers précieux vous seront envoyés demain. Lisez-les avec attention et si vous trouvez quelque faute, mar-quez-la au crayon de couleur. Nous désirons un livre sans fautes, n'est-ce pas? Aidez-moi donc à corriger les épreuves. Celles-ci me sont envoyées *en double*. Inutile par consé-quent de me les retourner.

La lettre ci-jointe de mon vieil ami Barbot vous dit tout.

En réponse à votre envoi du 20 j'espère que vous avez reçu ma lettre du 22 où je vous disais *oui* pour le lundi 30.

Au revoir donc et que l'Emmanuel vous comble de sa Joie promise aux hommes de bonne volonté.

Votre

Léon BLOY.

2 *Janvier* 1908.

CHER AMI,

On a pensé hier à tous les Termier et aux autres amis qu'on peut avoir : heureusement ma situation de bête féroce me dispense de toutes visites.

J'ai reçu pour mes étrennes un joli paquet d'épreuves dont je vous ferai passer le double aussitôt après correc-tion, demain sans doute.

Aujourd'hui, voici la lettre de Barbot accompagnant cet envoi.

Vous jugerez de l'importance d'un certain alinéa mar-qué de rouge.

Je pense que vous serez aussi content que moi du spé-cimen ci-joint. Ne vous semble-t-il pas que mon Barbot est un imprimeur parfait et que, par lui, nous allons avoir un très beau livre? Je vous dis qu'il a été *choisi*.

Véronique a reçu votre lettre et va vous répondre.

Votre

Léon BLOY.

10 Janvier 1908.

CHER AMI,

Je vous écris en hâte, dans un café, pour que ceci vous parvienne demain matin.

Votre lettre est arrivée au moment précis où je sortais pour porter au Mont de Piété le seul objet ayant une valeur intrinsèque possédé par nous : un somptueux coutelas damasquiné de la bonne époque, souvenir de B. d'A... qui s'en servait en chemin de fer pour se faire les ongles, à l'inexprimable trouble des voyageurs.

Votre envoi m'a délivré de cette course dans le vent glacé. Manifestement vous êtes *voulu* par Dieu et sa Mère.

Je pense que vous réussirez à ce déjeuner, peut-être au delà de vos prévisions. Je pense aussi que la Reine voudra le succès de *Celle qui pleure*. J'ai recommandé pour vous à la poste de nouveaux placards. Vous les aurez sans doute demain. Lundi vous recevrez la suite de la mise en pages. L'intervention de Barbot est une douceur exquise ajoutée aux autres bienfaits. Vous verrez. C'est un délice pour moi de relire mes pages imprimées par lui avec dévotion.

Ne pensez-vous pas que mon livre pourrait bien être un chef-d'œuvre?

Pardonnez-moi cette écriture. J'écris avec une plume sans nom.

Votre

Léon BLOY.

16 *Janvier* 1908.

MON CHER AMI,

Il est 3 heures après-midi. Je viens de recevoir votre seconde lettre et je me réjouis des corrections que vous m'annoncez. Aidé ainsi de vous et de Barbot, j'espère un livre *sans fautes*, un phénix de livre.

Je l'écrivais ce matin à mes bien-aimés filleuls d'Heidelberg : « Ce cantique de guerre que Marie me demandait, il y a trente ans, et qu'il a fallu trente ans de douleurs pour me mettre en état d'écrire, va peut-être changer ma vie... » Quelle belle histoire et quelle place est la vôtre!

Je n'ai pas encore de réponse de Bloud et je me garde bien de le presser. J'ai trop d'intérêt à regarder son silence comme une acceptation. S'il se dérobe, je sais que Marie ne se dérobera pas. L'étonnante confection littéraire et matérielle de ce livre n'est pas pour aboutir à un avortement. Dieu réussit toujours.

On m'a dit et je me suis dit à moi-même qu'il faudrait, en tête du volume, en première page et hors texte, une bonne reproduction de Celle qui pleure, Marie assise et la tête dans ses mains, image très impressionnante et qui serait là tellement à sa place!

Priez donc votre frère de vous envoyer de Grenoble la photographie la plus nette qu'il pourra trouver. Nous la ferons reproduire par le meilleur procédé d'héliogravure. Il n'y a pas de temps à perdre.

Votre ami Philippe, deuxième du nom, peut compter sur mes prières. Quand votre lettre recommandée est venue, avant de l'ouvrir, j'ai dit : « Quel que soit le contenu, il vient de Dieu et il est, par conséquent, adorable ». Ce qui semble manquer sera certainement donné, en temps utile, par Matthieu, Simon ou Barthélemy.

Je vous embrasse.

Léon BLOY.

22 *Janvier* 1908.

CHER AMI,

Je l'aime beaucoup votre « fantaisie ». Vous m'avez fait passer, hier soir, une demi-heure très douce.

Voici ce que je trouve, ce matin, dans mon journal :

« Ce discours est vraiment exquis, d'une *bonhomie amoureuse* que je crois n'avoir vue nulle part. Cet ingénieur aime la Géologie et la Minéralogie comme on aime de très belles dames quand on a 18 ans, une santé de fer et qu'on est exceptionnellement généreux. Il a trouvé le moyen de me faire intervenir, de me citer. »

Vos chers camarades ont dû s'étonner de ce nom probablement nouveau pour eux.

A cet endroit, vous êtes délicieux, mon cher Termier, avec « la très bonne et très accueillante Minéralogie » qui vous consola d'avoir entrevu la hideuse Exploitation. Je ne me représente pas du tout des capitalistes à votre conférence.

Je vous remercie donc du plaisir très haut et très noble que vous m'avez donné et je vous embrasse.

Votre

Léon BLOY.

Votre aimable frère m'a envoyé, de Grenoble, une magnifique photographie de Celle qui pleure. Je vais porter l'objet chez Maire, 26, rue des Fossés-Saint-Jacques. C'est lui qui a héliogravé et tiré la gravure sur soie qui est en tête du *Fils de Louis XVI*. Je vous dirai les conditions.

Je pense que vous avez envoyé votre brochure à Jacques Maritain.

29 *Janvier* 1908.

CHER AMI,

J'ai vu le graveur dont voici la carte et je lui ai confié la très belle photographie de Celle qui pleure, donnée par votre frère.

Cet homme demande 250 francs pour la planche et le tirage à 2.000. Je lui ai dit d'attendre. A vous de décider. On peut se passer de cette image. Je l'ai désirée parce que la Salette étant infiniment peu connue, une telle figure, nouvelle pour tant de gens, impressionnerait...

Peut-être, voyant vous-même l'individu, qui est dans le voisinage de l'École des Mines, obtiendriez-vous de meilleures conditions. Mais j'en doute. Vallette, consulté, m'assure que ce n'est pas cher.

J'attends la suite des placards et des mises en pages. Le tirage des premières feuilles entièrement corrigées va commencer, nécessité par la distribution. Vous recevrez directement les bonnes feuilles au fur et à mesure. Je ne me presse pas de voir Blond. Il faudrait pouvoir lui montrer le livre entièrement tiré, sans possibilité de remaniements ou de modifications. Peut-être, alors, pourrais-je agir sur lui par diverses personnes. C'est à voir.

Il est sûr que je joue une grosse partie et que mon livre est d'une conséquence extrême à tous les points de vue, pour moi et pour d'autres. Je le vois un peu mieux chaque jour.

Embrassez pour moi toutes les personnes qui m'aiment.

Léon Bloy.

31 *Janvier* 1908.

Cher Ami,

Je m'étais levé, cette nuit, pour vous écrire. Ayant dit un chapelet et mes yeux se fermant, j'ai compris qu'il ne fallait vous répondre qu'après la messe et la communion.

Vous sollicitez mon avis sur une chose des plus graves. En pareil cas, un avis est nécessairement un conseil. Or un conseil, c'est *ce qu'on ferait soi-même.*

Rien de plus simple. S'il pouvait être question de mariage

pour l'une de mes filles, je lui laisserais la liberté absolue de son choix, avec un respect infini pour ses répugnances, me réservant uniquement de l'avertir, avec la plus grande tendresse, au cas où je *verrais* qu'elle se trompe sur les mérites ou les défauts du prétendant.

Et voilà tout. L'autorité des parents ne peut pas aller plus loin. C'est l'extrême limite. Vous savez que la matière du Sacrement de mariage, l'essentiel pour un théologien, c'est le mutuel et parfait consentement, c'est-à-dire l'AMOUR.

Ce qu'on appelle, chez les bourgeois, « mariage de convenance », est une horreur, une impiété, une prostitution sans excuse. Les débuts de la vie conjugale, la prise de possession, pour parler net, si on la suppose hors de l'amour, — cas tout à fait ordinaire dans notre jolie société chrétienne — est une abomination dont la vie entière peut être empuantie et qui doit contaminer spirituellement les enfants à naître. Rien ne saurait être plus grave.

Il y a la source d'illusions : le désir d'assurer le bonheur de sa fille. Vœu absurde et antichrétien. Les anges de Noël n'ont pas annoncé le bonheur sur terre, mais la *paix*, rien que la paix aux hommes de bonne volonté. PAX *in terra*, FELICITAS *in cœlestibus*. Tout ce qu'il est permis de souhaiter à ceux qu'on aime, c'est la paix en ce monde, fût-ce dans la souffrance, et cette paix n'est possible que par l'amour, ne le savez-vous pas, ô amoureux que vous êtes? Il y a longtemps que j'ai fait abnégation.

Quelle rage avez-vous de marier votre fille? Savez-vous seulement si c'est sa vocation, car chacun de nous a la sienne? Il y a d'excellentes filles qui ne sont pas appelées à la vie du cloître et qui ne sont pas non plus appelées à la vie conjugale ou qui n'y sont appelées que fort tard. Laissez donc agir Dieu tout seul.

Pour ce qui est de regretter l'occasion, qu'en savez-vous? Vous m'avez demandé plusieurs fois de prier pour Marie.

Certes, je demande à Dieu d'en faire une SAINTE, *n'importe comment*, et je vous embrasse.

Votre

Léon Bloy.

P.-S. — Ecce quem amas acerbissima egestate cruciatur. Nonne vides, in finibus tuis, *mandarinum* quemdam celeriter occidendum?

J'ai pensé qu'il vous serait agréable de lire cette lettre de Jacques Maritain qui me semble très belle. Comment n'admireriez-vous pas cette volonté, pure comme le feu, de ne cheminer que dans la lumière surnaturelle et comment ne serais-je pas fier d'un tel écolier?

Je vous prie de me renvoyer cette lettre aussitôt après l'avoir lue pour que j'y réponde sans trop de retard.

Vous allez recevoir des bonnes feuilles. Par excès de zèle, notre excellent Barbot a fait une gaffe qui nous cause du retard.

13 Février 1908.

CHER AMI,

Le pauvre vieillard de la Butte a reçu ce que vous avez pu « arracher à de tièdes amis ». Il espère en chauffer ses membres.

Invendable de ce jour :

« J'apprends que les cendres!!! de Zola seront transférées au Panthéon, le 2 avril, semaine de Lætare, et que ce charroi de précieuse ordure coûtera quarante mille francs.

« On m'avait dit que les Carnot s'opposaient à cette saleté, en déclarant leur intention de DÉMÉNAGER, ayant horreur de voir situer une telle charogne dans le voisinage de leur putréfaction familiale. Ce geste m'amusait.

« Rien de beau n'est plus à espérer. »

Votre

Léon Bloy.

27 *février* 1908.

Cher Ami,

Assurément, j'irai volontiers à Vaugirard, mardi prochain. Vous me manquez beaucoup depuis quelque temps. J'espère de Dieu et de sa Mère que rien ne s'y opposera. L'état actuel de Véronique nous attriste, nous inquiète un peu. Il y a tout lieu de croire que ce n'est rien qu'une forte grippe. On prie pour elle.

Depuis deux ans, vous savez ce que me mettent au cœur vos démarches, vos efforts pour me guérir de ma misère. Je sais un peu ce que Dieu vous prépare et, à cause de cela, je vous envie quelquefois.

Vous recevrez demain matin, par la poste, un paquet qui vous intéressera.

Il est entendu, n'est-ce pas? que tout ce que je vous fais passer, épreuves ou mise en pages, m'est envoyé en double et que, par conséquent, vous n'avez à me les retourner que si vous découvrez des fautes.

Je vous embrasse.   Léon Bloy.

Vendredi, 13 *Mars* 1908.

Très cher Ami,

Vous avez une telle place dans ma vie que je veux vous faire lire la dernière lettre de Florian et ma réponse. Je vous prie, après avoir lu cette dernière, de la fermer et de l'envoyer.

La lettre de Florian, qui m'est précieuse, vous me la retournerez à l'occasion, sans vous presser.

Je ne voudrais pas être ridicule ni, surtout, irrévérencieux, mais les lettres de Florian, son style et son orthographe, me font penser au Buisson ardent.

Vous remarquerez tout de suite l'envoi d'argent, que je souligne en fixant le coupon à la lettre.

C'est à pleurer, de voir ce que fait ce pauvre, malgré

tout ce que j'ai pu lui dire. Il m'a répondu, en diverses lettres prodigieuses, que le fait de me donner ce qu'il possède était, pour lui, une manière de gagner sa vie et d'assurer l'abondance chez lui. C'est, du moins, ce que j'ai cru comprendre.

Je prends cette occasion, mon cher Termier, de vous dire que le moment est venu de ne plus faire grâce au mandarin. Je pense même qu'un groupe de mandarins serait à désirer, non pour notre subsistance quotidienne à laquelle vous avez pourvu, — en même temps que Florian — mais pour la satisfaction de certains fournisseurs dont les notes s'accumulent depuis quatre ou cinq mois.

En vain je leur ai dit que l'hiver passerait, mais que ma parole ne passerait pas. Ils sont inquiets et ne tarderont pas à devenir menaçants. Relisant mon Journal de 1906, pour l'*Invendable*, je vois les prodiges que vous accomplissiez alors et je me dis qu'un quart au plus de ces miracles aujourd'hui me délivrerait.

Je crois que 1908 pourrait être la meilleure année de ma vie, l'année décisive. Telle aura été votre œuvre, ô Termier!
Votre

Léon BLOY.

Barbot m'apprend, ce matin, qu'il viendra déjeuner chez moi, mardi. Si c'était *jeudi*, j'oserais vous inviter. Vous avez pu voir que mes amis ne sont pas quelconques.

On vous demande une prière pour ma douce filleule Raïssa retombée malade.

Le règlement des héliogravures ne doit se faire que sur un accusé de réception délivré par Barbot.

21 *Mars* 1908.

CHER AMI,

Vous avez agi le jour de Saint Joseph (ou Josef, nom précieux pour moi) et j'ai trouvé votre lettre, hier soir, dans les plis du Saint-Suaire.

Ce matin, priant pour vous et les quatre mandarins immolés, j'ai remercié la Souveraine et son Époux dont vous êtes l'instrument privilégié, en la manière où j'ai coutume : « *Gratias ago, sed* non satis est. *Persevera igitur, labore improbo et viribus nunquam fractis.* » Puis-je, ô mon ami Termier, vous parler autrement à vous-même que je ne parle à Dieu?

Addition faite, je dois 650 francs à mon charbonnier seulement, ayant découvert sans étonnement un reliquat sérieux, dès avant octobre. Je vais lui verser 400 francs aujourd'hui et je garderai le reste pour la maison.

J'ai pensé que vous aviez droit à ces détails de la vie d'un artiste qui ne peut pas gagner un sou, quoi qu'il fasse, Dieu le voulant entièrement et absolument dans sa main.

Ci-joint une lettre de Barbot venue à l'instant et que je vous prie de me garder. Ainsi sont traités les amis de la Salette. Vous écoperez peut-être aussi — à moins que vous n'ayez déjà payé suffisamment, ce que j'espère. Mais vous êtes plus difficile à atteindre que Barbot. Son cas est simple et il a bien fait de m'écrire. Je vais lui répondre par une défense formelle de continuer sa dangereuse publication, sa conscience étant parfaitement dégagée par ce fait qu'il est l'imprimeur déjà héroïque de *Celle qui pleure*.

Vous pouvez compter sur moi jeudi prochain.

J'envoie mon plus affectueux souvenir à tous les vôtres et je vous embrasse.

Léon BLOY.

2 Avril 1908.

CHER AMI,

La lettre ci-jointe, de notre Barbot, ne vous étonnera pas.

Vous avez compris que la Souveraine veut des amoureux à son service, rien que des amoureux et des casse-cou.

Gardez-moi ou renvoyez-moi ce précieux papier que j'ai lu avec émotion.

Votre Jeanne, mon amie et correspondante, vous a, sans doute, communiqué le précédent message et ma réponse. (Il est bien entendu que celui-là est pour vos archives.) Je pense que cette suite vous plaira.

En même temps que ceci, je fais partir pour Bolbec les épreuves corrigées par vous et moi. Nous tenons la fin de mon livre, grâces à Dieu!

Si nous pouvions savoir les obstacles surmontés *miraculeusement*, je suis sûr que nous tremblerions de peur, d'admiration et d'amour.

Bonjour le plus tendre à tous les Termier.

Vous avez dû recevoir, de moi, le carton du titre, hier soir.

Je vous embrasse,

Léon Bloy.

Compassion de Notre-Dame,
veille de S. Léon — 1908.

Cher Ami,

Je viens de recevoir ce que vous m'avez envoyé. Une fois de plus, j'ai la preuve que Notre-Dame donnera toujours ce qu'il faudra, et en temps utile. J'ai aussi la preuve que vous êtes beaucoup aimé, beaucoup plus qu'on ne pourrait dire.

Des phrases inouïes, si j'en trouvais, n'ajouteraient rien à cette évidence.

La question de l'éditeur est difficile. La misère de tous ces pauvres gens est de croire qu'il faut de *l'héroïsme* pour marcher avec moi — (on ose prononcer le mot) — et ils avouent n'en avoir pas un atome. C'est épouvantable de se dire que, précisément, l'héroïsme est la SEULE chose qui sera demandée à chacun de nous — demain.

De très grands hommes, des prédicateurs sublimes qui

passent pour avoir eu le plus étourdissant génie, et qui parlaient à d'illustres princes, avec un seau à incendie retourné sur leurs fronts superbes; oui, même ceux-là ont vainement essayé de faire de la Passion un lieu commun. *Jésus-Christ ne meurt pas pour les bourgeois.* Tant qu'on voudra pour les assassins, pour les brigands, pour les impudiques; mais pour les propriétaires!!! Il faudrait donc des quittances de loyer et des reçus du percepteur pour entrer dans le Paradis! Cette idée n'est pas une bouffonnerie. Elle n'est pas pour faire rire ni pour exciter une impuissante rage. Elle procure simplement la tristesse la plus douloureuse, une espèce d'angoisse infinie pouvant aller à la Sueur de Sang, lorsqu'on est un Dieu!

De ma fenêtre, je vois, dans la rue, une pauvre vieille de 78 ans, assise sur le trottoir. Pour un retard quelconque, on lui a tout pris, à l'exception de quelques meubles sans valeur, dont elle surveille le transport, je ne sais où, au risque d'être accablée d'injures par les déménageurs qu'elle ne pourra pas soûler. Le seul objet qui eût quelque valeur chez elle, un piano, unique ressource de sa fille infirme, a été retenu, avec autre chose, par la volonté souriante et implacable d'une jolie femme qui fera ses pâques d'un cœur léger. Nous avons fait ce que nous pouvions, nous mettant nous-mêmes en danger. Et ce n'est rien! Et il y en a cent mille comme ça! Pauvre vieille douloureuse! Un moment j'ai cru voir Marie sur sa montagne.

Ne venez pas sans nous avertir, chers amis, ce serait trop dur de vous manquer. Nous parlerons de plusieurs choses, des Maritain, que Dieu éprouve singulièrement, de notre Barbot qui n'a pas peur d'être parmi les héroïques et, si Dieu est tout à fait avec nous, comme je l'espère, nous pleurerons peut-être ensemble.

Je vous embrasse tous.

Léon BLOY.

Lundi saint, 1908.

Cher Ami,

Menacé immédiatement de deux côtés à la fois, et voulant à tout prix la paix, cette semaine et la semaine de Pâques, je donne à mon boulanger un acompte de cent francs et à mon épicier un autre acompte de cinquante. Le boucher et quelques autres attendront, et la propriétaire, dont je répands ainsi la galette, me regardera venir de loin. « Celle qui pleure » mettra son pied sur la gueule de cette petite chambrière du démon. Et voilà tout.

Vous m'avez fait passer, je ne sais à quel prix, l'argent de mon terme. Je veux que vous sachiez pourquoi et comment cet argent prend une autre direction.

Votre

Léon Bloy.

Raoul Narsy, mon intermédiaire près de Bloud, recevra, ce soir, les dix feuilles avec une lettre fort précise. Qui sait les miracles que Notre-Dame de Compassion peut opérer?

Mercredi saint, 1908.

Cher Ami,

Ma lettre de lundi, croisant la vôtre venue le même jour, vous montrait dans quels sentiments j'ai pu l'accueillir.

Je vous aurais écrit, hier, sans une énorme tristesse qui est bien en harmonie avec le deuil de l'Église. Je ne me console pas d'être *onéreux*. Juste le contraire de ce qui semblerait devoir être, de ce que j'ai demandé toute ma vie. C'est une peine étrange et que je sens plus durement qu'autrefois, cette année surtout. Je suis comme un vaillant que Dieu aurait doué d'une force extraordinaire pour la protection des faibles et à qui on aurait cassé les deux bras pour qu'il eût besoin lui-même d'être protégé.

Que donnera cette année? En 1906, vous me fûtes envoyé

par Celle qui pleure pour me décider et m'aider à faire un livre étonnamment ajourné vingt-huit ans. Vous avez exécuté la consigne patiemment, admirablement. Aujourd'hui votre mission touche à sa fin. Cela peut vouloir dire que je suis près de la victoire. A la grâce de Dieu! Quoi qu'il puisse m'arriver, j'aurai mis un beau cantique à Marie dans ma douloureuse vie d'écrivain, et vous, mon ami, vous aurez beaucoup mérité.

J'attends la réponse de Narsy. Qu'elle dise oui ou non, nous saurons qu'elle exprime la Volonté divine et qu'elle vient du fond du Paradis.

Voulez-vous saluer affectueusement pour moi tous les chers vôtres, sans oublier votre frère et sa très aimable femme?

Je vous embrasse.

Léon Bloy.

Samedi saint, 1908.

Cher Ami, infatigable et indécourageable comme les anges,

Merci de tout mon cœur pour votre copie réconfortante. Florian m'a toujours consolé. Tout en déplorant mon ignorance du tchèque par laquelle je suis privé du plaisir de *me* lire en l'unique langue étrangère où on m'ait traduit, je vois très clairement que notre cher Florian est un écrivain de grand talent. Ses fautes de français, réelles ou apparentes, sont certainement des *tchéquismes* admirables. Je tiens de Josef Polak, qui pouvait comparer les textes, que ses traductions de moi sont des chefs-d'œuvre. Nous en jouirons dans le Paradis, mon cher Termier.

Toutefois je suis confus de me voir appliquer par lui des paroles de la Liturgie. Ma « semaille » est celle de beaucoup d'autres qui furent mes progéniteurs spirituels. Je suis tout au plus une *lanière* de transmission.

Si vous n'avez pas encore, au reçu de cette lettre, envoyé vos bonnes feuilles en Moravie, un mot, s'il vous plaît, à Barbot qui les expédiera lui-même aussitôt. Il suffira de lui donner l'adresse très lisible.

Si vous vous êtes déjà dépouillé, autre mot à Barbot pour qu'il vous les remplace. Il faut que vous ayez l'objet sous la main.

Vous remercierez pour moi M. Louis Quarré de sa très gracieuse invitation. Il me verra venir, le mardi de Quasimodo, à midi et demie, heure dite. J'espère qu'il n'y aura pas d'obstacle invincible.

Je suis un peu consolé, de plusieurs manières. Dieu n'est jamais loin. Mais c'est le Dieu de Gethsemani. Et puis, le Dimanche de Pâques est ordinairement, pour moi, très douloureux. Mes livres ont dû vous le dire. Il y a presque toujours un propriétaire ou des boutiquiers en armes dans mon œuf de Pâques.

La même cause produit les mêmes effets.

Je vous embrasse.

Léon Bloy.

3 Mai 1908, Inventio Crucis.

Cher Ami,

Je pense que vous serez impressionné autant que moi par cette lettre de Barbot, que je vous prie de me retourner aussitôt après l'avoir lue. Vous remarquerez les étonnantes lignes que j'ai indiquées au crayon rouge.

Croyez, mon cher dédicataire, que cela est infiniment grave; la Salette n'est pas un objet de piété quelconque, comme le croient certainement la plupart de nos catholiques. C'est une chose vivante et dévorante, à la manière de l'Arche des Hébreux, à laquelle il ne fallait pas toucher.

Vous, Barbot et moi, nous sommes du bon côté. Le plus grand malheur pour nous serait de ne pas persévérer, de nous effrayer de quelque chose. Nous avons l'honneur de porter l'Arche. Si nous la laissions tomber, elle nous écraserait aussitôt. Soyons fidèles.

J'ai écrit à l'intermédiaire que le refus de B..., sachant très bien ce qu'il refusait et ce que la Reine lui demandait, était un acte effrayant, et que, pour toutes les richesses du monde, je ne voudrais pas être à sa place. Ah! si j'osais prophétiser!

Votre

Léon Bloy.

9 *Mai* 1908.

Cher Ami,

Évidemment, il y a des correspondances ou corrélations très mystérieuses.

Ce matin, un peu avant votre lettre, si chrétiennement, si *utilement* affectueuse, j'avais eu la joie d'achever, dans l'*Invendable*, le mois d'août 1906, endroit central et le plus difficile du livre (la Salette et Varces), qui m'avait, plusieurs fois, découragé. Il fallait de la discrétion et du talent, deux choses dont une, au moins, m'est à peu près impossible.

C'est ce qui a fait venir votre lettre, laquelle a déchargé mon cœur d'un énorme poids. La première communion de Madeleine, sans tristesse ni angoisse pour ses parents, est un acte très pur qui *retournera sur vous* qui avez besoin d'être « consolé, fortifié, délivré », et j'espère que vous ne tarderez pas à le sentir. Notre-Dame de la Salette y est intéressée.

Vous aurez la joie, cher savant de bonne volonté, la joie *sur terre*, je vous l'ai dit et je le sais.

En réponse à une chose dite chez votre ami Quarré, voici une lettre que je viens d'écrire à un Lyonnais qui offre de me prêter les deux volumes d'Anatole :

« Cher ami. Ma petite Madeleine va faire sa première

communion dans dix jours, exactement (19 mai), et notre logement est balayé, soigneusement, chaque jour.

« Aucune ordure n'y doit pénétrer, surtout l'ordure Anatole France.

« Mon idée d'un article dans cette autre ordure nommée *le Matin* était stupide.

« Ne m'envoyez donc pas la tinette et soyez persuadé de mes sentiments très affectueux. »

Je suis, jusqu'ici, d'accord, sur tous les points, avec Louis Michaud, mon éditeur, rue de la *Petite-Boucherie*, où je dois être débité, enfin!

C'est à Barbot à marcher et le cher ami ne demande pas mieux. *Celle qui pleure* paraîtra donc en juin, à moins que le vieux Serpent n'intervienne.

Je vous embrasse de tout mon cœur.

Léon Bloy.

Vendredi de Pentecôte, 1908.

Mon cher Ami,

J'ai recommandé pour vous à la poste cent « Prière d'insérer ».

Puis, je pense que vous serez curieux de lire la lettre ci-jointe qui est une des plus étonnantes que j'aie reçues et qui vous paraîtra, sans doute, un présage heureux. Prière de me la retourner.

Par l'effet d'un retard du camionneur, la masse de volumes nécessaires pour la mise en vente n'a pu arriver qu'hier soir au *Mercure*.

Tout ce qui arrive, même tard, est adorable. C'était, tout de même, le jour de S. Barnabé. J'espère toujours.

Votre

Léon Bloy.

29 *Juin* 1908.

J'ai, tout naturellement, pensé à vous, ce matin, cher ami. Occasion de me dire, en présence de Dieu, et de dire à Dieu lui-même que vous avez bien mérité quelque chose pour votre zèle et votre obéissance envers sa Mère.

Je n'ai pas osé demander pour vous précisément le Martyre, bien que ce soit la plus désirable grâce, mais seulement un très grand amour qui vous porterait plus tard à le demander vous-même.

Je dirai, un jour, peut-être même publierai-je mes pensées sur notre rencontre, bien plus étonnante qu'on ne peut croire, quand je serai parvenu à les débrouiller suffisamment.

En attendant, j'offre ceci à votre méditation. L'Église raconte, aujourd'hui, que la porte s'ouvre d'elle-même, *ultro*, devant Pierre. Quelle porte? « La porte de fer qui conduit à la Cité. » Elle ne s'ouvre pas *pour que* Pierre soit libre, elle s'ouvre *parce que* Pierre est libre. C'est ma chère femme qui m'a donné cette idée qui me paraît belle et que je vous présente comme une fleur très rare à l'occasion de votre fête. Faisons-nous libres, mon cher Pierre, et la porte redoutable s'ouvrira devant nous sur la Cité qui est Notre-Dame elle-même par excellence.

Je vous embrasse.   Léon BLOY.

Je veux croire que vous avez reçu, ce matin, en même temps que moi, 50 exemplaires venus du Havre, qui se sont fait horriblement attendre. Le succès semble assuré. On me le dit de plusieurs côtés.

8 *Juillet* 1908.

CHER AMI,

Vous m'avez promis de venir un jour indéterminé. Donc je dois vous empêcher de venir demain jeudi. Nous serons à Versailles, chez Martineau qui veut nous avoir avant de partir pour la Touraine, avant de prendre « ses vacances », car il paraît que c'est le temps des vacances. Tout le monde en parle.

N'oubliez pas, en venant, votre exemplaire Japon. J'ai quelque chose à y écrire.

Votre

Léon BLOY.

Bonsoir au bloc Termier.

14 Juillet 1908.
Deuil National.

C'est donc toujours votre tour, mon cher Termier. Il faut croire que Celle qui pleure vous aime singulièrement. J'ai reçu, hier matin, votre lettre qui m'a beaucoup consolé, et j'aurais voulu y répondre, mais il fallait partir au même instant, Brou m'attendant et comptant sur moi pour l'aider à porter jusqu'à Versailles, chez notre ami Martineau, le bloc pesant du bas-relief d'un magnifique *Ecce Homo*, inventé et exécuté, avec un peu de génie, pour un aimable enfant de onze ans en souvenir de sa première communion, — cadeau extraordinaire comme n'en ont pas à volonté les enfants des rois. Un peu plus tard, quand j'aurai déménagé, vous verrez chez moi cette belle œuvre. Brou me chérit assez pour tenir à ce que j'en possède un exemplaire.

J'ai donc passé la journée d'hier à Versailles. Plût à Dieu que j'y fusse encore! Ici, rue Cortot, nous sommes très malheureux. Peu de maisons à Paris sont habitées proportionnellement par un aussi grand nombre de crapules. Ah! la République est aimée! je vous en réponds. Pétards, ordures, stupidités et blasphèmes, on n'entend pas autre chose. Ah! des volées de mitraille dans cette cohue, voilà le rafraîchissement qu'il me faudrait! Mais patience, Notre-Dame des Menaces fera mieux, je le sais, et la certitude que j'en ai me fait supporter le temps infâme où j'ai le tourment de vivre.

J'avais à vous dire, je ne sais quoi. Ces pétards m'idiotifient, pardonnez-moi. Ci-joint une photographie extraordinairement ratée de mon ami l'abbé Cornuau : mon livre aux pieds de Celle qui pleure. Même avec une loupe on ne peut pas lire le titre. Il faut renoncer à notre projet de cartes postales.

Je sais, par des lettres, que mon livre, notre livre, se propage. Le succès immédiat, foudroyant, ne se pouvait pas. Je suis trop ignoré du monde catholique et surtout ecclésiastique. Mais on travaille à dissiper cette ignorance et il se pourrait que bientôt un petit incendie s'allumât.

En attendant, vous êtes irréparablement compromis, pour votre peine d'avoir eu des curiosités littéraires.

Il est inutile d'ajouter qu'on vous attendra joyeusement et sans pétards, le mardi 21 juillet, entre sexte et none, heure approximative du déjeuner chrétien.

Je vous embrasse,

Léon BLOY.

20 Juillet 1908.
S. Jérôme Emilien,

« Effusum est in terra jecur meum
super contritionem FILIAE populi mei. »

CHER AMI,

J'ai reçu votre lettre recommandée de Saint-Étienne datée du 12, et la réponse immédiate vous attend à Vaugirard.

Bien entendu, nous recevrons affectueusement l'oncle de vos enfants. Mais nous n'aurons pas d'escargots à lui offrir. Exhortez-le à la résignation.

Vous me dites avoir passé les plus belles années de votre vie terrestre dans un pays noir. Ça, c'est une idée de charbonnier. Mais êtes-vous sûr d'avoir passé « les *plus belles* années de votre vie » ? Je ne le crois pas.

Egredere, dit le Seigneur à Abram. Qui sait si nous ne sommes pas appelés ensemble à explorer quelque béatifique région couleur de neige, couleur de feu et couleur de sang?

Votre

Léon Bloy.

27 *Septembre* 1908.

Cher Ami,

Si cette lettre vous trouve à Vaugirard, elle vous apprendra que nous arrivons demain lundi 28, rue Cortot, pour déménager aussitôt après, j'ignore comment, car nous sommes, une fois de plus, sans ressources.

Cette longue villégiature, dont j'ai rudement souffert, a été bonne pour nos chères petites. C'est tout ce que j'en espérais. Rentrant à Paris, j'aurais bien voulu me reposer un peu de mes vacances, mais il faut recommencer tout de suite la fournaise.

Je vous embrasse.

Léon Bloy.

Paris-Montmartre, 40, *rue de La Barre*,
23 *Octobre* 1908.

Cher Ami,

Vous m'écrivez que vous rentrerez dimanche ou lundi, lundi plutôt, n'est-ce pas? Il y a donc des chances pour que cette lettre vous atteigne demain samedi à Varces.

J'en suis toujours à m'étonner — fort agréablement — de ce que vous appelez ma « forte empreinte sur vos âmes ». Quelle consolation pour la mienne!

Je me suis senti trop bête pour écrire à Marie. Je ne sais pas faire ces sortes de lettres. Du plus profond de mon cœur, je souhaite à Mme Henri Artru et à son mari la joie présente et le courage dans l'avenir. J'estime qu'il faut avoir le triple airain de ce vieux couard d'Horace pour affronter la vie conjugale et ses conséquences, à la veille des persécutions sanglantes que je suis seul à voir, depuis trente ans, à voir, dis-je, avec une lucidité qui vous étonnera un jour, mon ami. Ce vous sera un éblouissement à travers un brouillard de larmes...

Eh! vous voyez comme je suis troussé pour les épithalames! Décidément une dépêche valait mieux.

D'ailleurs on souffre quelque peu ici — ce qui n'est pas une situation originale pour nous.

L'insuccès, désormais certain, de mon livre est une plaie à mon côté, une plaie toujours ouverte et qui saigne. Vous ai-je cité la parole du P. Faber : « Le chagrin est encore comme un succès pour ceux à qui rien n'a réussi » ? Soit. Je crois savoir, depuis trente ans, que je suis appelé à mourir dans les tourments — pour Dieu et sa Mère. C'est la part du lion.

Oui, Termier, *Celle qui pleure* ne *marche* pas. Elle continue à pleurer sur sa pierre qui est le Paradis des pauvres enfants et, j'attends qu'Elle se lève enfin. Quand je vous reverrai, je vous raconterai une aventure fort bizarre, heureuse peut-être, qui m'est arrivée et qui vous intéressera singulièrement. Il m'a semblé que les Doigts de notre Souveraine s'écartaient un instant de son Visage trempé de larmes et qu'Elle me regardait avec une Compassion infinie. Vous étiez immédiatement derrière moi et ce regard sans doute était aussi pour vous...

Je suis triste et fatigué — mon écriture le prouve —, peu capable d'une longue lettre. Voici mon déplorable cœur tout plein de vous et des vôtres. Que la Vierge très douloureuse vous bénisse tous de ses bénédictions les plus abondantes et les plus étendues.

Votre pauvre

Léon BLOY.

Jour des Morts, 1908.

Mon cher Termier,

Je viens de recevoir votre lettre et le bon de 20 francs que vous a donné pour moi votre bienheureux fils Joseph que Véronique a vu la nuit dernière, ce dont elle est encore délicieusement émue.

Que parlez-vous de faillite? Si vous avez fait pour moi tout ce que Dieu vous demandait, votre bilan au contraire est magnifique. « Raoux seul », dites-vous. Je l'envie de tout mon cœur, ce bon Philippe qui n'apprécie pas assez l'honneur de cette solitude. Qu'importent les autres?

« Dieu reste », dites-vous encore, et il est seul à savoir ce qu'il fait. Il ne veut pas que je vive de mon travail comme les autres hommes. Il veut que je broute dans sa main, dans sa seule Main. Cela depuis un grand nombre d'années. C'est admirable et je l'ai beaucoup dit. Quand il me faut peu, il me donne peu; quand il me faut beaucoup, il me donne beaucoup. S'il me fallait un million, il me le donnerait à l'instant. Affirmation ridicule aux yeux des sages et qui n'est qu'une simple lapalissade.

L'important, c'est de souffrir. *Beati qui patiuntur.* C'est la grâce que je vous souhaite, mon très cher ami.

Léon Bloy.

9 *Novembre* 1908.

Mon cher Ami,

Pourquoi ne vous ai-je pas écrit samedi soir, au reçu de votre envoi? Pourquoi ne vous ai-je pas écrit hier? En vérité, je n'en sais rien.

Depuis quelque temps, je sais très peu ce que je fais. Est-ce l'effet d'un grand découragement, suite d'une excessive tristesse et amertume de cœur?

Est-ce la commotion toujours horriblement brutale sur moi des premiers froids? Je l'ignore.

Matériellement, physiquement, s'accomplit en ma personne la parole de l'Église au graduel de Tous les Saints : « *Nihil deest timentibus Deum* ».

Mais elle ne s'accomplit pas autrement. Il y a tant de choses dont je ne parviens pas à me consoler, et ces choses, croyez-moi, ne sont pas des riens. On peut très bien en mourir.

Samedi, j'avais passé la journée à penser au martyre, à propos de saint Edmond qui m'occupe en ce moment. Je crois vous l'avoir écrit plus d'une fois, que je veille ou que je dorme, c'est ma constante préoccupation, à propos de n'importe quoi. Vous voyez de quel œil je peux regarder ce qui se passe.

Tout ce qui est moderne est du démon. Telle est la clef de mes livres et de leur auteur. Qui peut le comprendre?

Voilà pourquoi je semble parfois rude et amer à ceux qui ne me suivent pas et que je dépasse en pleurant.

Je vous embrasse.

Léon Bloy.

16 *Novembre* 1908.

Mon cher Pierre Termier,

David septies in Psalmis seipsum dicit pauperem :

1. Respice in me et miserere mei, quia unicus et pauper sum ego. 24,16.

2. Ego autem mendicus sum et pauper : Dominus sollicitus est mei. 39,18.

3. Ego sum pauper et dolens : salus tua, Deus, suscepit me. 68,30.

4. Ego vero egenus et pauper sum; Deus, adjuva me. 69,6.

5. Inclina, Domine, aurem tuam, et exaudi me; quoniam inops et pauper sum ego. 85,1.

6. Pauper sum ego et in laboribus a juventute mea, exaltatus autem, humiliatus sum et conturbatus. 87,16.

7. Libera me, quia egenus et pauper ego sum; et cor meum conturbatum est intra me. 108,22.

Semel atque iterum narrat paupertatem ejus :

Infirmata est in paupertate virtus mea. 30,11.

Oculi mei languerunt prae inopia. 87,10.

Amen dico vobis, quamdiu fecistis uni ex his fratribus meis minimis, Mihi fecistis. Matth. 25,40.

En rompant votre pain, je me suis tourné vers Notre-Dame de Compassion et telles sont les Paroles de l'Esprit-Saint qu'Elle m'a données pour vous.

Léon Bloy.

28 Novembre 1908.

Mon cher Ami,

J'ai vu votre facteur avec émotion. Il m'a paru envoyé par notre fils André, dont l'église de Paris célèbre aujourd'hui la Vigile anticipée.

La donatrice, quel que soit son nom, ne sera pas oubliée.

Je travaille avec plus d'énergie à l'*Invendable* dont la dédicace à mon amie Jeanne est un problème de simplicité que je n'ai pu résoudre encore.

Je vous embrasse.

Léon Bloy.

12 Décembre 1908.

Cher Ami,

Vous tombez comme la pluie sur une terre aride. Il en est ordinairement ainsi, mais aujourd'hui, semble-t-il, plus que jamais.

7

Ma femme n'est pas partie, la dépêche prévue n'arrivant pas.

Ce départ, d'ailleurs, est rendu, je ne dis pas impossible, mais très difficile. D'abord nous avons la certitude bien démontrée qu'il faudrait emmener Madeleine; ensuite une personne très sûre, devant veiller sur le ménage, vient de tomber malade, signe remarquable. Il est vrai que je pourrais, à l'aide de Véronique, balayer et cuire suffisamment. Enfin nous ne savons pas. Nous voulons ce que Dieu veut, mais nous ignorons sa volonté que les circonstances nous feront connaître.

Quoi encore? Depuis trois ans que je vous écris, mon bon Termier, je dois avoir épuisé les formes affectueuses et fraternelles à votre égard. Je ne sais plus que vous dire. Je suis comme un vieil âne sans harnais dans les brancards d'un char à bancs qu'il ne peut plus traîner.

L'*Invendable* chemine.

Raoux m'a écrit. Il me parle de votre délicieuse voisine, Mme Steinheil.

Donnez mon bonjour à tous les chers vôtres. Je vous embrasse.

Léon Bloy.

15 Décembre 1908.

Cher Ami,

Voudriez-vous épouser une de mes œuvres qui est tout à fait au-dessus de mes moyens? Voudriez-vous et pourriez-vous, par vos relations innombrables, dénicher un emploi quelconque pour mon ami Ferdinand Rotinat ?

Je ne connais pas un homme plus digne d'intérêt, *pas un*. Il fut riche et a tout donné, son instinct étant de se dépouiller. Il s'est fait déshériter de plusieurs millions pour ne pas devenir possesseur d'une richesse qu'il jugeait mal acquise. Faute grave, puisqu'il privait ainsi les pauvres qu'il aime d'un secours immense qui eût été une restitution.

Quand ce vieux coquin de Rockfeller me laissera ses milliards, vous verrez bien, ô Termier, ce qui se passera.

Rotinat est un peu peintre, un peu musicien, mais fermement déterminé à faire n'importe quoi pour nourrir sa femme et lui-même. Il a, je crois, 40 ans. C'est un robuste et un généreux. Quelques minutes d'entretien vous le feraient aimer. Il est vrai que, comme tant d'autres qui ne mériteraient pas de décrotter sa chaussure, il ignore Dieu. Mais j'y veille et j'espère.

Adresse : Ferdinand Rotinat, 4, rue Paul-Féval, à Montmartre.

Faites tout ce que vous pourrez, mon bon Termier. Je vous le demande au nom de l'Immaculée Conception dont c'est aujourd'hui l'Octave, et je vous embrasse.

Léon BLOY.

Je pense que vous avez reçu ma lettre du 12, samedi.

24 Décembre 1908.
Hodie scietis quia veniet
Dominus et salvabit nos.

CHER AMI,

C'est donc toujours vous, cet *inconnu* providentiel que j'ai passé ma vie à espérer.

Il faut croire que la Sainte Vierge vous aime singulièrement. Je lui demandais, ce matin, d'écarter la tristesse de ma maison aujourd'hui même, et, tout de suite, c'est vous et non pas un autre qu'Elle envoie...

Je ne suis malheureusement pas assez simple pour vous dire comme il faudrait tout ce qu'il y a pour vous dans mon cœur.

Amenez-moi votre jeune israélite, il me convertira peut-être.

Je vous embrasse avec la plus vive tendresse.

Léon BLOY.

28 *Décembre* 1908.

Cher Ami,

Je vous envoie, pour votre amusement, le panégyrique de L. B... par le frère Dacien.

Naïf et curieux. C'est étonnant la place que j'ai prise dans l'esprit de cet homme simple qui ne peut plus parler ni écrire sans utiliser mes formes! C'est admirable!

Le frère Dacien est une de mes plus belles victoires.

Voici d'ailleurs comment il s'exprime dans une lettre de Noël infiniment touchante où il me promet le Paradis :

« J'ai longtemps hésité à vous recopier la longue lettre ci-jointe adressée à quelqu'un dans le courant d'août dernier. Il est probable que vous la trouverez mal faite et beaucoup trop longue. Au reste, elle n'est qu'un plagiat de vos œuvres ou de vos pensées faites miennes. C'est ce que vous appelez quelque part et avec raison une improbité. Voilà pourquoi j'ai quelque honte à vous l'envoyer. Je ne puis me justifier qu'en m'abritant à l'ombre de saint Thomas d'Aquin qui autorise le vol dans le cas d'une extrême indigence. »

Prière de me rendre ce précieux document jeudi.

Je vous embrasse.

Léon Bloy.

12 *Janvier* 1909.

Cher Ami,

Ma réponse, qui ne vous étonnera pas, est identique à beaucoup d'autres.

Je ne suis jamais *en fond* plus de vingt-quatre heures, juste le temps de régler des comptes. Aussitôt après, ouverture de nouvelles colonnes de crédit.

A un ami s'informant de mes affaires j'ai répondu que je venais de perdre à Reggio une vingtaine d'immeubles me rapportant dans les quinze cent mille francs, explieation très plausible qui ne suffirait certainement pas à mon propriétaire non plus qu'à mes fournisseurs pour lesquels je n'ai pas en réserve un sou vaillant. Contre-coup des cataclysmes.

Je n'ai pas reçu *le Peuple français*. Je lirais bien volontiers l'article de Jean fils de Gabriel. Je m'étonne seulement qu'une feuille catholique, même bénie par Mgr Amette, ait pu faire l'éloge d'un livre aussi répréhensible. Il va sans dire que l'auteur de cet éloge sera bienvenu chez moi, surtout amené par vous. Depuis longtemps déjà vous m'aviez fait espérer sa visite.

Je ne vous oublie jamais, cher ami, et je n'oublie pas les vôtres, vous le savez.

Je vous embrasse.

Léon Bloy.

14 *Janvier* 1909.

Mon cher Ami,

J'ai reçu hier soir votre lettre et, ce matin seulement, *le Peuple français* que je viens de lire.

Je suis touché de la ferveur de ce jeune homme. Son article, sans importance littéraire, est probablement ce qui pouvait être écrit de plus utile dans un tel milieu.

Le Peuple français passe pour être beaucoup lu dans le triste monde catholique. Il y a donc lieu de croire que l'article atteindra quelques âmes de bonne volonté, s'il en reste encore.

Vous savez que j'espère très peu et que je n'attends que les châtiments qui commencent déjà, bien en vain, puisque personne ne se réveille. Il faudra donc que Dieu se montre tout à fait terrible. Si j'avais un ami à Rome, par exemple, je lui conseillerais de fuir — sans espoir de m'en faire écouter.

Je ne puis être que l'apôtre du Martyre et je me croirais

payé de mes peines si je pouvais y préparer une seule
âme.

Je vais écrire à Jean Chanove.

Dois-je écrire aussi à son père? Je le ferai si vous me
dites de le faire, mais je vous avoue que cela m'embarrasse.

Votre

Léon BLOY.

Purification, 1909.

TRÈS CHER AMI,

C'est vrai que j'étais au bout de mes faibles ressources,
mais sans inquiétude, habitué pour mon compte à l'exactitude merveilleuse de la Providence.

Voilà donc ce que m'envoie Notre-Dame des Chandelles
que je priais, ce matin, avec confiance. Les 50 centimes
sont touchants.

Je travaille passionnément à mon nouveau livre : *Le
Sang du Pauvre*, auquel Dieu semble tenir comme à la
pupille de son œil. Ce terrible livre que je porte en moi
douloureusement depuis des années, je l'écris — à la Gloire
du Pauvre — *comme si on me le dictait*, facilité bien nouvelle pour moi, récompense des efforts extraordinaires que
m'a coûtés *Celle qui pleure* dont la gestation fut si
longue et l'enfantement si laborieux. Ceux qui ont entendu
les premiers chapitres ont reçu, paraît-il, une forte commotion, croyant entendre des paroles qui n'étaient pas de
moi, ni d'aucun homme. On pleurait, je pleurais moi-même.
Ces auditeurs étaient ma femme, Véronique et Frédéric
Brou, l'un des êtres les plus vibrants que j'aie jamais rencontrés.

Venez donc dimanche avec votre jeune ami. Je voudrais bien voir aussi ma petite dédicataire très aimée et,
s'il était possible, mon nouveau client Raoul Simon que
je me sens porté à chérir.

Je n'ai pas vu Mme Crouet qui peut s'attendre, si elle m'honore de sa visite, à l'accueil le plus fraternel. Mes conquêtes s'étendent chaque jour. Hier, c'était une religieuse.

Je vous confie une lettre, qui m'a fort ému, de notre ami Florian, m'envoyant sa traduction, malheureusement illisible pour moi, de *Celle qui pleure*. Peut-être l'avez-vous reçue vous-même. C'est un petit chef-d'œuvre typographique.

Rapportez-moi la lettre dimanche. Elle me paraît un objet si précieux que je ne peux pas m'empêcher de la recommander à la poste. Emploi des 50 centimes.

En même temps que votre lettre à vous, j'ai reçu le document le plus extraordinaire. Un bulletin de souscription, texte imprimé en un français bien étrange, envoyé par le *Chanoine Annibal* pour soutenir *à Messine* deux orphelinats dont il est le fondateur et qui n'ont pas péri. 13 victimes seulement. Ce sinistré ressuscitant pour *me demander de l'argent!* Ce n'est pas une des aventures les moins étonnantes de ma vie.

Je vous embrasse, mon bon Termier.

Léon BLOY.

18 *Février* 1909.

Il est certain, mon cher Termier, que Dieu vous envoie avec une précision miraculeuse. Hier, c'est un chirurgien qui a raflé nos derniers sous, un chirurgien pour Véronique. Oh! ne vous effrayez pas. C'était une opération de rien ou presque rien. Mais on craignait le polype et il y avait plus d'anxiété que de mal.

Fidèle à la tradition que vous invoquez, j'irai déjeuner chez vous, mardi gras, et j'apporterai *le Sang du Pauvre*. Actuellement j'ai 9 chapitres. J'en aurais peut-être 12 ou 15 sans l'*Invendable* dont je corrige les épreuves. Le *Mercure*, ô miracle! a été rapide. Le volume entier est composé. C'est inouï. Cette rapidité de l'imprimeur et celle plus étonnante de l'auteur du *Sang du Pauvre* doivent être des signes de quelque chose d'heureux.

Je l'écrivais tout à l'heure à Raoul Simon — en réponse à une carte amicale reçue ce matin; il est fort possible, si Calmann-Lévy veut marcher, que les deux livres paraissent ensemble : concomitance désirable. J'aurai, sauf accident grave, fini mon accouchement dans cinq ou six semaines, c'est-à-dire aux premiers jours d'avril.

L'ami du Bloc,

Léon BLOY.

11 Mars 1909.

CHER AMI,

Vous pensez donc toujours à moi! Quel que soit votre mérite aux yeux des savants, votre amitié pour moi me paraît le principal titre, je ne dis pas à l'Institut, mais à toutes les distinctions imaginables. Je n'ai pas rencontré d'homme aussi étonnant que vous.

Ma lettre à Jeanne, envoyée, ce matin, avec les épreuves de l'*Invendable*, a pu vous faire sentir l'opportunité de votre envoi et la convenance de saigner de temps en temps les mandarins.

Contentez-vous de ces quelques lignes, je vous prie. Le XVIIe chapitre me tourmente. Il invoque le forceps et je voudrais bien être à la fin de ce livre qui m'épuise.

Demandez que je ne devienne pas idiot avant la table des matières.

Je vous embrasse.

Léon BLOY.

24 Mars 1909.

MON CHER AMI,

Maintenant que la poste nous est rendue, je me hâte de vous offrir cette carte que je viens de recevoir et qu'il m'est impossible d'utiliser.

Le Sang du Pauvre sera fini ce soir ou demain. Je veux que ce livre, commencé le 23 janvier, fête des Fiançailles de la Sainte Vierge, soit achevé le 25 mars, fête de l'Annonciation.

Mais il n'y a pas de temps à perdre. La copie va être un travail énorme et je suis limité à la Semaine Sainte. Simon m'a dit que tout devait être livré le 11 avril. J'espère que la force ne me manquera pas.

En tout autre temps, j'aurais couru vous féliciter de votre succès. Excusez-moi et admirez-moi.

Votre

Léon BLOY.

7 *Avril* 1909,
Mercredi saint.

CHER AMI,

Impossible de vous écrire hier. J'avais à faire la dernière toilette du *Sang du Pauvre* et à porter ce manuscrit à notre ami Simon, à Levallois-Perret. La journée s'est passée ainsi. Et je suis très content. Simon a été parfait et tout semble aller fort bien.

Il se peut, mon cher envoyé de Marie Douloureuse, que votre tâche héroïque soit accomplie. Je vais peut-être enfin devenir l'ouvrier qui gagne sa vie. Et c'est vous qui aurez fait cela!

Le Sang du Pauvre achevé, j'ai la sensation de sortir d'un gouffre. Que j'aie pu faire un tel livre en deux mois, c'est inouï et je n'y comprends rien! Quand vous aurez l'imprimé sous vos yeux, vous sentirez combien cela est étonnant.

Maintenant, je vais me jeter à Napoléon. 1809, hélas! fut le commencement de son déclin. Cent ans après, je tâcherai de le remettre à cheval, ce plus grand des hommes qui m'attend peut-être.

Je n'espère pas l'apparition de l'*Invendable* avant un

mois. Faites patienter mon amie Jeanne. Mes deux nouveaux livres paraîtront peut-être ensemble.

En attendant, je me réjouis, comme un très jeune homme, de ce délicieux retour du printemps qui vient enfin, après un si douloureux hiver, accompagné d'espérances que je n'ai jamais connues.

Présentez-moi à Mme Termier en lui disant que sa mère n'est pas oubliée par nous.

Je vous embrasse.

Léon BLOY.

Mon bonjour à mon cher confrère le docteur et à sa très aimable femme.

Quand vous reviendrez, dites-le-moi.

20 Avril 1909.

CHER AMI,

Etes-vous rentré? Vous m'aviez écrit, je crois, la date de votre retour, mais je l'ai oubliée et je suis si découragé que je n'ai pas la force de chercher votre lettre.

Ces quelques lignes de Simon m'accablent. Voilà donc le résultat de quinze jours d'attente fiévreuse après deux mois d'un labeur héroïque pour lequel je m'étais cru surnaturellement aidé! Je le crois encore. Mais alors, quoi?

Les deux lignes marquées de bleu par moi sont évidemment un euphémisme amical. Il est clair que l'affaire est manquée. Voilà que tout s'effondre. J'avais tant compté sur ce beau livre, tant espéré! Est-ce là le cadeau de saint Léon dont la fête, renvoyée du 11, a été fixée, dans le diocèse de Paris, à la date de ce jour? Je suis profondément désolé, anéanti. Pour comble de misère, Simon disparaît.

Ce qui est terrible, comme toujours, c'est l'impossibilité d'attendre. Les pauvres ne peuvent pas attendre. J'avais besoin — un besoin terrible — d'un résultat non seulement heureux, mais immédiat, qui eût été facile, sans l'humiliante formalité préalable des « lecteurs » anonymes qu'il m'a fallu subir *pour la première fois.*

J'aurais, alors, demandé le même traitement qui m'est fait au *Mercure* où chacun de mes livres est accueilli comme une aubaine, c'est-à-dire le règlement de la première édition à 2 ou 3.000 exemplaires dès l'acceptation et la livraison du manuscrit. Du coup, j'étais sauvé, suffisamment ravitaillé pour voir venir le succès très espérable d'un tel livre lancé par une telle maison.

Et maintenant... me voilà au fond du gouffre ou, du moins, à deux pas d'y être précipité, sur le point de faire la culbute.

Simon espère quelque chose de votre intervention. Moi pas. Je pense que le siège de « ces messieurs » est fait. On vous opposera les raisons les meilleures avec une politesse extrême et vous vous en irez navré. Je suis si triste, mon cher ami, que je m'arrête là pour ne pas pleurer sur mon papier et je vous embrasse.

Léon Bloy.

Tout de même je suis stupéfait. J'avais cru l'excellent Simon *envoyé* pour être l'instrument de ma délivrance et tout concourait à me le faire croire. Je n'y comprends rien.

22 *Avril, 8 heures du matin,* 1909.

Mon admirable et très cher Ami,

J'espère que ce papier vous arrivera avant votre course, probablement inutile, chez Calmann.

D'abord, j'ai reçu votre lettre hier soir à 9 heures. On était bien triste et on a été consolé.

J'ai parlé de vous, ce matin, à Notre-Seigneur et à sa Mère, Ma Dame de Compassion.

Saint Léon saura récompenser son messager. Moi, je ne peux rien, sinon pleurer d'amour.

Le jour où Simon m'a parlé de *deux lecteurs*, mon espérance a été ébranlée. Vous devez sentir plus qu'un autre ce qu'il y a d'ignominie pour moi dans cette épreuve, à mon âge et après tout ce que j'ai fait.

Que ne leur ai-je donné une ordure, à ces éditeurs de Renan et d'Anatole France!

Ils ont gardé mon manuscrit quinze jours. Il me semble que cela suffit.

Et voici pourquoi je vous écris en si grande hâte. Si vous voyez clairement — comme il est probable — qu'il n'y a rien à faire, exigez qu'on vous rende le manuscrit ou qu'on me l'expédie sur-le-champ, *sous pli recommandé*. Tout de suite, je chercherais ailleurs. Dès aujourd'hui, je vais faire sonder Fasquelle, éditeur de Zola et pirate renommé.

Un livre pour Dieu ne peut être édité, aujourd'hui, que par des canailles. Vous le savez. Mais il me faut mon manuscrit, travail énorme qu'il serait horrible de me contraindre à recommencer et qui, d'ailleurs, ne doit pas circuler.

Je vous plains, mon cher ami, d'aller dans cette caverne. L'amitié de L. B... n'est pas une sinécure.

Je vous embrasse.

Léon Bloy.

28 *Avril* 1909.

Cher Ami,

Je suis affligé, inquiet et indigné du parfait silence de la maison Calmann. Mon inquiétude et ma peine portent sur ceci que je suis privé injustement de mon manuscrit et, par conséquent, sans moyen de tenter d'autres démarches.

Cela me désole et m'irrite d'autant plus que je suis certain d'un refus.

J'ai livré ma copie le mardi saint 6 avril, il y a vingt-deux jours! Dans quelles mains est-il? C'est révoltant et insupportable.

Si je ne craignais de désobliger Simon, j'aurais écrit déjà au directeur de la boutique pour lui exprimer mon indignation d'être traité comme le premier débutant venu et surtout pour exiger impérieusement la restitution du manuscrit — *fût-ce par huissier*. Je ne veux plus attendre.

Rendez-moi le service d'écrire à ma place. Il me faut *immédiatement* l'acceptation ou le renvoi de ma copie.

Ce retard odieux et absurde me fait beaucoup de mal.

Vous devez comprendre mes sentiments et vous saurez écrire avec une douceur dont je suis tout à fait incapable. Pardonnez-moi.

Je vous embrasse.

Léon Bloy.

2 *Juin* 1909.

Mon cher Termier,

Votre *retour de l'île d'Elbe* a été pour moi l'occasion d'une joie nouvelle, sans mélange d'inquiétude, Waterloo n'étant pas à recommencer.

Il est tout à fait certain, depuis longtemps, que notre amitié ne subira aucun désastre.

Vous êtes un homme enviable. Si je n'étais pas moi-même Léon Bloy, je voudrais être Pierre Termier, c'est-à-dire l'étonnant ami de Léon Bloy que vous êtes. Ce que je vous écris là est un peu stupide, mais je ne trouve pas mieux. Je suis complètement immergé dans *Napoléon*.

Hier Viñes est venu. C'est même en partie sa présence qui m'a empêché de vous écrire.

Il m'a donné à signer une photographie de moi, du bon faiseur, et voici :

« On exige que j'écrive toujours du Léon Bloy. J'en ai assez. Je veux écrire désormais du Napoléon. »

Voilà où j'en suis.

Je vous embrasse à Fontainebleau, mais sans adieu.

Léon BLOY.

Après tout, cette lettre n'est pas plus toquée que la plupart de celles de B. d'Aurevilly que Jeanne est en train de lire.

8 *Juillet* 1909.

MON CHER ET BON TERMIER,

Quand je considère ce qui m'arrive régulièrement tous les trois mois, votre *nom* me semble singulièrement figuratif et prophétique.

Certes M. Gabriel Chanove recevra l'*Invendable*, 103, boulevard Péreire (n'est-ce pas?), aussitôt que ce livre aura paru. On a parlé de demain. Dieu le veuille!

Pour ce qui est du *Sang du Pauvre*, j'attends encore la réponse de l'éditeur Juven. On espère beaucoup, mais ce retard, trois jours après la remise du manuscrit, m'inquiète. Peut-être votre manque de foi, votre scepticisme indéracinable de géologue en est-il cause. Mais, tout de même, j'ai confiance. Il n'est pas croyable que ce livre m'ait été *donné* en vain. D'ailleurs, j'ai pour moi les prières de quelques pauvres à qui Dieu ne résiste pas.

Leurs prières et leurs larmes! Vous en avez vu couler quelques-unes dimanche, et je pense que vous n'avez pas oublié ce spectacle extraordinaire. Quelle séance! Et quel mendiant béni, quoique très indigne, faut-il que je sois pour amenter ainsi, autour de moi, tant d'âmes amoureuses! « Les saisons seront changées », a dit N.-D. de Compassion, quelques semaines après ma naissance. Ne voyez-vous pas que cette prophétie commence à s'accomplir? Certains, parmi les incrédules eux-mêmes, s'en inquiètent. Le reste suivra et ma « Carte future » pourrait bien être prophétique. Il y a plus de trente ans que je m'étonne de la patience de Dieu et que je fais, à son Indignation en guenilles, l'aumône de ma misère et de ma clameur. Le suprême avertissement de Pontmain, en 71, a été aussi méprisé que celui de la Salette et je crois bien qu'il est *trop tard.*

Une seule chose est à dire aux très rares chrétiens de ce temps — *sicut excussio oleae duarum vel trium olivarum in summitate rami, sive quator aut quinque in cacuminibus... Isaïas* —, une seule chose : Préparez-vous au Martyre.

Je vous embrasse.

Léon BLOY.

29 *Juillet* 1909.

MON TRÈS CHER AMI,

D'abord, je vous embrasse fort tendrement pous vousmême et pour tous les autres Termier.

Ensuite je vous annonce que j'ai signé, hier, le traité pour *le Sang du Pauvre* avec Juven, ce livre devant paraître à la fin d'octobre. C'est donc irrévocable et j'attends les premières épreuves.

Matériellement, les conditions du traité sont peu avantageuses. Il faudrait un vrai succès pour que j'eusse ma récompense. Espérons-le et vive Dieu!

J'ai reçu dimanche la lettre ci-jointe que je vous prie de me garder. Vous verrez qu'elle est exquise. Cette lettre d'un inconnu qui ne peut être que votre Georges Friedel, puisqu'elle venait de Saint-Étienne, contenait 500 francs envoyés le 24, fête de N.-D. du Mont Carmel (Diocèse de Paris), très particulièrement invoquée par moi le matin, occurrence liturgique fort insoupçonnée par cet aimable messager de la Souveraine.

Je vous envoie aussi la réponse très amusante de votre ami Callies.

Je voudrais savoir si mon cher confrère Joseph T... a reçu son exemplaire. Je sais que quelques-uns de ceux expédiés par le *Mercure* sont restés en chemin, volés peut-être. Si votre frère est au nombre des victimes, je lui remplacerai son exemplaire.

Votre lettre arrivée hier matin a dû croiser un colis postal à l'adresse de la dédicataire. Ce colis fait avec soin contient deux très beaux exemplaires, celui de Jeanne et le vôtre. Dites-moi si vous l'avez reçu en bon état. L'incertitude à cet égard me tourmente.

Je vous écris du milieu d'un amas de lettres plus ou moins intéressantes provoquées par l'*Invendable*. Il y en a même d'injurieuses et ce ne sont pas les moins amusantes. Il est certain que je grandis beaucoup dans l'attention de mes contemporains. Mais il y a vraiment trop de lettres. Inconvénient de la célébrité.

J'ai hâte de pouvoir travailler en paix. L'immobilité de *Napoléon*, sur ma table, m'inquiète.

Une bonne partie de mon cœur est à Varces et même à Grenoble. Dites à Marie que je ne l'oublie pas, ô heureux aïeul!

Votre

Léon BLOY.

J'affranchis cette lettre avec un timbre pour *réponse!* envoyé par un raseur.

Pour décourager les visiteurs, je vais répandre que mon chien est enragé.

14 *Août* 1909.

CHER AMI,

C'est beaucoup de faire cela, mais il y a la *manière*, où vous excellez.

Je ne sais que vous dire. Et voici la dernière heure.

Vous attendez un petit-fils ou une petite-fille. Celle à

qui j'appartiens voudra peut-être que cette joie vous arrive demain, jour de sa gloire.

D'autres que Napoléon sont nés ce jour-là. Je le crois du moins.

Le Mendiant ingrat priera pour tous les Termier nés ou à naître, et aussi pour quelques polytechniciens qui lui sont très chers.

« Jusqu'à la communauté des injures », dites-vous. L'occasion vous sera donnée de vérifier cela sur la Montagne.

On m'a fait savoir qu'il y a matière à réprobation dans le chapitre *En Paradis*.

En cherchant bien on a fini par trouver ça.

Prendre un poème pour une thèse de théologie! Quelle intelligence!

Je vous embrasse.   Léon Bloy.

Cette lettre compte peu. A bientôt.

28 Août 1909.

Cher Ami,

Je crains bien que cette lettre ne « compte pas » beaucoup plus que la dernière. Je suis sur le point de partir.

Voici. Ma femme et mes deux filles avaient besoin de changer d'air. Nos filleuls les Maritain étaient installés depuis quelques jours à Sainte-Mesme, joli coin peu visité du Hurepoix. Je les ai expédiées là et je vais les rejoindre. J'étais resté seul, cette semaine, attendant l'effet probable de démarches en vue d'obtenir pour moi une gratification de l'Instruction publique. J'ai reçu hier 200 francs de cette Instruction, environ le tiers de ce qu'on avait fait espérer. Mais voici qui est plus beau.

J'avais écrit à Simon : « Je suis seul et triste, venez me voir ». Il est venu, m'a embrassé avec beaucoup d'émotion et m'a dit : « Je deviens chrétien, je prie et je me fais instruire par un bon prêtre ». Vous devinez ce que j'ai pu ressentir.

Le lendemain, il m'envoyait 100 francs. C'est ainsi que je peux partir ce soir.

Le Sang du Pauvre est entièrement imprimé et paraîtra sûrement en octobre. *Napoléon* a du retard, précisément comme Marie et pour les mêmes raisons. Je ne pense pas qu'il naisse avant le printemps. Peut-être faudra-t-il le forceps. C'est un enfant très gros, monstrueux, j'en ai peur.

Les Brou continuent à ramer sur les galères et les Maritain s'acharnent, à Sainte-Mesme, sur je ne sais quel dictionnaire Hachette, profitable pour eux, mais infiniment inutile.

Et voilà, l'heure me talonne. Je vous écrirai de là-bas. Je vous embrasse.

Léon BLOY,
chez M. Publicola (!)
à Ste-Mesme, par Dourdan (S.-et-O.).

14 *Septembre* 1909,
Exaltation de la Sainte Croix.

MA CHÈRE MARIE (1),

Votre vieil ami de Montmartre sait que vous avez du chagrin et il voudrait pouvoir vous consoler. Mais il sait aussi son impuissance.

Il ne peut donc vous offrir que ses prières qu'il croit faibles, et sa compassion très véritable.

Acceptez l'une et les autres d'un cœur bienveillant, comme vous acceptâtes sa présence, il y a trois ans, lorsqu'il n'était pour vous qu'un indigent mal renommé.

Peut-être éprouverez-vous que les consolations d'un pauvre homme sont efficaces *réellement*, quand on les accueille avec confiance et simplicité.

Alors, je vous dis, avec cette même confiance et du plus profond de mon cœur, que les amis d'un pauvre si mépri-

(1) Adressée à Mme Henri Artru, née Marie Termier.

sé sont bienvenus de Notre-Dame de Compassion et qu'il y a pour eux, même dans les plus terribles déchirements, un principe de joie immortelle.

Souffrez donc en paix, ma chère Marie, et comptez un peu sur l'esclave de l'autre Marie qui a vu mourir sur la Croix son Fils adorable.

Votre

Léon Bloy.

23 *Septembre* 1909.

Mon très cher Ami,

Présumant votre retour, j'envoie ce papier à Vaugirard. D'après mon Journal, ma dernière lettre est du 14 août. C'est trop de silence. En y regardant de plus près, je découvre que je vous ai écrit le 28. Si vous avez reçu cette dernière lettre, vous savez que nous avons fait un séjour de trois semaines environ à Sainte-Mesme, village où s'étaient installés les Maritain, aux environss de Dourdan. Pauvre petite villégiature de bohémiens de laquelle je suis en train de me reposer.

J'ai su votre malheur par une lettre de Thérèse à Véronique. Le lendemain 14, fête de la Croix, j'ai écrit de mon mieux à Mme Artru. Puisse ma pauvre lettre avoir quelque peu adouci sa peine!

Que pent-on dire à des amis affligés de cette manière, sinon qu'on les aime et qu'on prie pour eux?

Avez-vous fait le pèlerinage de la Salette que vous m'annonciez? Et quel a été votre accueil sur cette montagne de *ma destinée?* Si *Celle qui pleure* a produit les effets que vous savez, quels ont dû être les ravages de l'*Invendable !* l'un et l'autre dédiés aux Termier ! J'imagine que vous aurez de curieuses impressions à me communiquer.

Savez-vous que cet *Invendable* se vend beaucoup? Il m'arrive de tous côtés des témoignages étonnants. Succès étrange, refusé jusqu'à ce jour à *Cochons-sur-Marne* que je croyais et que je crois encore un livre plus important. Le patronage de votre Jeanne, ma chère amie, m'a donc été exceptionnellement favorable. Je me plais à croire que me voici à un beau tournant de ma vie d'écrivain. Quel présage pour *le Sang du Pauvre* qui va paraître, au plus tard, l'un des premiers jours de novembre ! Tout est fini, j'ai donné le bon à tirer avant-hier et j'espère beaucoup. Je sens que Ma Dame de Compassion agit pour moi, qu'Elle veut la victoire de son témoin et que Sa Mélanie tant insultée me protège.

Je n'ai pas revu Raoul Simon depuis sa si touchante visite du 25 août, lorsqu'il m'annonça sa volonté de devenir chrétien. Quelle acquisition, après celle des Maritain, et combien il faut que je sois béni, dans ma parfaite indignité, pour être le spectateur, sinon l'instrument de ces merveilles!

Il a fallu que je vous rencontrasse, cher ami de Dieu et du pauvre, pour que je fusse aiguillé sur ma vraie voie dont je m'étais trop détourné !

Comment ai-je oublié de vous envoyer la lettre ci-jointe de votre ami Friedel? Cet homme excellent est certainement moins éloigné qu'il ne le pense, mais il a tout de même beaucoup de chemin à faire.

Je lui avais écrit le 8 août une lettre dont j'ai gardé le brouillon et qui, je le crois, vous plaira. J'espérais une réponse plus encourageante! Est-il protestant? Ce serait terrible. Après la conversion des juifs et surtout des prêtres catholiques, la plus difficile est celle des protestants. Mais Dieu fait ce qu'il veut.

Écrivez-moi quelques lignes. Comment va le bloc Termier? Comment roule-t-il dans la voie lactée? Saluez pour moi tout votre cher monde.

Je vous embrasse de tout mon cœur.

Léon BLOY.

11 *Octobre* 1909.

Mon cher et fidèle Termier,

Vous êtes recommandé, tous les jours, par nous quatre, non seulement aux Saints Anges, mais à tous *nos* saints dans notre petite chapelle où se voient le beau saint Christophe de Memling, héritage précieux de ma belle-mère et une photographie magnifique de Celle qui pleure, don de votre frère Joseph. Ce petit oratoire vous plairait.

Vous me demandez des nouvelles. Il n'y en a pas. Je fais d'immenses lectures, en vue d'être délivré, l'an prochain, de ce *Napoléon* que je porte depuis si longtemps.

Après cela, je voudrais finir ma vie en m'occupant uniquement d'interprétation biblique. « C'est mon fonds, cela, mon vrai fonds », vous le savez.

Le Sang du Pauvre va paraître vers Toussaint. J'ai donné le bon à tirer de la couverture et je n'ai plus qu'à attendre l'avis de la mise en vente.

Dieu voudra-t-il que ce livre où j'ai mis tout mon cœur ait un sort meilleur que les autres? Mes amis croient à un succès, qui me plairait, naturellement, mais j'en doute et je ne le désire même pas. Je me suis tellement habitué à l'idée que Dieu ne veut pas le retentissement autour de mon nom!

Fidèle à mes ordinaires pratiques de dédain, je ne ferai certainement pas une démarche, estimant au-dessus de tout la joie et la gloire d'atteindre quelques âmes.

« La faillite de la Rédemption », hélas! l'ai-je assez vue, assez montrée! Nos catholiques, toujours contents d'eux-mêmes, se croyant de fermes colonnes, parce qu'ils ne sont pas exactement et matériellement des scélérats, sont tellement les dupes du Prince de ce monde qu'il est impossible de leur faire comprendre que c'est leur médiocrité qui attire la foudre et qu'il leur sera demandé un compte effrayant de « l'indifférence absolue », de « l'animalité pure et simple » dont vous parlez.

Où sont-ils et en quel petit nombre, ceux qui croient à l'efficacité réelle, tangible, de la pénitence et de la prière?

Les Vertus théologales sont des mots dont on a perdu le sens. On ignore que les larmes douloureuses, les larmes amoureuses, l'ambition du martyre, la constante flagellation de l'âme, sont des titres au porteur pour le rachat des captifs et que tout le reste n'est rien, absolument rien. Vous voyez que j'écris toujours les mêmes choses.

Que Notre-Dame de Compassion, Reine des Anges, vous accompagne et vous protège, mon cher ami !

Je vous embrasse de tout mon cœur.

Léon BLOY.

13 *Janvier* 1910.

MON FIDÈLE ET TENDREMENT AIMÉ TERMIER,

J'ai reçu *le Sang du Pauvre*, les trois cents gouttes précieuses que vous m'avez envoyées. Remerciez pour moi *l'amie inconnue*. Je ne puis que prier pour elle ainsi que vous le demandez.

« Dieu ayant fait Bloy, me disait Brou ce matin, a vu bientôt que quelque chose manquait à ce chef-d'œuvre. Alors il a fait Termier. »

Vous vous étonnez peut-être de ne pas le voir. Ce pauvre Brou est malade depuis dimanche. Un moment même nous avons eu peur. Une petite opération l'a délivré d'une effrayante enflure de la tête et je le crois en train de guérir. Mais il est infiniment déprimé et ne peut sortir avant quelques jours. C'est encore un de ceux-là pour qui la vie a été cruelle — divinement.

Je vous aurais écrit hier. Mais j'attendais la réponse de Bernard Grasset à qui j'ai envoyé mardi soir une lettre pressante, lui ayant confié le manuscrit vendredi soir.

Demain matin, la semaine écoulée et le silence de ce bibliopole me devenant intolérable, j'irai chez lui. Puis, je vous porterai sa réponse, bonne ou mauvaise, vers midi et demie ou une heure.

Ne m'attendez pas pour déjeuner.

Dites à notre chère Jeanne que je l'aime beaucoup et que je suis réellement poursuivi, obsédé, du souvenir de quelques-uns de ses vers.

Je vous embrasse,

Léon Bloy.

12 *Février* 1910.

Mon cher Ami,

Savez-vous que dans une récente séance du Comité de la Société des gens... de Lettres, M. Georges Lecomte a fait savoir qu'un nouveau prix venait d'être fondé par le prince Roland Bonaparte aux fins de secourir un écrivain de talent dont les livres n'auraient pas obtenu *tout le succès pécuniaire qu'ils méritaient...* ?

A cette annonce, plusieurs de mes amis n'ont fait qu'un cri et qu'un bond. Ce prix, ont-ils dit, est évidemment pour Léon Bloy. Aussitôt décision a été prise d'envoyer à ce prince cinquante lettres, au moins, pour lui apprendre que j'existe et que je suis le seul digne.

Ces lettres lui arriveront de partout, de connus et d'inconnus. On avise Schlumberger, Henri Houssaye, Richepin, vous-même, pour qu'il y ait quelques immortels. Mais on espère un grand nombre de mortels. Puisqu'on parle à un Bonaparte, c'est un plébiscite qu'il faut et la multitude des suffrages.

On fera valoir que mes derniers livres sont pleins de Napoléon et que précisément je prépare un livre sur le grand homme. On s'efforcera (en vain, j'en ai peur) de mettre en garde le destinataire contre les gens illustres qu'il ne manquera pas de consulter (Masson, Barrès, etc...).

Ce qui est, à mes yeux, décourageant, c'est l'ignorance évidente et probablement incurable d'un prince qui ne sait

pas faire lui-même son choix. Niveau intellectuel d'un Nobel ou d'un Carnegie.

Cependant nous sommes en 1910, année presque climatérique où tout peut être attendu pour ce qui est du peuple
chrétien, année strictement climatérique pour moi.

Donc, voulez-vous écrire au prince Roland? Au pis aller,
vous lui donneriez là une petite leçon de littérature contemporaine dont il a peut-être besoin et qu'il lui serait
difficile de mépriser.

A la rigueur, vous pourriez décider d'autres à écrire
dans le même sens. Des hommes tels que Quarré ou Simon
marcheraient, je crois, très volontiers.

Un plébiscite, je le répète, voilà ce qu'il faut.

C'est tout ce que j'avais à vous dire, aujourd'hui, mon
bien cher Termier. Consultez Jeanne. En sa qualité de
poète, elle est bien située pour discerner ce qui est raisonnable de ce qui est fou.

Je vous embrasse rapidement.

Léon Bloy.

18 Février 1910.

Très cher Ami,

Je renverrai demain à votre aimable Jeanne sa première
feuille de mise en pages accompagnée de quelques autres
papiers qui vous amuseront un instant.

Je me suis bien gardé de courir chez Henry Houssaye,
sachant qu'il faut des démarches infinies pour obtenir une
audience de ce très haut personnage, digne fils de son Ar-
sène de père et qui n'est pas précisément un chevalier.

Mais je lui ai écrit le jour même, lundi, la petite lettre
que voici :

« Cher Monsieur, je vous envoie, en même temps que
mon dernier livre, une lettre de mon ami Pierre Termier,
de l'Académie des Sciences, qui me laisse très peu d'espoir.

« Il est généralement connu, dans le monde des Lettres,

que je suis un écrivain supérieur et un miséreux, mais
intraitable et qu'il faut abandonner à son destin. Peut-être
vous-même pensez-vous ainsi. Ce serait un signe céleste, un
miracle inouï que le prix du prince Roland me fût attribué.
Je vous écris donc sans espérance, uniquement pour qu'il
ne me soit pas reproché de n'avoir fait aucune démarche.
Peut-être aussi serez-vous heureux d'une occasion de parler de moi, fût-ce tout à fait en vain, mais pour l'acquit
de votre conscience, étant du petit nombre de ceux qui savent que ma misère est une chose que nul n'a le droit de
mépriser.

« J'ajoute que d'abominables souffrances, effet d'une injustice merveilleuse qui dure depuis trente ans, me mettent
en bonne posture pour écrire, avec une indépendance qui
ne se sera jamais vue, le livre que j'entreprends à la gloire
de Napoléon le Grand. Ce que pourrait bien être ce livre,
le premier chapitre du *Sang du Pauvre* vous en donnera,
je pense, une vague idée. Agréez... »

Cette lettre *dont j'ai gardé copie* et que j'ai recommandée à la poste, est sans réponse jusqu'à ce jour. M. Houssaye ne me favorise pas même de l'expression de ses *re-
grets*.

Je ne m'étonne pas de l'intervention de la Société des
gens de Lettres. C'est assez la coutume des riches de ne jamais donner de leurs propres mains et de tambouriner le
peu qu'ils donnent par la main des autres. Et de quels
autres ! Vous savez sans doute quelle ignoble pétaudière
est la Société des gens de Lettres.

Le prince peut être sûr que son argent ira à un individu
sans aucun talent et dont *les livres se vendent*.

Si ce Bonaparte avait seulement un peu de l'esprit mont-
martrois, le dernier tison presque éteint du foyer de
France, il vous aurait ainsi remercié de votre avis :

Mon cher collègue, je vois que j'ai fait une gaffe. Je veux
la réparer immédiatement.

Et il vous aurait mis dans la main une somme égale à celle qu'il a jetée si bêtement dans l'auge à cochons.

Ce beau geste eût été rudement utile en ce moment. Mais cela, n'est-ce pas ? est tout à fait inimaginable.

Vous me parlez de revoir le prince.

S'il est, comme vous dites, « à la justice enclin », peut-être parviendrez-vous à déchirer un peu la *Taie d'argent* et même à imposer silence aux trompettes, mais, vraiment, ce serait trop extraordinaire.

Je vous embrasse.

Léon BLOY.

26 *Février* 1910.

Pardonnez-moi, cher ami. Comment ai-je pu oublier ou négliger de vous répondre, chose si contraire à mes habitudes? Je n'en sais rien. Le bon de pain de M. Georges Lecomte au « grand écrivain français » est arrivé mercredi. Il a été touché pour moi, jeudi, par un ami courageux dont le dévouement m'a délivré de cette course parmi la crotte et les météores. Enfin il a été profitablement dévoré.

J'ai pensé à la Société des gens de Lettres. Eh bien! ma répugnance, décidément, est insurmontable. Je ne suis pas un homme semblable aux autres. Je me suis toujours appuyé sur Dieu seul. Pourquoi m'appuierais-je maintenant sur les hommes? Je serais ainsi sur la pente de l'Académie. Je glisserais vers Faguet, Rostand, Hanotaux! Ignoble suicide. Léon Bloy parmi

« Les chiens tristes de ces hameaux sans bergeries! »

Pourquoi Jeanne a-t-elle dédié « les villages industriels » à *mon frère* ?

Moi, j'ai toujours *quatre* enfants. Je ne comprends pas cette dédicace.

Je vous embrasse.

Léon BLOY.

Mercredi saint, 1910.
Humiliate capita vestra.

Cher Ami,

Votre polytechnicien est délicieux. Et combien opportun !

Tout ce que je possédais, après raclures diverses, je l'avais donné à ma femme.

J'ai un autre *œuf* pour vous et je crois qu'il vous donnera le plus rare plaisir. Attendez quelques jours.

Reçu, ce matin, une bonne lettre de Raoux très emballé sur *Derniers Refuges*.

Je vous embrasse avec une extrême rapidité.

Léon Bloy.

13 *Avril* 1910.

Très cher Ami,

« Dans la Maison du Père », dites-vous. Il me semble que j'y suis, quand je vous vois. J'oublie alors les pourceaux que j'ai si longtemps gardés, à ma manière, dans une région très lointaine et j'ai, au moins, l'illusion d'« une petite enfance heureuse », quand je regarde votre aimable Jeanne dont les vers me délivrent, comme avec la main, de toute une littérature.

Je suis impatient d'un récit de votre après-midi à Versailles avec Simon. J'espère tout de la bonne volonté de ce « vrai Israélite ». Quelle fête pour nous tous, le jour de son baptême !

Jeanne vous a fait passer mon œuf de Pâques. Vous l'auriez eu plus tôt, mais il n'était pas tout à fait pondu.

Je suis dans l'ivresse et je vous embrasse avec une entière jubilation.

Dites-vous, mon très tendre ami, que c'est VOUS qui m'avez remis dans les voies de la Salette, que vous avez été *choisi* pour cela et que vous serez avec moi, infiniment près de moi, tout le long de cette œuvre extraordinaire dont je suis chargé par la Sainte Vierge Elle-même.

Votre

Léon Bloy.

19 *Mai* 1910.

Mon très cher Ami,

Le Consolateur ne m'oublie pas, en effet, et vous êtes toujours son messager.

Je ne pourrais que vous répéter à satiété ce que je vous ai beaucoup dit.

La Sainte Vierge vous aime singulièrement pour avoir fait de vous l'excitateur persévérant, indécourageable que vous êtes.

La certitude de ce pèlerinage en votre compagnie, en la compagnie de Cornuau et pour un tel objet, m'enivre de joie et cela c'est un des miracles de la Salette. Vous me verrez donc arriver très joyeux à la Gare de Lyon, le lundi 13, à 8 heures 1/2 du matin. Mais nous nous serons sans doute revus auparavant.

Les quatre communiants quotidiens de la rue de La Barre se joindront très amoureusement à votre neuvaine dès dimanche prochain. Mais vous dites : « une neuvaine à Notre-Dame de la Salette ». Nous disons : « une neuvaine à Mélanie ». C'est par Mélanie et au nom de Mélanie que votre chère malade peut être guérie, si Dieu veut sa guérison. Je ne prétends pas que Mélanie soit plus puissante que tel ou tel autre saint, que son intercession soit nécessairement plus efficace, quoique...

Mais je crois, nous croyons fermement que Mélanie est la sainte qu'il faut invoquer aujourd'hui, surtout dans votre maison et dans la nôtre, parce que le temps est venu et que Notre-Dame de la Salette veut être glorifiée *en sa Bergère*. « Maria Immaculata Conceptio, per Septem Dolores tuos et Lacrymas tuas in monte, exaudi nos, *in nomine Melaniae internuntiæ tuae.* » C'est ainsi que je parle depuis bien des jours.

Dans cette forme nous serions tout à fait ensemble, et je pense que nous pourrions beaucoup espérer.

Ce matin, jeudi de la Pentecôte, l'Église honore très particulièrement en sa liturgie le miraculeux diacre Philippe, honoré déjà tout pareillement le jeudi de Pâques.

Il était donc tout simple que je reçusse, ce matin même, une lettre de notre bon ami Philippe Raoux. Il m'annonce son arrivée à Paris dans les premiers jours de juin.

Je vous embrasse de tout mon cœur.

Léon BLOY.

25 *Mai* 1910.

Mon cher Ami,

Il est dans la nature humaine d'admirer ou d'envier ce qu'on ne peut atteindre. Je ne dis pas cela précisément pour votre étude critique sur *la Face de la Terre* que sa technicité met tout à fait hors de ma portée, mais pour votre Discours au Patronage Sainte-Mélanie, lequel discours est un petit chef-d'œuvre d'ironie onctueuse et attendrie dont je me déclare bien incapable.

Mais d'abord j'admire que vous soyez président d'un patronage Sainte-Mélanie ! Cela, que vous ne m'aviez jamais dit, est infiniment extraordinaire. Je savais déjà que vous étiez un prédestiné, mais cette confirmation nouvelle est trop précise pour que vous n'en ayez pas été vous-même ébloui.

Or, voici ce qui se passe.

Mgr Amette, contempteur de la Salette, par conséquent ennemi intime de la Bergère, mais poussé par son Destin, vient vous visiter. Alors, sans merci, vous lui servez le nom de *Mélanie* jusqu'à sept fois, j'ai compté.

Pour que l'allusion soit très claire, vous offrez à Sa

Grandeur l'image, si perfidement délicieuse, d' « une petite source qui ne fait pas beaucoup de bruit », de laquelle « des hommes importants souriraient », mais qui est pourtant « une eau un peu miraculeuse ».

Et vous continuez doucement, suavement. Vous enfoncez amoureusement votre dard. Puis, tout à coup, l'éloge des Évêques! « C'est surtout vers vous que nous regardons, parce que vous êtes notre Évêque... Il n'y a plus, maintenant, que les Évêques qui se dressent !!! »

Énorme.

Et voilà ce que je vous envie, cette innocence dans la cruauté, cet arrière-goût de vinaigre et d'assa fœtida dans la congratulation la plus doucereuse!

Vous êtes admirable et terrible, ô Termier! Moi j'aurais manqué le but en tirant plus haut et plus fort.

Quelque dénué de finesse que puisse être notre cher pontife, il a dû sentir que le persiflage allait tout de même un peu loin, surtout quand vous avez eu le toupet de lui dire en terminant que ses prières allaient peut-être « retenir le Bras de Dieu »!

A ce moment-là, c'était tout à fait complet.

Je vous embrasse envieusement.

Léon BLOY.

10 Juin 1910.

CHER AMI,

Je remercie naturellement tout le réseau du P.-L.-M. à qui je n'ai eu rien à reprocher jusqu'ici.

Vous direz à l' « autre ami » que je me souviendrai de lui, à la Salette, dans la trace des pas de Marie.

Je ne finis pas de vous admirer. Il paraît sûr que vous n'avez rien qui vous appelle à Lyon, non plus qu'à Grenoble. Alors, vous faites ce voyage uniquement *pour moi*, pour que je ne sois pas seul pendant ces heures si ennuyeuses!

Mais j'y pense tout à coup, avec une certaine émotion. Vous vous nommez mon « petit frère ». C'est la seconde fois que cela vous arrive.

C'est ainsi que l'humble Mélanie nommait le petit enfant Jésus, quand il venait la voir et lui parler dans sa solitude et son abandon de petite bergère méprisée...

Comment faudra-t-il que je vous nomme et qui verrai-je près de vous, quand nous serons en Paradis?

Je vous serre dans mes bras, en attendant.

Léon BLOY.

Je serai à la gare de Lyon, lundi, à 8 heures 1/2.

22 Juin 1910.

Mon cher Ami,

Je ne sais si cette lettre vous attendra, à Paris ou ailleurs. Mais je ne peux m'éloigner de nouveau sans prendre congé. Nous partons demain et nous serons absents jusqu'au 18 ou 20 juillet. Vous ai-je dit qu'une bonne dame a mis à notre disposition une maison confortable, paraît-il, aux environs de Cayeux? Adresse : Villa Sans Souci (!) nouveau Brighton, par Cayeux, Somme.

Je pars sans aucun enthousiasme et sans aucun faste P. L. M., le bon Termier n'étant plus là, non plus que le délicieux Raoux.

J'aurais préféré, oh! combien! ruminer tranquillement les impressions de mon pèlerinage merveilleux dans le voisinage de mes poules et de mes canards. Mais la santé des miennes exige cette translation nouvelle de mes ossements. Je travaillerai là-bas comme je pourrai. Au surplus, tout ce qui arrive est parfaitement adorable.

Rien ne pourrait être plus réussi que le pèlerinage à Corps et à la Salette. J'ai même recueilli plus que je n'espérais. Je crois que Raoux s'en souviendra toute sa vie. J'ai mieux connu sa belle âme de chrétien. Il y a désormais entre nous quelque chose de très profond.

Si vous avez des peines dans l'avenir, souvenez-vous de ce que vous avez fait pour moi et vous serez consolé.

Le Vieux de la Montagne vous embrasse tendrement.

Léon BLOY.

*Nouveau Brighton, Villa Sans Souci,
par Cayeux (Somme).*

28 *Juin* 1910.

MON CHER AMI PIERRE TERMIER,

Inutile de vous dire que votre lettre reçue ce matin, en allant à l'église de Cayeux, m'a rempli de joie. Je pense que cette réponse vous arrivera demain et je voudrais pouvoir l'accompagner, ne fût-ce que pour dîner chez vous avec Raoux que je chéris. Ce pèlerinage a mis entre nous quelque chose de vraiment profond. Il vous dira tout ce que je ne peux vous écrire, les circonstances extraordinaires qui ont surnaturalisé nos impressions et les délices procurées par nos compagnons de route. Vous pensez bien que j'ai noté tout cela que vous lirez l'an prochain dans *le Vieux de la Montagne*. Vos chères filles, Jeanne et Marguerite, ont dû vous en parler.

Pour ce qui est de l'accueil des chapelains, vous ne serez pas surpris d'apprendre qu'il a été aussi *mufle* qu'on le pouvait désirer.

Je m'habitue à Cayeux où *le Vieux de la Montagne* me vivifie beaucoup plus que l'air de la Manche, mer sournoise et sans grandeur qui n'a d'autre mérite à mes yeux que de nous séparer de l'odieuse Angleterre.

Le voyage a été dur pour moi, ne l'ayant pas désiré le moins du monde et, pour tout dire, je suis arrivé plein de désespoir. Le lendemain la Sainte Vierge a bien voulu me consoler un peu. Je prie et je travaille, ma femme et mes fillettes sont heureuses. Tout est donc très bien.

Parce qu'il faut que le surnaturel ait toujours place dans ma vie, j'ai appris ce matin, avec un saisissement joyeux, que saint Blaise est le patron et le protecteur de Cayeux. Vous ne savez peut-être pas ce que saint Blaise est pour moi. Jusqu'en 1880, j'avais ignoré ce vieux martyr. Je savais seulement qu'il était parmi les quinze Auxiliateurs ou *Apotropéens* qu'on n'invoque jamais en vain et qu'autrefois ses sanctuaires étaient en Occident presque aussi nombreux que ceux de saint Christophe, autre auxiliateur.

Donc, en 1880, j'étais à Paray-le-Monial, au retour de mon second pèlerinage à la Salette. J'avais beaucoup compté sur le Sacré-Cœur et je n'avais rien senti dans la célèbre chapelle de la Visitation. Me croyant déçu, je parcourais tristement la ville. La vieille église paroissiale s'offrit à moi. Pauvre église abandonnée, déserte à cette heure. L'âme en détresse, je m'agenouillai devant un pauvre autel poussiéreux et j'essayai de prier. Alors soudain, je fus inexplicablement inondé de délices et je sentis un appétit incroyable de souffrir pour Dieu. Il y avait devant moi, sur ce misérable autel où jamais sans doute aucune messe n'était dite, un vieux et grand vase de cristal plein d'ossements. M'étant approché, je lus le nom de saint Blaise. J'étais fixé. Ce glorieux martyr me réclamait particulièrement, non pas comme mon patron de baptême, mais comme mon *patronyme*. Essayez de traduire mon nom en latin. Depuis je n'ai pas quitté son service et je ne peux penser à lui ni lire son nom sans être ému.

Vous comprenez maintenant ce que j'ai pu sentir en le retrouvant ici. Il m'attendait, il m'appelait à Cayeux et voilà mon voyage expliqué. Il me sera profitable, sans aucun doute.

Autre chose. C'est une coutume de ce pays de bénir la mer une fois par an, et c'était aujourd'hui. Je viens d'assister à cette cérémonie singulièrement pénétrante. Je verrai longtemps ce prêtre allant au-devant des flots...

Je vous écris à la hâte, mon cher ami. J'ai peu de temps. Brighton est loin de la poste et je profite d'une occasion.

Embrassez et bénissez tous les vôtres pour moi, y compris Raoux. Je suis à vous tous de tout mon cœur.

Léon Bloy.

C'est ici que mon *termier* fidèle doit envoyer la chose en temps utile. Mais pas de chèque. Je ne pourrais pas m'en servir à Cayeux.

Sans Souci, Nouveau Brighton, Cayeux,
8 Juillet 1910.

Très cher Ami,

J'ai reçu votre lettre trois fois agréable, hier soir, trop tard pour y pouvoir répondre sur-le-champ. Inutile, je pense, de renouveler ce que j'ai dit tant de fois. S'il y a des expressions nouvelles de mes sentiments pour vous, on les trouvera peut-être dans *le Vieux de la Montagne* que j'écris ici, excellente préparation à la *Vie de Mélanie* que je ne peux écrire qu'à Paris. Ce vieux, en effet, parle continuellement de la Salette, de Mélanie, de vous, de notre admirable Barbot.

Saint Blaise est beaucoup invoqué pour tous ceux que nous aimons, mais très *particulièrement* pour Mme Termier. Ce bon martyr me protège certainement et me fortifie contre l'ennui. Cependant il n'a pu que me rendre Cayeux supportable. C'est beaucoup. Je suppose qu'il faudrait aller aux Orcades ou aux Shetlands pour trouver une plage plus désolée, plus déserte, pour entendre siffler ou mugir un vent plus lugubre. Deux cents mètres de galets à franchir avant d'arriver à une étendue presque infinie de sables *mouvants* à la marée basse. Inquiétude continuelle, nécessité absolue de surveiller les enfants, dans cette solitude où nul cri ne pourrait être entendu. Donc, je me résigne en aspirant au retour.

Vous savez sans doute que le temps est affreux ici comme sur tous les autres points du littoral de la Manche. Nous avons eu quelques ouragans. Quelquefois je me tords les pieds pour aller voir la mer furieuse. Le bruit des vagues, leur plainte continuelle, me font penser aux *larmes d'Eve* et, lorsque leur agitation est plus grande et leur bouleversement plus terrible, je me dis que c'est une image de l'énorme Lamentation, depuis six mille ans, de cette Mère de tant de milliards d'humains, qu'elle-même condamna, par sa Désobéissance indicible, avant même de les avoir enfantés. Chaque flux de l'Océan jamais inerte, jamais silencieux, me paraît le battement inapaisable de son cœur toujours en sanglots depuis le commencement du monde. Beau sujet de poème pour votre admirable Jeanne.

Je ne sais plus si vous avez rencontré Martineau, le dédicataire de mon *Exégèse*. Cet excellent ami est le *premier* que Dieu m'ait envoyé en 1901, lorsque je n'en avais pas un seul et que j'étais parfaitement malheureux. Je l'ai rudement éprouvé. Il n'y a pas, même dans votre poitrine, mon bon Termier, un cœur plus sûr et plus fidèle.

Eh bien ! vous le rencontrerez à la Salette où il veut, lui aussi, célébrer la fête nationale et *mariale*, en compagnie de son aimable femme, de son jeune fils et de sa petite belle-sœur. Ces âmes sont bien à moi et ce sera, pour vous et pour Jeanne, comme une présence de votre Léon Bloy. Il y a même un petit complot. On feindra de m'ignorer et on demandera aux chapelains ce qu'il faut penser d'un certain livre intitulé *Celle qui pleure*. Les Martineau sont assez fins pour que cela réussisse et je compte sur vous ou sur Jeanne pour m'envoyer de la Montagne même un petit bulletin. Je vous envie à l'un et à l'autre les moments que vous aurez en la compagnie de ces êtres exquis.

Nous avons été heureux d'apprendre que Thérèse est à peu près guérie. Véronique lui envoie les baisers les plus tendres. Je vous charge d'embrasser pour moi les deux familles Joseph Termier et Artru dont je n'oublierai pas facilement la bienvenue toute fraternelle à Grenoble.

Ce que vous dites de Simon m'afflige sans me décourager. *Vere Israelita in quo dolus non est.* C'est un de ces poissons dont la capture est difficile, mais certaine. Il suffit d'avoir de la patience et un bon filet. Pour ce qui est des Maritain, c'était vraiment trop facile.

Je m'arrangerai pour que vous receviez une autre lettre de moi, le 14 juillet, à la Salette. Et maintenant je vous quitte pour *le Vieux*, non sans vous embrasser de tout mon cœur.

Léon Bloy.

11 *Juillet* 1910.

Mon cher Termier,
Ma très aimée Jeanne Termier,

Vendredi dernier, je vous ai promis avec audace une lettre que vous recevriez à la Salette même, jeudi. Le moment est venu d'exécuter cette promesse et je ne suis pas sans embarras. Vous n'attendez pas sans doute que je vous reparle de la plage de Cayeux où on ne me voit guère. Je suis ici comme un cloporte laborieux, entre des pluies fréquentes et quelques rayons d'un soleil pâle. La Butte, seul lieu habitable du globe, et mes livres me manquent terriblement. Si je n'avais pas la ressource du *Vieux*, je périrais de tristesse aux pieds de ma femme et de mes enfants.

C'est ainsi que s'accomplit, aujourd'hui même, ma 64ᵉ année, mon année climatérique après laquelle, espérons-le, de lumineux horizons ne tarderont pas à se déployer. Quelques semaines plus tard, en 1846, la Sainte Vierge venait pleurer sur la Montagne. Il y avait de quoi.

Cherchez la trace de mes pas. Vous la trouverez peut-être, car le poids très anormal de mon cœur me force à laisser des empreintes faciles à discerner des pas d'agneaux de nos chapelains au cœur léger. Peut-être vous parleront-ils de moi, car mon pèlerinage si court a pu les étonner, surtout en la compagnie de l'abbé Cornuau qui leur est suspect. Ils ont dû se dire que nous étions certainement venus pour quelque chose et leur conscience endettée les dispose naturellement au soupçon.

Le dédicataire de *Celle qui pleure* est autorisé à leur dire, si cela l'amuse, que je prépare une *Vie de Mélanie* envisagée comme une Sainte de première grandeur. Vie extraordinairement documentée où tout ce qu'on a voulu cacher sera mis en pleine lumière. Révélation qui sera pour ces aubergistes quelque chose comme le *Verbum crucis stultitia pereuntibus* de saint Paul. Leurs figures pourraient être intéressantes à contempler.

Je crois être tout à fait sûr que vous rencontrerez les Martineau. Ils savent par moi que vous célébrerez la prise de la Bastille à la Salette et vous pouvez compter qu'ils vous y chercheront avidement au milieu d'une foule d'ailleurs peu compacte. Ce sera une autre manière de parler de moi.

J'ai à dire à Jeanne que le travail n'est pas mon unique ressource ici. Nous avons apporté son livre et nous en lisons souvent des pages qui nous paraissent encore plus savoureuses qu'à Paris.

Je mets pour elle sous ce pli la lettre d'un homme très malheureux qu'elle a consolé. L'admiration de cet inconnu pourra la toucher.

Je vous embrasse l'un et l'autre.

Léon Bloy.

Ma femme pense qu'il vaudrait peut-être mieux ne pas dire que je prépare une *Vie de Mélanie*, partant de ce principe que *ce qui est inutile est nuisible*. Elle a peut-être raison.

6 Septembre 1910.

Très cher Ami,

Pardonnez-moi de ne répondre que par cette carte à votre lettre d'un sentiment si doux et si profond. Je ne puis faire mieux et je suis en train de déplaire à quelques amis qui voudraient un peu ou beaucoup de mon écriture. Mais vous me jugerez sans doute avec autant d'équité que de bienveillance.

Je veux achever, ce mois-ci, *le Vieux de la Montagne* parce qu'il le faut. Ce V^e tome de mon Journal est attendu par Vallette et c'est mon unique ressource actuelle.

A défaut du prix Nobel, il faut que je compte sur mon travail, si largement rémunéré comme vous le savez. Or, ce volume devant être assez copieux, je suis écrasé de labeur et je dois craindre de distraire une seule heure. En conséquence, je néglige tout le monde. Votre Jeanne seule a fait exception. Faiblesse de vieil amoureux.

Raoux m'attend, Florian aussi. Combien d'autres encore! Je suis étranglé, et d'ailleurs tellement stupide que je ne trouve même pas de quoi remplir ce papier.

Messe à la première heure. Réponse rapide à ma chère petite famille qui m'écrit chaque jour, puis travail enragé. Les repas ne comptent pas et, d'ailleurs...

Viendrez-vous *avant* les derniers jours du mois? Si oui, ce serait une charité de venir à Montmartre.

Je vous embrasse.

Léon Bloy.

14 Septembre 1910.

Mon très cher Ami,

Pour que vous ne veniez pas inutilement chez moi, je vous informe de mon départ pour la Bretagne, ce soir. Je vais chercher ma femme et mes filles dont je suis privé depuis trois semaines. Oh! les villégiatures! Jamais je n'aurai tant voyagé que cette année. Et vous avez l'air de vous moquer de moi par-dessus le marché ! C'est se moquer d'un pauvre blessé.

Enfin, j'espère bien être de retour lundi 19, 64ᵉ anniversaire de l'Apparition, et ne plus bouger. D'ailleurs il faut que j'écrive la *Vie de Mélanie*, Dieu sait comment ! C'est une œuvre qui m'épouvante.

Le Vieux de la Montagne est fini. Comme dans l'*Invendable*, il y est beaucoup parlé des Termier.

Je vous embrasse.

Léon Bloy.

21 *Septembre* 1910,
St. Matthieu.

Mon cher « Frère »,

Si votre lettre reçue hier seulement, lendemain de notre arrivée, nous avait atteints à Binic, elle eût été pour nous une tentation forte d'y prolonger notre séjour devenu impossible. Ce petit endroit est aimable et notre Véronique s'y trouvait très bien.

Le retard de votre lettre, datée du 17, nous a prouvé que Dieu voulait notre retour à Paris et dès lors tout est adorable.

En ce qui me concerne, je suis parfaitement satisfait et je vais pouvoir me reposer enfin de tant de voyages, en espérant qu'il ne me sera pas demandé, avant quelques mois, d'aller en Égypte ou en Cochinchine.

On vous attendra donc lundi, 26, à midi, avec une extrême joie. Vous déjeunerez en compagnie du frère Alexis, compagnon au Rancher du frère Dacien et, avec lui, mon admirateur et propagateur passionné. C'est un jeune religieux tout à fait intéressant que j'ai vu hier pour la première fois et que je reverrai ce jour-là pour la dernière fois peut-être.

J'embrasse en votre personne chère tout le bloc Termier.

Léon Bloy.

24 *Septembre* 1910.
Notre-Dame de la Merci.

Très cher Ami,

Il faudrait une catastrophe telle que la folie furieuse ou la rage pour que je renonçasse à vous avoir après-demain. Venez donc, avec ou sans pâté. Nous avons des vivres.

La lettre qui courait hier après vous n'a pas pu vous donner beaucoup de plaisir. Je n'avais presque rien à vous dire, étant, lorsque je l'écrivis, fort stupide.

Vous me dites l'objet de votre voyage à Lyon. J'ai lu, ce matin, votre lettre en sortant de la Basilique où j'avais beaucoup pleuré. Notre fils Pierre accomplit aujourd'hui sa 14ᵉ année dans le Paradis. Notre-Dame de la Merci nous l'avait donné. Notre-Dame de Lorette nous l'a repris soixante-dix-sept jours après, vous savez de quelle manière affreuse et dans quelles circonstances terribles. Quand ces souvenirs viennent sur moi, je suis inondé de douleur — ou de joie surnaturelle, je ne sais pas, et je pleure.

Je viens d'achever *le Vieux de la Montagne*. Ce rude travail m'a forcé de relire, plus ou moins, les volumes précédents de cette série autobiographique. Eh bien ! j'en arrive à croire qu'il s'agit d'un autre individu et je m'attendris sur le pauvre homme que Dieu a pu frapper si longtemps, si douloureusement — et *j'envie cet homme*.

A lundi, mon bon Termier.

Je vous embrasse.

Léon Bloy.

10 *Octobre* 1910.

Mon cher Pierre et ma chère Jeanne,

Reçu votre lettre, hier dimanche (21ᵉ ; Évangile des deux débiteurs), fête de saint Denys, l'Auxiliateur, décapité à deux pas d'ici, il y aura bientôt deux mille ans, fort antérieurement au Moulin Rouge. La butte a beaucoup changé depuis cet événement dont *le Vieux de la Montagne* est probablement l'unique témoin vivant encore.

C'est ainsi que l'Aréopagite a voulu me consoler de la défection de l'abbé Combe, curé de Diou, qui m'abandonne, refusant, ce matin même, en une lettre impertinente, de me confier certains documents qu'il possède, indispensables pourtant à l'historien de la Bergère. Je ne comprends rien à ce prêtre fantasque, tour à tour enthousiaste et dédaigneux, qui, après avoir déclaré très haut que je suis le seul écrivain capable d'un tel livre, se dérobe tout à coup avec une défiance injurieuse.

Je serai donc forcé de me contenter de ce que j'ai dans les mains. Par la faute de cet homme qui manque inconcevablement à sa mission, la *Vie de Mélanie*, sa vie entière que je voulais raconter, sera remplacée par une dissertation sur sa miraculeuse enfance dont je suis loin de connaître tous les détails. Dieu sans doute me veut toujours pauvre, même en cette manière. Peut-être aussi veut-il me donner lui-même de sa Main ce que son prêtre me refuse, comme il me donne mon pain de chaque jour.

A Carthage où vous êtes, les Vandales ariens du ve siècle coupaient la langue aux catholiques pour les empêcher de louer Dieu et ces martyrs sans langue parlaient encore mieux qu'auparavant, miracle attesté par plusieurs témoins oculaires et auriculaires, parmi lesquels le fameux Procope. Tel sera mon sort.

Je ne vous vois pas très bien, Jeanne Termier, sur les ruines de Carthage, comme le féroce et fugitif Marius, exterminateur de barbares. Il me semble que cette antiquité païenne n'est pas ce qu'il faut pour vous inspirer. Cependant je ne sais pas. Les poètes sont sujets, plus que les autres humains, à des mouvements réflexes et il est possible que ce voyage, surtout en compagnie de votre père, détermine en vous une orientation nouvelle très inattendue.

J'ai vu, jeudi dernier, le docteur Termier venu pour un congrès et qui a passé une heure avec moi. Cet « homme de sang » m'a dit ne vous avoir pas lu, Jeanne, et cela par principe, sa conception de la vie étant trop différente de la vôtre. Telles ont été ses expressions. J'ai renoncé à lui dire qu'une telle différence n'attestait en lui que la conception de la mort. Mais tout ça, voyez-vous, « c'est des blagues », comme le disait — avec plus d'énergie — en bourrant sa pipe, un vieil auditeur de réunion électorale ; et je crois que ce bon docteur, qui vous a probablement lu, finira dans la peau d'un modeste calotin.

Je crois, en effet, mes chers amis, que je serais heureux près de vous, là-bas. Cette année paraît avoir modifié ou atténué mon horreur des voyages. Il est possible qu'à l'avenir on ne voie plus que moi dans les voitures ou les bateaux. Mais cette disposition nouvelle n'est pas encore bien déterminée.

Pour le moment les grands voyageurs semblent devoir être les monarques. Le métier de roi peut mener loin, surtout lorsqu'il est exercé avec la proverbiale gaîté portugaise. Nous en voyons quelque chose en ce moment. Sans être prophète on peut prévoir les pérégrinations prochaines d'Alphonse, de Guillaume, de Nicolas et de quelques autres. Il faut bien que les prédictions de la Salette s'accomplissent.

Que Notre-Dame de Compassion vous protège et vous accompagne en tous lieux, mes très chers amis !

Votre

Léon Bloy.

Pour Jeanne Termier,

On m'a donné hier ce bijou : En Périgord, un jeune homme pauvre veut épouser une jeune fille pauvre qu'il aime. Réponse du père : Mon fils, en mariage, pas de sentiment!

15 *Novembre* 1910.

Mon très cher Ami,

Les quelques lignes intéressantes reçues de vous, hier soir, à 9 heures, valent certainement une histoire que voici :

(Extrait de mon Journal, 14 novembre)

A 9 heures, apparition de Jacques M... venu pour me montrer une lettre bizarre d'A... le converti, lequel lui dit d'accourir avec moi à Noisiel dans l'après-midi : *Quittez tout et venez*, sans explication. Impossible de refuser et le seul train possible est à 11 h. 40. Jeanne nous fait déjeuner à la hâte et nous partons.

Arrivée à Vayres, puis, par un petit omnibus, à Noisiel. Il est midi et demie. Station dans un ignoble café pour ne pas tomber en plein déjeuner d'A... qui est ici un grand personnage, père de neuf enfants. Nous nous présentons enfin. Il nous embrasse l'un et l'autre avec des démonstrations excessives, nous accueillant comme des *apôtres*.

Presque aussitôt une grande scène. Tout le monde crie dans cette maison et A... vingt fois plus que les autres. Sa femme, que nous ne voyons pas, hurle des anathèmes dans l'escalier, et sa mère, que nous ne voyons pas davantage, lui envoie sa malédiction du fond de la cuisine.

Le malheureux homme, sorti un instant pour attiser le vacarme, revient sur nous, les yeux hors de la tête, et nous explique enfin, de la manière la plus véhémente, qu'il nous a fait venir pour écraser l'ennemi. Cédant à sa femme, protestante enragée, il a consenti bêtement à recevoir, dans quelques instants, un nombre indéterminé de pasteurs qui accourent de Paris en chemin de fer, en automobile et à bicyclette pour combattre sa résolution ou du moins pour lui persuader d'en différer l'accomplissement. Car ce braillard tonitruant et sympathique est considéré par eux comme une brebis très précieuse qu'ils ont le devoir de défendre contre les loups dévorants. Il compte donc sur nous pour le soutenir dans la discussion furieuse qu'il prévoit et pour accabler ses adversaires.

J'ai répondu alors que je refusais toute discussion, que je ne concevais pas qu'il eût été assez bête pour en accepter les risques et que, prétendant m'avoir beaucoup lu — comme doit faire tout bon chrétien —, il était inouï qu'il me crût capable d'y consentir.

« La Vérité est absolue, lui ai-je dit, et ne souffre pas d'objection. Ces misérables ne peuvent que vous troubler en vous apportant leur boue et leurs ténèbres. Laissez-moi les jeter moi-même à la porte. Je suis le premier homme du monde pour ça. » Inutile de dire que Jacques était complètement et résolument avec moi, même en cas de gifles.

Il se récria, disant qu'à cause de sa femme c'était impossible, qu'à la réflexion il comprenait que je ne voulusse pas discuter avec ces canailles, mais que notre seule présence lui ferait un cœur d'airain.

Bref il nous installa dans un petit salon voisin de la pièce où seraient reçus les pasteurs. « Soit, lui dis-je, mais à une condition, c'est qu'on ne gueulera pas, sinon j'interviens et je casse tout. Vous me donnez, ridiculement d'ailleurs, le nom d'apôtre, de notre apôtre. En cette qualité, je vous commande le calme. » Il me promit, m'embrassant une fois encore, d'être calme et invincible et... il tint parole.

Les parpaillots arrivèrent successivement au nombre de *sept*, comme les sept Péchés ou les sept Coupes de la Colère de Dieu, et nous attendîmes deux mortelles heures dans ce cabinet, Jacques et moi, en proie à l'ennui le plus atroce, incommodés jusqu'à la suffocation de la puanteur de ces hérétiques et n'entendant, à travers une porte, que des paroles indistinctes *sans aucun cri*. Nous en étions à déplorer de nous être condamnés au silence. De temps en temps A... venait nous voir une minute, nous suppliant de patienter et nous faisant admirer sa cuirasse. « Plût à Dieu, lui disais-je, que nous en eussions une contre l'ennui qui nous dévore! » A la fin, comprenant que nous étions à bout, il nous conduisit à une voiture et nous embarqua, la séance, d'ailleurs, étant presque achevée.

Je n'ai jamais rien vu d'aussi parfaitement hideux et désolant que cette cité ouvrière fondée par le père Menier, *le seul qui blanchisse en vieillissant*, dont le monument décore l'unique place de ce patelin sans église, lequel monument est bien la plus irréprochable infamie qui se puisse voir. L'empereur du chocolat regarde son usine, comme Napoléon un champ de bataille, avec une expression d'orgueil et de muflerie indicible, cependant que les allégories en bronze de l'Industrie et de la Pensée (1) rêvent immortellement au-dessous de son buste marmoréen, dont leur chaudronnerie fait éclater la *blancheur*. Il ne fallut pas moins que les supplications d'A... pour que je résistasse à la tentation de pisser contre l'effigie.

A la petite gare de Vayres, au delà du cloaque immense qu'est devenue la vallée de la Marne, nous fûmes rejoints par trois des pasteurs, conduits par le célèbre R... ennemi particulier de la Sainte Vierge et des sacrements, prêcheur *évangélique* fort admiré. Je n'oublierai pas l'ignoble figure de ce vieillard qui ressemble à un usurier de pauvres et qui nous regardait furtivement à chaque minute, n'ignorant pas que nous étions les *apôtres*, moi surtout, comme s'il craignait que je ne lui sabotasse le derrière, ce dont j'avais, je le confesse humblement, un désir extrême. Nous fûmes délivrés, à Paris, de cette obsession.

Ainsi s'acheva une des plus vilaines journées de ma vie, utile pourtant, puisque notre ennui a été profitable à ce brave homme qu'on a dû baptiser aujourd'hui.

Je vous embrasse.

Léon Bloy.

5 *Décembre* 1910.

Très cher Ami,

Assurément, je déjeunerai chez vous, bien volontiers, le jour de l'Immaculée Conception. Cela me consolera, deux heures, de diverses peines dont quelques-unes vous sont connues, trop connues.

La plus dure, présentement, c'est la surprenante posture de notre admirable converti qui, tout à coup, semble nous craquer dans les mains...

Me blâmerez-vous d'avoir osé prendre sur moi d'engager Jacques Maritain à venir déjeuner avec nous, jeudi — si cela lui est possible, ce que je ne sais pas encore?

Il est l'intermédiaire entre moi et le converti qui est un homme tout à fait déconcertant. On dirait que l'Abjuration, le Baptême et l'Eucharistie ont fait entrer en lui un démon.

Jacques vous donnerait beaucoup de détails. C'est toute une histoire.

Dieu bénisse les Termier !

Je vous embrasse.

Léon Bloy.

19 *Décembre* 1910.

Cher Ami,

Je dois visiter le cimetière de Bagneux demain mardi, accompagné de ma femme *seule*. Ce serait une occasion de vous revoir, si vous pouviez nous faire déjeuner.

Votre silence voudra dire : Oui.

Je prendrais cette occasion de vous porter un petit cadeau de Jour de l'An, et je vous embrasse.

Léon Bloy.

10 *Janvier* 1911.

CHER AMI,

J'ai fait, ce matin, ce que vous m'avez demandé pour ce bon malade qui est mon ami « depuis cinq ans » et que vous ne me nommez pas. Je veux espérer qu'il n'est aucun de ceux que vous m'avez fait connaître. Dans l'ignorance de son nom, j'ai prié pour lui comme pour un de ces anthropophages de la Polynésie ou de l'Afrique centrale parmi lesquels se trouvent, m'assure-t-on, des individus parfaitement honorables et tout à fait dignes d'amour.

Vous me dites que Jeanne m'envoie son bonjour le plus « filial ». J'ignorais cette paternité. Mais vous vous dites en même temps mon frère et même mon « petit frère » et notre langue est si pauvre qu'elle n'a pas de mot pour exprimer les sentiments d'une nièce.

Alors, tout naturellement, je vous demande s'il ne reste pas une place d'oncle surnuméraire dans votre famille et si Louis Quarré ne pourrait pas se serrer un peu. C'est la seule place à laquelle puisse prétendre un père de famille déjà très mûr.

Dans l'espérance de l'obtenir, je vous embrasse pour toutes mes nièces, mon cher frère.

Léon BLOY.

St. Blaise, 1911.

TRÈS CHER AMI,

« Quelque chose, dites-vous, qui ressemble à la joie et au sourire.»

Vous me l'avez souvent donné, mais, en ce jour de la Chandeleur, j'y ai été très particulièrement sensible.

Janvier nous a traités si cruellement ! Véronique revient de bien loin, mais si lentement, et il lui faut des soins si attentifs, si continuels!

C'est une sorte de miracle que ma pauvre femme, dont

la sollicitude héroïque a sauvé cette enfant, soit encore debout. Elle-même avait été malade peu auparavant. Je n'aurais pas eu tant de force.

Oui, j'avais besoin d'un peu de consolation, car je n'ai jamais senti de tristesse plus noire, même dans les pires jours. Avec cela il faut chercher un nouveau gîte, chose infiniment difficile, les propriétaires ayant pris à tâche, par leurs exigences, d'exaspérer les pauvres jusqu'au désespoir.

Enfin mon livre, presque entièrement imprimé, reste en panne, ma femme, qui lit avec moi les épreuves et qui a le droit d'y tenir, ne pouvant me donner que très peu de temps.

Pour tout aggraver le froid horrible.

Je vous embrasse.

Léon BLOY.

6 *Avril* 1911.
9 *h. du matin.*

CHER AMI,

Votre dépêche reçue hier soir, très tard, m'a accablé. Ce matin, à la messe, à la table de communion, *vêtu des vêtements de ce pauvre mort* (1), j'ai prié et pleuré pour lui.

Voici sa dernière lettre, venue samedi. Un de ses derniers actes, une de ses dernières pensées a donc été pour moi. Pauvre chère âme sans lumière!

Cette lettre, que vous ne lirez peut-être pas sans pleurer, était une réponse désolante à la mienne que je vous ai lue chez vous, le 28 février, et dont j'ai gardé copie.

Désolante, oui, en ce sens que l'esprit de ce malheureux ne se laissait pas pénétrer, mais le cœur était touché; il disait le *Pater* avec joie! Tout est donc à espérer. Plût à

(1) Raoul Simon, le jeune israélite nommé dans plusieurs des lettres précédentes.

Dieu qu'il eût dit aussi l'*Ave Maria* que j'ai dû certainement lui conseiller!

Mais, dites, quelle effrayante responsabilité sur ce misérable prêtre de Neuilly qui a rebuté et dégoûté une telle âme qui s'offrait il y a deux ans et qu'il avait le devoir de précipiter au baptème! Si je savais son nom, il recevrait de moi une lettre terrible.

Demain c'est la fête de Notre-Dame de Compassion. Certes notre ami ne sera pas oublié. Mais que dois-je faire? Vous me parlez de Montparnasse et le corps est rue Beaujon. Long voyage peu facile pour moi. Et combien triste! Pas d'église, et au cimetière là-bas je ne sais quel rituel hébraïque. Est-ce là ma place?

Je pense que les défunts, celui-là surtout, ont moins besoin de cortège que de prières et de communions. Les miennes lui sont acquises.

Si pourtant vous jugez ma présence utile, dites-le-moi par nouvelle dépêche, en me faisant savoir si je dois aller rue Beaujon ou au cimetière directement. Dans ce dernier cas qui me conviendrait beaucoup mieux, vous m'indiqueriez l'heure approximative de l'arrivée du convoi. Votre silence signifiera : « Ne venez pas ».

Je vous embrasse tendrement, avec tristesse.

Léon Bloy.

Gardez-moi la lettre ci-jointe. J'y tiens beaucoup.

Bourg-la-Reine, 23 *Juin* 1911,
Fête du Sacré Cœur.

Mon très cher Ami,

J'étais triste, hier matin, et vous m'avez consolé, une fois de plus. Je ne sais pas mieux que de copier pour vous ce que m'écrivait un artiste pauvre que j'ai eu la joie de secourir quelquefois :

« Vous avez, à votre compte, au Grand Livre de l'Éternel, un livret de caisse d'épargne que je vous envie. »

Vous voudriez, dites-vous, pouvoir m'envoyer « la voie lactée ». C'est précisément ce que vous faites depuis des années, puisque vous me donnez votre cœur. « Aucun homme ne peut *voir* que ce qui est en lui, écrivais-je, il y a plus de dix-sept ans; si nous voyons la Voie lactée, c'est qu'elle existe *véritablement* dans notre âme. »

Après cela, que messieurs les astronomes disent tout ce qu'ils voudront. Cela fait passer le temps de la vie et c'est moins bête que de jouer à la manille ou de pratiquer l'aviation.

Je pense obstinément qu'un simple *Pater* dit avec foi par un pauvre homme très humble a plus de puissance pour percer le ciel que le télescope le plus gigantesque, et que tout ce qui n'est pas la prière est illusion. Je mourrai sans récompense terrestre, c'est fort probable, mais sans illusions ni déceptions trop cruelles de ce côté de la vie, et si j'ai le bonheur de décrocher quelques étoiles, comme prétendait ce bavard, ce sera pour les mettre dans le cœur de quelques amis tels que vous.

Je vous embrasse.

Léon BLOY.

30 *Juin* 1911.

MON BON ET FIDÈLE TERMIER,

Reçu ce que vous m'avez envoyé... Cher, cher ami, que puis-je vous dire?

Avant-hier matin, Vigile de saint Pierre, j'avais environ trente ans de moins. J'étais dans la petite église de Bourg-la-Reine qui nous est accueillante et douce. Je me suis retrouvé, comme autrefois et comme d'autres fois, au milieu d'un incendie, de quel incendie!

Un jour, au Danemark, j'ai essayé d'exprimer cela. *L'ami*

de Dieu ! Vous devez aimer cette page 265 de *Mon Journal*. Le cœur dévoré, les yeux brûlés de larmes, je pensais à vous, à Mme Termier particulièrement. Il me semblait qu'en un tel moment j'aurais pu lui dire avec toute l'autorité de Jésus : « Soyez guérie! » et que cela n'eût pas été en vain.

Le miracle n'est pas autre chose que la suite nécessaire, infiniment simple, d'un acte de foi tout à fait complet, parce qu'alors le plus misérable des hommes substitue réellement et totalement à lui-même Notre-Seigneur Jésus-Christ.

Au sens évangélique le plus incontestable, Dieu est le serviteur très obéissant de ceux qui l'aiment, *faciet illos discumbere, et transiens ministrabit illis;* et les mauvais chrétiens se doivent reconnaître à ce signe qu'ils ne peuvent pas faire de miracles.

J'ai dit souvent ces choses. Qui veut les entendre et les comprendre? Il faudra pourtant bien qu'on y vienne, puisque le christianisme est *absolu* et que les montagnes elles-mêmes doivent obéir aux plus petits frères du Fils de l'Homme...

Vous voudriez me savoir « en paix et sans inquiétude ». Apprenez donc qu'il en est ainsi, précisément parce que nous sommes à la veille de ne plus pouvoir compter que sur un geste inconjecturable de Dieu.

Notre bon ami Quarré, chez qui j'ai déjeuné hier et qui m'avait envoyé quatre demi-places, a tenu à compléter notre voyage en me donnant cent francs.

Terme et voyage payés, nous serons à Taillepetit complètement dénués de monnaie, par conséquent *assurés* de je ne sais quelle intervention divine, prochaine et peut-être magnifique. Raoux à qui j'ai cédé quelques fils de mon manteau de prophète, m'a écrit que je devais m'attendre là-bas à « des choses étonnantes ». Encore une fois nous sommes en paix.

Notre départ est fixé à mardi matin (4 juillet). Nous

quitterons Bourg-la-Reine de très bonne heure, aussitôt après la première messe.

Le soir nous serons accueillis là-bas par nos chers hôtes qui ne nous laisseront manquer d'aucune chose nécessaire. Pourquoi nous troublerions-nous?

Dix ou douze heures de chemin de fer, c'est beaucoup pour moi, sans doute. Mais il paraît que Dieu me veut migrateur sur la fin de ma vie et je n'ai pas mieux à faire que d'y consentir le plus joyeusement qu'il se pourra.

Je vous embrasse.

Léon Bloy.

Taillepetit, par Razac-sur-L'Isle (Dordogne),
17 Août 1911.

Mon très aimé Termier,

Sans savoir si cette lettre pourra vous arriver avant votre départ pour Lourdes, je me détourne un instant, rien qu'un instant — pour vous écrire — de Ma Dame de Compassion et de sa Bergère merveilleuse pour lesquelles je travaille avec courage, étant dévoré par la chaleur et non sans consolation. Il me semble que je fais quelque chose de beau, que j'ai reçu ici je ne sais quelle grâce précieuse de Marie et de saint Blaise *à qui notre petite église est dédiée*, car c'est ainsi que je suis poursuivi.

Oui, mon ami, je vous assure qu'il passe en moi d'étranges éclairs. Vous le verrez, quand je serai enfin de retour à Bourg-la-Reine, mon œuvre accomplie.

Cela me fait espérer que nos prières pour vous ne seront pas en vain. Peut-être la Sainte Vierge, en cette Octave de l'Assomption où vous serez à Lourdes, voudra-t-elle accorder cette nouvelle grâce à son pauvre scribe qu'elle est précisément en train de combler et qui travaille éperdument pour sa gloire.

Nous penserons aussi à Thérèse et de tout notre cœur, vous pouvez en être certain.

Mais j'imagine que votre voyage à Lourdes, sous ce soleil terrible et dans l'effrayante poussière du pèlerinage *national*, ne sera pas sans souffrance. Que vos anges vous protègent, mes très chers amis, et que l'Immaculée Conception vous comble de ses bienfaits !

Et voilà tout ce que je peux vous écrire en hâte. Je vais me mettre à la recherche d'un cycliste pour porter ce papier au bureau de poste, à trois kilomètres d'ici. Peut-être le recevrez-vous à temps.

Je vous embrasse.

Léon Bloy.

Taillepetit, par Razac-sur-l'Isle,
28 *Août* 1911.

Mon très cher Ami,

Je pense que vous êtes rentré à Varces avec tous les vôtres et je veux que vous receviez une lettre de moi avant le 31.

Le 17, au reçu de votre dernier envoi, je vous avais écrit en hâte, espérant que mon papier vous atteindrait avant votre départ pour Lourdes et, ne voyant ici, au fond de la campagne, le facteur qu'une seule fois par jour, j'avais, à force d'or, expédié ma réponse au lointain bureau de poste par un jeune paysan cycliste. Vous est-elle arrivée à temps ou ne l'avez-vous trouvée qu'à votre retour? La veille ou l'avant-veille, un thermomètre exposé par moi au soleil, très peu de temps, avait éclaté à 62 degrés.

Je vous parlais de mon travail sur Mélanie, achevé maintenant, Dieu sait à quel prix! dans cette fournaise. J'avais tenu à le commencer le jour de Notre-Dame des Neiges! J'ai pu écrire le dernier mot à l'Octave de l'Assomption. Peut-être serez-vous curieux d'en entendre la lecture à mon retour. Pendant ce grand effort, je veux dire pendant les six derniers jours, je n'ai pas séparé Mme Termier de la Sainte

Vierge, dont je disais les Larmes et la Gloire, m'efforçant de *rançonner* Notre-Dame de Compassion au profit de votre chère malade.

Vous ne m'en avez rien écrit, hélas! et j'ose à peine vous en parler. Le croiriez-vous? j'ai eu de tels élans de cœur qu'il m'est arrivé d'espérer, d'attendre même, une dépêche joyeuse... J'ai fait ce que j'ai pu, tout ce que j'ai pu, mais... (je vous dirai le reste).

Maintenant, c'est autre chose : le 31, vous mariez Thérèse!

> Et toi, chêne vivant, par la hache insulté,
> Tu regardes tomber, autour de toi, tes branches.

Vous lui direz, à cette chère enfant, de relire la dédicace que je lui ai faite pour *la Femme pauvre*, à Bourg-la-Reine, le 18 juin dernier, anniversaire de Waterloo.

Le Paradis terrestre, c'est la Souffrance et il n'y en a pas d'autre. Tel est le fond de mon travail sur la Salette et Mélanie. Il n'y a rien de plus grave que le mariage chrétien, parce qu'il n'y a pas de joie plus profonde que celle des chrétiens qui veulent dilater l'Église.

Vous savez cela, mon cher Termier, et ce n'est pas un blessé comme moi qui peut vous l'apprendre. Mais à 20 ans et même plus tard on peut l'oublier. On est ivre de joie aujourd'hui et demain on est des vieux, de très pauvres vieux, nous le savons, ô Termier, et il ne reste que ce qu'on a donné à Jésus-Christ — les âmes, les âmes bien-aimées de lui, infiniment précieuses, qu'il a tellement désirées !

Dans trois jours, je recevrai ici, dans ma très pauvre demeure, mes filleuls chéris, non pas les Maritain, immobilisés à Versailles, mais les Van der Meer que vous connaissez un peu. C'est ma plus récente récolte. Je n'ai jamais rencontré d'âmes plus merveilleuses et c'est une joie pour nous qu'il nous est impossible de dire. Des êtres en qui Dieu se complaît et qui pourraient très bien ressusciter des morts. Il y a un petit garçon de 8 ans qui a l'air d'être né dans le paradis. Nous vivrons un mois ensemble comme nous pourrons, mais certainement plus heureux que tous ceux qui ont « reçu leur récompense », en nous entretenant du Martyre.

Je vous embrasse tendrement, mon cher Pierre Termier.

Léon Bloy.

Taillepetit, par Razac-sur-l'Isle,
30 Septembre 1911.

Très cher Ami,

Je vous écris surtout pour vous apprendre que nous sommes encore ici pour quinze jours, ne devant rentrer à Bourg-la-Reine que le 14 au soir.

Notre villégiature, je crois vous l'avoir écrit, n'a pas été délicieuse. Le soleil féroce de cet été et plusieurs autres choses nous ont passablement tourmentés. Donc, *Magnificat!*

Je rapporte un nouveau livre et ma Véronique a regagné un peu de santé. De quoi me plaindrais-je? J'ai tout l'hiver pour me reposer de mes vacances.

Il nous faut, dès maintenant, penser au retour, aux *moyens* du retour, et ce n'est pas précisément très bouffon Dieu y pourvoira sans doute.

Ce mois de septembre nous a été rendu très doux par la présence de nos chers filleuls, les Van der Meer. Je n'ai jamais rencontré rien de plus exquis, de plus consolant que ces compagnons de notre solitude en ce pays barbare où nous n'avions d'autre ressource que notre excellent et pauvre curé de Saint-Blaise; les V... nous ayant, dès les premiers jours, soigneusement exclus de leur intimité. estimant avoir assez fait pour des indigents en leur donnant un humble toit à quelque distance de leur demeure. J'avais espéré mieux et surtout d'être utile, en une manière, à ces gens sans Dieu qui nous auraient sans doute mieux accueillis si nos façons chrétiennes les avaient moins gênés.

Déception et humiliation très pénibles qu'il nous a fallu silencieusement dévorer. Relisez mes deux dédicaces, page 366 du *Vieux !!!*

Pour écarter ces pensées, voici la dédicace de mon livre, que mon amie de *Derniers Refuges* lira peut-être avec indulgence :

« A ma très chère fille

MADELEINE.

« Voici le livre que je te réservais depuis longtemps. Il est à peine de moi, puisque je n'en ai écrit que l'*Introduction*. Mais, au-dessus de mes pages périssables et mourantes, où j'ai mis, pourtant, tout mon cœur, tu verras l'âme sublime et naïve comme le ciel de cette Bergère du Paradis dont je me déclare le très indigne présentateur.

« Vouée par ta mère, avant ta naissance, à l'Immaculée Conception, Mélanie t'apprendra, mieux que je ne puis le faire, que la Sainte Vierge fut, en vérité, bien avant la création des soleils, l'unique Élue pour être, un jour, l'unique Ressource de Dieu, le seul point de boue sans tache où le Rédempteur pût poser son pied sur la terre.

« Rien que cette pensée, grandissant chaque jour en toi, te fera sainte, si tu le veux, et — j'ose le dire — quand même tu ne le voudrais pas. L'Immaculée Conception est ton gouffre particulier. Chacun a le sien. C'est l'abîme de lumière voulu pour toi et dont tu ne pourras jamais sortir, ô bienheureuse enfant de mes tourments ! »

Je vous embrasse tendrement, mon cher Termier.

Léon BLOY.

3, *Place Condorcet, Bourg-la-Reine,*
18 *Octobre* 1911.

MON TRÈS CHER AMI,

J'ai reçu à Taillepetit vos deux lettres du 3 et du 6, cette dernière chargée. J'y ai répondu le lendemain par une carte-lettre fort courte, ne pouvant mieux faire au milieu du désarroi et du trouble d'un déménagement compliqué.

Le 11 au soir nous arrivions à Bourg-la-Reine, assommés de fatigue, et tout de suite il fallut recommencer le même travail en sens inverse, c'est-à-dire emménager, et m'occuper en outre de mes *affaires!* Tout cela est beaucoup pour moi.

Aujourd'hui on est à peu près réinstallé, le *Mercure* a reçu mon livre : *L'enfance de Mélanie, bergère de la Salette*, très volontiers et même avec une sorte de joie. Il est temps enfin que je reprenne ma correspondance très en retard. Plusieurs s'en plaignent. Hier un enragé m'écrivait qu'il ne pouvait plus vivre comme ça, me suppliant de lui envoyer au moins une page blanche sur laquelle je tracerais une croix. Celui-là, ai-je besoin de le dire? n'est pas un banquier.

Oui, mon séjour en Périgord m'a fortement désillusionné.

Heureusement saint Blaise nous a secourus. Je vous ai écrit que j'avais retrouvé là ce grand personnage qui me suit ou me conduit partout. Dès les premiers jours j'ai appris avec saisissement que la pauvre église du village était sienne, et je peux dire que je n'ai jamais eu rien de meilleur que ce qui m'a été donné dans ce très humble sanctuaire où je ne pouvais m'agenouiller sans être en larmes.

Et quel curé! Un des prêtres les plus simples et les plus doux que j'aie rencontrés. Finesse de l'esprit et humilité du cœur. Combinaison presque introuvable. Je lui ai enseigné la Salette et plusieurs autres choses qu'il ignorait totalement. Je lui ai même enseigné saint Blaise, patron de sa paroisse. « On ne nous apprend rien, au séminaire », m'a-t-il dit presque en pleurant. Je lui fais lire tous mes livres que je lui ai donnés et il passait la moitié de son temps à cette lecture. Combien peu d'autres auraient consenti à cet ascendant d'un écrivain sans gloire, sans académie et sans argent! Lui n'a vu qu'une occasion de s'instruire, de s'agrandir le cœur, considérant ma présence dans sa paroisse comme un inestimable bienfait. Mes chers filleuls nouveaux, les Van der Meer, sont venus achever mon ouvrage, le troisième mois, lorsque, à moitié détruit par la chaleur, je commençais à n'avoir plus de forces, m'étant d'ailleurs épuisé sur l'Enfance de Mélanie. Alors cela est devenu tout à fait admirable. Quand il a fallu partir, quitter ce pauvre curé désolé dans sa paroisse de païens et que nous avions consolé, réconforté trois mois, jusqu'à lui donner une sorte d'ivresse continuelle, nous avons tous sangloté ensemble et nous ne sommes pas encore bien remis de cette émotion.

Mais, mon bon ami Termier, que de prières pour vous dans cette chère petite église de Saint-Blaise! Vous le sentirez peut-être un jour.

Je vous embrasse tendrement.

Léon Bloy.

17 Novembre 1911.

Mon très cher Ami,

Vous pourrez écrire à votre jeune ingénieur qui *croit* n'avoir pas la foi, que je suis sûr, moi, qu'il a la charité, laquelle emporte tout et, qu'étant devenu le bienfaiteur de L. B..., il peut, sans changer, se permettre les pires extravagances. « Monsieur est avec moi », dirai-je un jour, au seuil du Paradis. Cela suffira. Je dirai cela pour lui et pour quelques autres, mon cher Pierre Termier.

Il vous plaira, peut-être, d'apprendre que, mardi 14, j'ai écrit les premières lignes de mon *Napoléon.*

Cela s'imposait. Un peu plus, j'aurais eu l'air, n'est-ce pas? de m'offrir le visage de mes contemporains.

Mais quelle frousse et quel trac! Un tel sujet, un tel infirme, une telle époque! un tel Homme! « La Face de Dieu dans les ténèbres, » J'en ai la colique.

Il faut marcher cependant et le premier pas est fait. J'implore tous les saints et tous les morts. Je me sens exactement au bord d'un gouffre. Priez pour moi.

Je vous embrasse.

Léon Bloy.

Une lettre du Périgord m'apprend que Dieu regarde dans mon âme et qu'il n'y aperçoit rien de propre. C'est vrai.

4 *Décembre* 1911.

Mon très cher Ami,

Ne pouvant courir à Vaugirard, je veux du moins vous écrire.

On prie pour vous ici, et si quelqu'un a le devoir de se souvenir de vous à la veille de l'Immaculée Conception, c'est moi très certainement.

Quel lien entre nous ! Il y a bientôt six ans, vous me fûtes envoyé par Notre-Dame de la Salette pour me réveiller d'un sommeil de près de trente ans.

Un autre aurait pu être choisi, cinquante autres, si vous voulez, mais non, c'est vous qu'il fallait, vous seul que six années de mon contact n'ont pu lasser ni dégoûter.

Dès lors, quel changement dans ma vie ! J'ai pu écrire *Celle qui pleure* et voici que la *Vie de Mélanie* est sur le point de paraître. Et c'est à vous seul, encore une fois, que cela est dû.

Si je suis aimé de la Souveraine, comme j'ai l'audace de le croire, combien ne l'êtes-vous pas? Songez donc ! Si Elle est ma débitrice, vous êtes mon créancier! Et je suis un insolvable!!!

Voilà donc une Reine des Anges forcée de penser à vous, toutes les fois que je lui parle. Il m'arrive quelquefois de vous envier...

Je veux, mon cher malade, vous réjouir d'une lettre que vient de m'écrire Jacques Maritain. Voici :

« Mon bien-aimé Parrain,

« Je te communique le récit d'un nouveau miracle de Pie X. Il m'a été raconté avec toutes sortes de garanties d'exactitude par mon ami dom Baillet...

« Un séminariste habitant Rome était en train de chavirer dans le modernisme. Or voici qu'un jour il voit le Pape entrer dans sa chambre, lui reprocher ses pensées et l'admonester vivement.

« Hors de lui et croyant à une hallucination extraordinaire, le séminariste s'élance au Vatican et demande audience. Et le Pape (qui, naturellement, n'avait pas bougé du Vatican) lui fait répondre : *Dites-lui que je n'ai rien à ajouter. Ce que je lui ai dit doit lui suffire.*

« Pierre m'a raconté la vision étonnante que l'abbé Cornuau t'a rapportée. Cela est si beau et si délicieux de penser que le Pape est un saint !... »

Quand vous n'êtes pas dans votre lit, mon cher Termier, vous voyagez volontiers. Pourquoi n'iriez-vous pas, un jour, à Rome avec Mme Termier? Vous êtes un homme de grande foi, un vrai chrétien.

Mme Termier, soutenue par vous, se mettrait dans « l'ombre de Pierre » et *reviendrait guérie.* Ah! si je pouvais faire passer en vous ma certitude !

Je vous laisse, cher ami, sur cette idée qui ne vient pas du tout de mon imagination.

A bientôt et je vous embrasse de tout mon cœur.

Léon Bloy.

26 *Décembre* 1911.

Mon cher Malade,

Comment vous portez-vous? Je ne sais rien depuis le 8, jour de l'Immaculée Conception. Thérèse et Marguerite m'ont dit, ce jour-là, que tout allait bien. J'en suis resté là. Je me ronge de ne pouvoir courir chez vous. « Le Rhin coule à travers mon âme », selon l'expression de Tauler. Préoccupations de toutes sortes. On voudrait ne penser qu'à Dieu, en ce temps de l'Avent, à l'approche de ce Noël que j'entends qualifier partout de « fête charmante » et qui ne me paraît pas moins terrible que le Vendredi Saint. Homme d'Absolu, que tu es étrange ! Au lieu de regarder le Verbe nouveau-né, comme le bœuf pieux de Bethléem, je broute sa paille. Il vient d'accomplir ce voyage incompréhensible et effrayant qui a fait tomber des millions d'anges, et me voilà obstrué de Napoléon, de Beethoven, de Cromwell, etc., de Vallette même qui me fait attendre des épreuves, de combien d'autres amas de poussières.

Alors que puis-je vous dire si vous êtes encore malade et que puis-je vous dire si vous êtes bien portant? Je vois bien ce que vous êtes pour moi, mais je ne vois pas ce que je suis pour vous, sinon une sorte de panier vide avec lequel vous revenez du marché...

Que nous dit, ce matin, l'Église? Que l'Esprit du Seigneur repose sur la fleur sortie de la racine de Jessé, que cet Esprit est septiforme, allant de la Sagesse à la Crainte, qu'il ne jugera pas selon la vision des yeux, ni selon l'ouïe des oreilles, mais qu'il jugera les pauvres selon la justice et l'équité...

Exclusion des riches qui n'auront pas même l'honneur d'être jugés. *Interficiet impium !* Voilà tout ce que leur accorde Isaïe, parlant, le 22 décembre, devant le præsæpium, disponible encore, où va naître le « Roi des gens ». Alors Marie s'élance vers Élisabeth et voici le Magnificat!

Et moi, je ne trouve rien à vous dire, demeurant là, non moins silencieux et certainement plus chétif que le pauvre âne qui n'osait pas braire de joie; espérant un peu d'être purgé de ma vieillesse, *a vetustate purgatus*, mais n'espérant presque plus de purger les autres de leur incurable jeunesse.

Vous serez sans doute charitablement affligé de me voir en un si misérable état.

Consolez-moi en me faisant savoir, de manière ou d'autre, ce qu'il advient de votre personne qui me devient de plus en plus chère, à mesure que la mienne, j'en ai peur, doit vous paraître plus onéreuse.

Sans sortir de *l'étable*, je salue amoureusement le groupe Termier, et j'embrasse de tout mon cœur le pasteur vigilant de cet aimable troupeau.

Léon BLOY.

16 avril 1912.

MON TRÈS CHER AMI,

Vous allez être une fois de plus mécontent de moi, mais je ne pourrais accepter votre déjeuner sans mortifier injustement un excellent homme que nous attendons précisément ce jour-là et à la même heure.

D'autre part, je me suis engagé à livrer le *Napoléon* dès les premiers jours de mai et c'est extrêmement important, ce livre étant mon unique ressource *matériellement*.

Je suis loin d'avoir fini et vous voyez le peu de temps qui me reste. Impossible de sacrifier un seul jour, même à l'admirable ami que vous êtes.

Faites-moi donc crédit de deux ou trois semaines. Aussitôt délivré de ce terrible cauchemar, je serai tout à vous.

Je vous embrasse en attendant.

Léon BLOY.

23 Avril 1912.

TRÈS CHER AMI,

Je vous prie de mettre mon vieux crâne sous les pieds de votre amie juive, en la priant elle-même de croire à mes sentiments les plus vifs. Ce qui m'est venu de sa part ne pouvait pas être plus opportun, vous le savez.

Si vous pouvez venir dimanche, j'aurai la joie de vous apprendre que mon *Napoléon* est fini. Le dernier chapitre pourra être enlevé d'ici là.

Jusqu'à ce bienheureux moment, je suis captif et j'ai la tête comme un tambour. Si cela devait durer encore quelques semaines, je ne pourrais plus achever mon livre qu'avec une camisole.

Je vous embrasse.

Léon Bloy.

P.-S. — Nous avons une petite bonne amenée du Périgord, dont nous sommes d'ailleurs très satisfaits. Pour plusieurs raisons, il est indispensable qu'elle aille passer trois semaines dans sa famille et nous nous sommes engagés à payer son voyage. Ne pourriez-vous lui faire avoir un permis de demi-place, aller et retour, en 3ᵉ, pour un mois, de Paris à Razac-sur-l'Isle (Dordogne). Elle se nomme Héloïse Rapt.

Ma femme me conseillait de demander ce service à Quarré qui nous a obligés déjà de cette manière l'an dernier. Mais j'ai préféré vous embêter.

21 *Juin* 1912.

Très cher Ami,

Quel vagabond vous êtes! Ce petit billet amical vous atteindra-t-il à Madrid? Vous m'annoncez votre visite le dimanche 30. Serai-je encore à Bourg-la-Reine? Je n'en sais rien.

Nous nous sommes préparé difficilement un refuge à Saint-Piat (Eure-et-Loir), mais j'ignore quand et comment nous pourrons en jouir. Il y a des obstacles.

L'endroit est aimable ou paraît tel, et, si Dieu veut, j'y pourrai travailler en paix à mon nouveau livre d'interprétation de l'Écriture, en préparant mon âme aux Événements que je vois venir, que je suis à peu près seul à voir venir et dont il me fut dit, il y a plus de trente ans, que j'en devais être le témoin, quand j'aurais assez souffert.

Si je pars avant le 30, je vous épargnerai une course inutile en vous écrivant à Vaugirard avant de me mettre en route.

Je vous embrasse avec tendresse.

Léon BLOY.

29 *Juin* 1912.

Très cher Ami,

Je vous informe que nous ne partirons que l'un des premiers jours de la semaine prochaine et que, demain dimanche 30 juin, nous pourrons être vus à Bourg-la-Reine par les amis fidèles.

J'ai eu des jours et même des semaines de douleur. Dieu sait ce que cette villégiature, si nécessaire à ma femme, à mes filles et peut-être à moi-même, m'a coûté.

C'est aujourd'hui votre fête, mon cher Termier. J'aurai une vraie consolation à vous embrasser demain, et je le fais d'avance de tout mon cœur.

Léon BLOY.

Saint-Piat (Eure-et-Loir),
6 *Juillet* 1912.

Mon cher Termier,

J'ai reçu vos 200 francs lundi soir, au milieu du désordre affreux de notre quasi-déménagement.

Vous ai-je répondu sur-le-champ? Je n'en sais rien, mais c'est peu probable. Le lendemain c'était impossible. Ensuite j'ai tout oublié.

J'ai vécu jusqu'aujourd'hui dans un absolu désarroi, incapable de tout équilibre et profondément triste.

Ce matin seulement, je me récupère un peu et votre lettre

qui tombe sous mes yeux me remplit de confusion et de crainte.

Vous me connaissez assez pour avoir pitié et me pardonner si j'ai omis de vous répondre, ce que j'ignore.

Que puis-je espérer de cette villégiature? Dieu le sait.

Le pays est aimable et le curé semble potable. C'est un admirateur de Bazin et de Coppée! Mais je le crois pieux, c'est tout ce que je lui demande.

A bientôt une lettre plus intéressante. En ce moment je suis exténué.

Je vous embrasse.

Léon BLOY.

10 *Juillet* 1912.

Très cher Ami,

Ceci n'est pas encore une lettre, mais seulement un accusé de réception de la vôtre venue hier.

D'ici au 17 comptez que je ferai mieux. J'espère avoir retrouvé alors tout mon équilibre.

Demain, j'aurai 66 ans accomplis. Situation étrange pour un homme né aux environs de l'an mille et qui croit toujours avoir 25 ans. J'ai dû avoir cet âge-là tous les quarts de siècle, et c'est pour cela sans doute que je suis si intéressant.

Léon BLOY.

9 *Août* 1912.

Mon cher Ami,

Je pense que vous apprendrez avec plaisir que *l'Ame de Napoléon* est entièrement composée, mise en pages et corrigée.

On a donc plusieurs fois le temps de paraître en octobre.

Savez-vous qu'il existe à Marseille une petite revue très littéraire, *les Marches de Provence*, et que cette revue m'est entièrement dévouée? On y a décidé que le numéro de septembre, devant paraître le 4 octobre, je crois, me sera uniquement consacré. Il y aura une citation importante du *Napoléon*, des articles de Pouthier, de Jacques Maritain, de Pierre Van der Meer, de Martineau. On reproduira *Léon Bloy jugé par sa femme*, que vous avez lu dans *Quatre ans de captivité*. Enfin on aura la joie d'une image très curieuse représentant votre ami en présence d'un troupeau de cochons, et vaincu, non par ces animaux, mais par le spectacle de leur multitude, vaincu et défaillant, agrandissement d'une bonne photographie faite en Périgord l'été dernier.

Ce sera, pour tout dire, une apothéose, au moment même du lancement de mon livre. Ma joie serait complète si, profitant d'une occasion aussi extraordinaire, vous vouliez envoyer un certain nombre de lignes, sous forme de lettre ou autrement, au directeur, M. Aurélien Coulange, 24, rue de l'Étrieu, Marseille : L.-B... envisagé du point de vue géologique !

J'ai écrit à Jeanne une lettre qu'elle a dû recevoir à Varces, avant son mariage, le 15 ou le 16 juillet. Il lui sera peut-être agréable d'apprendre que je lui dois un ami nouveau.

Voici. J'ai reçu, il y a quinze jours, une lettre fort touchante d'un jeune prêtre très pauvre, disant m'avoir connu par ma préface aux *Derniers Refuges*, livre qui lui était tombé sous la main dans sa province (la Sarthe). A ce moment il ne savait pas mon nom. Mais, ayant lu une telle préface d'un tel livre, un désir extrême lui était venu de me lire, désir presque impossible à satisfaire à cause de son extrême pauvreté. Aussitôt je lui ai fait envoyer une demi-douzaine de mes livres, parmi lesquels *la Femme pauvre*. Jamais je ne serai mieux récompensé. Une nouvelle lettre est venue où cet enthousiaste me donnait son âme autant qu'il est possible et permis à un chrétien.

Nous sommes ici dans un pays charmant plein de verdure, de beaux arbres et de brigands. Mais c'est une villégiature! et les commencements ont été amers, employés à de sérieuses méditations sur la mort et la damnation sempiternelle. J'ai fini par m'y habituer.

Aujourd'hui je me console en pensant à octobre, à Napoléon qui récompensait si bien ses amis, pour qui j'ai prié, — seul au monde, peut-être — et qui va peut-être aussi changer ma vie misérable. Mais il y a au moins deux mois à franchir et je ne sais comment ce sera possible. Arrivé ici comme une épave, j'ai déjà fait presque 300 francs de dettes et je suis presque sans le sou. Comment vivre et comment partir, après avoir vécu encore six ou sept semaines? Ah! mon cher ami, je me souviens de cette époque, il y a six ans, où vous quêtâtes si fructueusement pour moi et avec tant de mérite, car je n'étais pas alors si intéressant pour vous. Ce serait le moment d'entreprendre une nouvelle campagne. La dernière peut-être. On me dit de plusieurs côtés, le sceptique Vallette lui-même, que cette fois je tiens le succès. Mais, encore faut-il que je ne périsse pas auparavant, et vraiment je ne sais que faire.

Vous m'avez écrit souvent votre tendresse pour moi. Comment pourrais-je ne pas m'adresser à vous dans ma détresse?

J'achève ici cette lettre, qui m'a coûté, je vous prie de le croire, et je vous embrasse de tout mon cœur.

Léon BLOY.

17 Août 1912.

Très cher Ami,

J'ai reçu l'envoi du Crédit Lyonnais, jeudi matin 15 août, au retour de la messe, Ma Dame de Compassion l'ayant ainsi décidé. C'était une réponse de Marie glorieuse à sainte Claire.

Je vous laisse à penser mes sentiments...

Impossible de vous écrire le jour même. Habitué à d'étranges surprises, parfois agréables, je n'étais pas tout à fait sûr que vous fussiez derrière ce bienheureux envoi.

Hier, impossible encore, j'étais noyé dans les épreuves de *l'Ame de Napoléon* et il y avait urgence. Mais je venais de recevoir votre lettre et mon silence devenait une injustice.

18 Août.

Aujourd'hui seulement, après trois jours, je peux vous écrire. Hier il m'a fallu interrompre soudain ma lettre pour courir à la gare, Jacques Maritain étant annoncé. Mais vous êtes géologue, accoutumé, par conséquent, à l'idée des formations lentes, et vous tiendrez compte aussi de la joie, exclusive de tout, que j'ai eue à revoir et à posséder tout un jour ce merveilleux ami qui m'apportait un fort beau travail sur moi pour *les Marches de Provence*. Le temps, par grâce insigne, était beau et nous avons eu des heures délicieuses. Vous ai-je écrit que nos autres filleuls, les Van der Meer, sont ici tout près de nous depuis le commencement du mois? Secours inestimable sans lequel ma vie, dans ce pays de païens et d'imbéciles, eût été fort misérable. Les commencements avaient été plus que pénibles.

Vous me demandez où en sont mes travaux. Oserai-je vous avouer qu'en dehors de mon très sombre journal quotidien, je n'ai à peu près rien fait? Les villégiatures, auxquelles je me vois condamné sans rémission, ont cet effet de me déprimer, de me faire à peu près inerte, gélatineux et incolore.

Je voulais faire de l'exégèse. J'ai senti une impuissance telle que les mots du Livre saint n'avaient plus de sens pour moi.

Je végète, entendant tomber la pluie et comptant les jours.

Tout le monde ici va bien. Véronique n'est pas malade, mais cet été mouillé ne lui donne pas de forces et nous ne savons quand il plaira à Dieu de lui rendre ce qu'elle a perdu depuis sa maladie de l'an dernier.

Vous direz à Jeanne que je suis heureux de son intention d'écrire ce qu'elle pense de moi. La cuisine de mon livre est presque finie. *L'Ame de Napoléon* soignée amoureusement par Vallette sera, typographiquement, une chose agréable à voir — en octobre.

Je vous embrasse.

Léon Bloy.

Bourg-la-Reine, 8 *octobre* 1912.

Très cher Ami,

Je vous reverrai donc, dimanche, avec joie, vous le savez. Avant-hier déjà j'espérais votre visite

Nous sommes enfin délivrés de cette villégiature de pluie et de boue!... S'il faut souffrir encore — ce qui commence déjà — ce sera du moins chez nous, dans une maison habitable, dans un endroit sec et à une moindre distance de nos amis. Je ne veux rien vous raconter, ce serait trop long.

Je reviens avec vingt ans de plus, me semble-t-il, considérant que j'ai environ neuf mois pour me préparer à une nouvelle épreuve... et à la mort devenue l'objet constant de mes pensées.

Ma pauvre femme, effrayée de mon état d'affolement et de dépression, m'a supplié de partir le premier, se chargeant de tout, et j'ai couru l'attendre à Versailles, chez mes filleuls bien-aimés, heureux d'échapper à la constriction de cœur procurée par le déménagement et aussi par la crainte d'un créancier.

Nous sommes ici avec cent sous, vérifiés ce matin, et la recommandation classique de Juvénal : *Durate atque exspectate cicadas.* Il est vrai que nous avons Dieu aussi, Dieu surtout, et que cela me suffit pour pleurer d'espérance, chaque jour.

Mais, mon ami, que je suis las de cette incroyable vie d'expédients et d'ignoble mendicité! Dieu, qui voit cette lassitude d'un pauvre qui a vieilli à son service, voudra peut-être me donner quelques derniers jours moins cruels, en accordant un peu de succès à *l'Ame de Napoléon* qui paraîtra dans dix jours. Alors, peut-être, je connaîtrai la joie de l'ouvrier qui, ayant travaillé depuis l'aube, est autant payé que celui de la onzième heure et qui n'a plus besoin de la pitié des hommes.

Je ne dis pas cela pour vous, mon bon Termier, qui êtes un humble et un dévoué, mais pour d'autres qui m'ont fait durement sentir, quelquefois, leur protection.

J'attends avec impatience *les Marches de Provence*. Ce fascicule me concernant seul sera, d'après ce que je connais déjà, une chose extraordinaire. L'article de votre Jeanne, que je n'ai pas lu, est, m'a-t-on-dit, un chef-d'œuvre. Que Dieu la bénisse !

Malheureusement — ou heureusement — le fabricateur de cette petite revue marseillaise est un pauvre à la manière de Barbot, forcé de faire *tout* lui-même, avec des moyens presque nuls, et je ne sais comment il pourra la répandre. La Providence y pourvoira sans doute.

Je vous embrasse avec amour, mon colonel.

Léon Bloy.

15 *Octobre* 1912.

Mon très bon Ami,

Ces quelques lignes sans aucun génie pour vous dire que j'ai reçu de Quarré un rendez-vous ferme pour samedi à midi et demie. Il recevra, en même temps que vous, une carte le priant de mettre un couvert de plus.

Si vous voyez Boussac avant son départ pour l'Égypte, dites-lui que je l'aime beaucoup pour sa visite d'avant-hier et que je félicite Jeanne d'être devenue la moitié d'un tel homme.

Pour ce qui est de Mme Boussac mère et de Mlle Boussac, je ne sais pas exprimer mes sentiments.

Je vous embrasse.

Léon BLOY.

19 Novembre 1912.

Très cher Ami,

Vous remercierez pour moi sainte Élisabeth en la priant de m'excuser si je ne la remercie pas moi-même comme il faudrait, étant un miséreux de la prière, en réalité, comme je suis miséreux de beaucoup d'autres choses moins précieuses.

Vous voulez donc parler de moi, une fois de plus, à propos de l'Atlantide et de Christophe Colomb. Le rapprochement de mon nom et de celui de la Colombe Christophore a quelque chose d'accablant. Vous allez renouveler ainsi votre fille Jeanne qui ne voit pas mon égal. Car vous êtes une troupe singulière d'hypnotisés ou d'hallucinés qui finirez par me faire croire que je suis un personnage tout à fait extraordinaire, ce qui me gêne un peu pour me regarder au miroir. Je voudrais bien savoir ce que Dieu pense de tout ça et je ne suis pas très rassuré.

Ci-joint une enveloppe vide venue de Grenoble en même temps que votre lettre. Je suppose qu'elle m'a été envoyée par Marie Artru qui aura cru et qui croit peut-être encore y avoir inséré quelques lignes amicales. Mon ange gardien me suggère que je dois voir là une sorte d'apologue explicatif se rapportant à mes ouvrages littéraires.

Je vous embrasse.

Léon BLOY.

2 Décembre 1912.

Très cher Ami,

Peut-être allez-vous assister enfin à une victoire de votre ami.

Je vous envoie deux articles qui vous intéresseront et je vous signale en même temps le *Mercure* qui vient de paraître et que je ne peux vous envoyer. Vous y liriez une étude très remarquable d'Edmond Barthélemy que j'ai lue avec une véritable émotion. Lisez aussi l'article de la page 637.

Je suis en plein travail nouveau. L'*Exégèse des lieux communs*, 2ᵉ série, est commencée et j'espère vous donner un peu d'agrément quand vous viendrez à Bourg-la-Reine. Je suis un peu plus mûr qu'il y a dix ans et je crois que cette série sera plus intense que la première

Je vous embrasse en toute hâte.

Léon Bloy.

31 Décembre 1912.

Très cher Ami,

J'irai déjeuner chez vous jeudi, accompagné de Madeleine. Je serais heureux de rencontrer les Boussac. Mais ne comptez pas sur un convive rayonnant.

Je vois finir cette année avec une grande tristesse. L'insuccès désormais certain de *l'Ame de Napoléon* m'accable. J'avais tant compté sur ce livre pour ma délivrance, pour ma *réhabilitation*, pour conquérir *l'autorité* qui m'est nécessaire!

Le monde bonapartiste est donc aussi bête et aussi ingrat que le monde catholique. Je ne croyais pas que cela fût possible et je vous assure que je n'ai pas trop de tout mon christianisme pour supporter une aussi constante, une aussi plénière injustice.

Vous verrez donc en moi un personnage assez morose qui vous prie de l'excuser.

Je vous embrasse comme je peux, avec des bras trop courts.

Léon Bloy.

14 *Janvier 1913.*

Mon cher Pirate,

Je viens de recevoir ce que vous m'avez envoyé. Cette preuve nouvelle de votre dévouement m'a été douce après un très rude commencement d'année.

Vous 'voudriez me voir « installé dans la gloire, même dès cette vie ». Je crains qu'il ne vous faille quitter ce désir ou cette espérance.

L'expérience de mon dernier livre est concluante, Dieu *ne veut pas*, cela paraît clair. On ne me conçoit pas ayant du *succès*, comme Maurice Barrès ou M. Bottom.

Mes amis, ne me voyant plus souffrir, ne me reconnaîtraient plus et se dégoûteraient de moi. Quelque chose dans le plan divin serait détraqué.

J'ai posé, hier, trois ou quatre heures devant un artiste envoyé pour mon portrait devant être gravé en tête du *Désespéré*.

« Je suis un océan de mépris », ai-je expliqué à cet homme, « et c'est moi qui ai lancé le glaçon qui creva les flancs du *Titanic* ».

Comment pourrais-je devenir une prairie émaillée de fleurs où paîtraient les aumailles de la sottise contemporaine?

Je vous embrasse.

Léon Bloy.

19 Février 1913.

Mon très cher Ami,

Les Boussac, dont la visite, dimanche, m'a été si agréable, ont dû vous dire mon projet de finir la seconde série de mes *Lieux communs* par votre *Atlantide*.

Je vous dois une belle idée et j'en espère pour mon nouveau livre une conclusion grave et somptueuse qui ne vous désobligera pas.

Jeanne a dû vous dire aussi que j'avais reçu, singulièrement à propos, ce que vous m'avez envoyé, le facteur étant venu quelques minutes seulement avant l'apparition d'un certain encaisseur.

Pardonnez-moi cette simple carte. D'un côté les *Lieux communs*, de l'autre la très laborieuse correction des épreuves du *Désespéré*. Je suis surmené et je prie tous mes correspondants d'avoir compassion de moi.

Je vous embrasse.

Léon Bloy.

1er Mars 1913.

Très cher Ami,

Vous avez donc pensé à moi pour le beau dimanche de Lætare! De mon côté je me suis souvenu de saint Joseph dont c'était aujourd'hui le premier jour, et je me suis souvenu peut-être aussi de *l'absent* que vous trouverez sans doute bien grandi, quand vous le reverrez, beaucoup plus tard...

Mon bien-aimé Pierre Termier, ce matin, en même temps que votre lettre, j'en recevais une autre bien extraordinaire d'un jeune Hollandais que je n'ai jamais vu et pour qui je suis tout ce qu'on peut aimer au monde. Je vous enverrais ces pages inouïes, si je n'avais pas à y répondre, mais je vous les ferai lire. C'est écrasant pour moi de savoir que j'ai reçu un tel pouvoir de m'emparer des plus nobles âmes!

La féerie de ce jour raconte l'histoire de la femme adultère qui est certainement l'Église menacée de lapidation, ainsi que je l'ai fait remarquer dans mon dernier livre. Pendant qu'on accuse cette femme, Jésus « écrit du doigt sur la terre ». Que pourrait-il bien écrire, sinon un raccourci terrible des Deux Testaments?

Aussitôt qu'il a parlé de la « pierre » devant être jetée par le premier qui est sans péché, les accusateurs s'en vont l'un après l'autre, les plus vieux ouvrant la marche.

Sans le savoir, n'imiterais-je pas Jésus, en cette manière, puisque je défends l'Église en écrivant moi aussi sur la terre et voyant disparaître, un à un et pour toujours, les lapidateurs de l'Église et de moi-même, allant *in locum corum*. Il n'en reste déjà presque plus, de ce *Désespéré* qui va reparaître et qu'on croyait avoir enterré.

Pour ce qui est de cette *pierre* mystérieuse que personne, juste ou pécheur, ne ramasse contre moi, ne serait-elle pas à Vaugirard?

Très rapidement je vous donne ces idées ou rêveries pour ce qu'elles valent, en vous priant toutefois de remarquer dans cet Évangile, grand comme tous les mondes, que les mots *sine peccato* et *primus* ne peuvent s'appliquer qu'à Jésus qui se désigne ainsi Lui-même. Penchez-vous sur ce puits, si vous êtes audacieux.

Je vous embrasse avec tendresse.

Léon Bloy.

Samedi saint, 1913.

Mon très cher Termier,

Je ne sais qui est l'ami au mandat télégraphique, mais je sais qui vous êtes et cela me donne un plus grand amour pour Dieu.

Puisque vous avez essayé, hier, de suivre, sur la voie

douloureuse, « l'effrayant cortège », — beaucoup plus effrayant, certes, qu'on ne peut croire, et que tout homme vraiment attentif pourrait voir dans son propre cœur, — avez-vous aperçu, dans cette horrible cohue, mon excellent ami Dismas, le bon larron, que l'Église honore dans un mois, le 24 avril ?

Il me semble que vous avez dû le remarquer, non seulement parce qu'il est différent de tout le monde, mais parce qu'il y a quelque chose entre vous et lui. Vous savez que je veux finir mon livre par *l'Atlantide*. Depuis que cette idée m'est venue, je pense beaucoup à saint Dismas qui m'a fourni la plus admirable et la plus précieuse information sur ce continent disparu. Je ne vous en dis pas davantage et même je vous prie de ne pas m'interroger, étant, à cause de cela, dans une sorte d'état extatique. Mon livre, d'ailleurs, est vers sa fin et vous ne tarderez pas à tout savoir.

J'avais espéré vous voir demain, j'espérais aussi un peu voir Jeanne ou Marguerite. Devenant chaque jour un peu moins capable de marcher, je suis forcé de compter sur la charité de ceux qui m'aiment.

Et voici, ô dérision cruelle ! que je suis déjà guetté par la villégiature. Mes filles, ma femme elle-même, ont besoin de changer d'air. Mardi prochain, il faudra profiter des vacances de Madeleine et courir passer huit ou dix jours à Saint-Piat où nous avons un pied-à-terre. J'aimerais mieux des coups de bâton, mais il faut prendre ce que Dieu donne.

Je prierai d'autant plus volontiers pour Henri Artru que l'état de notre pauvre Véronique me forcera de penser à lui. Elle aussi est grippée, non pernicieusement sans doute, mais tout est à craindre avec elle, et nous n'avons presque pas un jour sans inquiétude. C'est une âme trop belle pour cet affreux monde.

Je vous embrasse.

Léon Bloy.

Si vous ne pouvez venir demain, n'essayez pas lundi. Nous serons chez nos filleuls de Bures.

Saint-Piat, 28 *Mars* 1913.

MON CHER AMI,

Deux lignes en hâte. Chassés d'ici par le froid et la pluie aggravés d'un ennui horrible, nous serons demain samedi à Bourg-la-Reine, pour n'en plus sortir, je l'espère, avant trois mois.

Je serai donc, dimanche, à la disposition de ceux de mes amis qui auront la charité ou le courage de venir me voir.

Je vous embrasse.

Léon BLOY.

Bourg-la-Reine, 19 *Avril* 1913.

TRÈS CHER AMI,

Les admirateurs de Léon Bloy peuvent illuminer et pavoiser.

La 2ᵉ série de l'*Exégèse* est finie. La *Conclusion*, où il est beaucoup parlé de vous et de *l'Atlantide*, vous plaira peut-être, je veux l'espérer, mais c'est à voir.

Je ne vous écris, en hâte, que ces quelques mots et je vous embrasse.

Léon BLOY.

4 *Novembre* 1913.

CHER AMI,

Vous me décernez la *grandesse* géologique. C'est enivrant et monstrueux. De là à vous précipiter « dans le cratère à peine refroidi d'un volcan », comme vous disiez à Toronto, il n'y a qu'un pas.

On a prétendu que j'étais moi-même ce volcan, ce qui est possible, Dieu étant admirable dans ses œuvres. Mais mon cratère ne *refroidit* pas, vous le savez.

Il faudrait y prendre garde, si on tient à ne pas être consumé.

Le Pèlerin de l'Absolu, énormément occupé et embêté, vous embrasse tendrement.

Léon Bloy.

20 *Novembre* 1913.

Mon très cher Ami,

Sainte Élisabeth avait été implorée hier et remerciée à l'avance par ma femme de qui ce jour de fête est l'anniversaire.

Je ne pouvais donc pas être étonné de votre geste, mon cher ami. Je dis « cher ami », ce qui est malheureusement une formule banale, parce que je ne trouve pas les mots qu'il faudrait.

Mais ce geste, prévu et voulu par la Sainte, vous a-t-il été suggéré humainement par votre fille Jeanne? Les Boussac sont-ils à Paris? Voici ce qui s'est passé.

J'ai écrit, lundi, à Jeanne, une toute petite lettre, de celles que vous qualifiez injurieusement « d'affaires ». Je lui disais qu'étant accablé de travail, inondé d'épreuves, j'étais sans aucun moyen de courir à Vaugirard pour lui porter l'*Exégèse* et pour vous porter à vous-même le *hollande* promis. Que, d'autre part, je succombais sous les frais d'envoi de mon livre à un trop grand nombre d'amateurs, insinuant ainsi le désir de sa visite.

J'ajoutais que son père m'ayant parlé d'une Juive très riche, singulièrement impressionnée par ma prose, il serait opportun — et combien! — de la faire fonctionner utilement et que telle paraissait être votre mission.

Je ne sais si elle vous a fait lire cette lettre, restée sans réponse.

Quoi qu'il en soit, je dois vous exposer nettement ma situation actuelle.

Elle paraît bonne et même enviable. On me dit de toutes parts que mes livres sont de plus en plus recherchés. Vallette lui-même, le sceptique Vallette, m'a déclaré que j'étais sur le point de devenir une *bonne affaire* et Crès affirme qu'il espère de grands résultats de *Sueur de Sang* qui va paraître. Il y a donc lieu d'espérer que je vais devenir un septuagénaire florissant. Il se pourrait même qu'une victoire fût très prochaine. Mais en attendant, hélas!

Ce que m'a envoyé sainte Élisabeth va, dès aujourd'hui, aller à divers fournisseurs dont la patience est limitée, et il ne restera pas grand'chose. Puis, à la fin du mois, une traite d'environ deux cents francs me sera présentée (provisions de charbon pour l'hiver, etc.).

« Et ce jour effroyable arrive dans dix jours. » (*Esther.*)

Vous pensez dans quel état d'esprit je puis être; ayant, d'ailleurs, à me débarrasser des épreuves du *Désespéré*, du *Mercure*, qui vont faire place à celles des *Histoires désobligeantes* que va rééditer Crès, sans préjudice du *Pèlerin de l'Absolu* qu'il faut continuer. J'en perds un peu la tête.

Comment ne penserais-je pas à la Juive dont vous m'avez parlé et qui pourrait si facilement procurer la paix à un artiste qu'elle aime?

J'achève ici cette lettre qui m'a coûté, en vous assurant, une fois de plus, de la plénitude de mon cœur en ce qui concerne vous et les vôtres.

Léon BLOY.

Prière de m'accuser réception de l'exemplaire que je vous envoie aujourd'hui.

Vu Barbot dimanche. Il m'a dit être sans nouvelles de vous.

1er *Décembre* 1913.

CHER PIRATE,

Je fais partir, en même temps que ce papier, deux exemplaires de *Sueur de Sang*, un pour Mme Termier, un autre pour Jeanne Boussac.

Un hollande vous est réservé, *ut fert consuetudo*, mais je ne le tiens pas encore.

Je vous aurais écrit avant-hier après réception de votre lettre bienheureuse. J'ai voulu témérairement espérer votre visite hier. Pardonnez-moi. Je vous aurais lu une chose passablement étrange que je viens d'écrire et qui pourrait bien me faire enfermer un jour ou l'autre.

Quarré, joyeux d'avoir reçu l'*Exégèse*, m'a écrit une lettre très amusante où il exprime un vif désir de me faire déjeuner chez lui bientôt. J'ai cru lire « entre les lignes » que votre présence comblerait ses vœux. Qu'en pensez-vous ?

Je vous embrasse.

Léon Bloy.

22 *Décembre* 1913 (1).

Mon cher Ami,

Je me sens poussé à vous envoyer la copie d'une page de mon journal quotidien à la date du 18.

« Une chose me reste sur le cœur. Avant-hier, Quarré me parla d'un de ses confrères, un ingénieur, je crois, qui aime passionnément mes livres, lui aussi, — comme la Juive de Termier, — au point de ne pouvoir presque pas en lire d'autres, ce qui est, en effet, la bonne manière. Il ajouta que cet admirateur possède un revenu de plus d'un million — trois mille francs par jour, à peu près.

« — Alors, m'écriai-je, il ne ferait rien pour moi ? » ce qui fit sourire, comme si j'avais énoncé la chose la plus naïve...

« Je me représente donc cet homme, dont l'exorbitante richesse est déjà *satanique*, lisant mes livres, mes douloureux livres pleins de ma souffrance, comme on assisterait à une séance de torture et jouissant sadiquement de l'expression de cette souffrance qui a déjà duré plus de trente

_____

(1) Adressée à Louis Quarré, grand ami de Pierre Termier.

ans; à mille lieues de penser qu'un tout petit geste qui lui coûterait si peu m'en délivrerait à l'instant; encore plus éloigné, s'il est possible, de se dire que cet auteur, en lequel il ne voit qu'un instrument de plaisir, a peut-être une *mission*, que c'est le devoir des riches de l'y aider et que lui-même est évidemment désigné pour cela; enfin et surtout que ce serait un moyen d'écarter de lui les effroyables menaces de l'Évangile. Mais il paraît, d'après le monde, que ce sont là des idées comiques, des niaiseries bondieusardes et sentimentales.

« Qui sait? Un sale journaliste belge a publié, l'année dernière, un étonnant article sur moi où il était dit que ce serait un acte de *vandalisme* d'atténuer et, à plus forte raison, de supprimer ma misère. « — Il pousse de si beaux cris « quand il souffre ! » Ne serait-ce pas l'obscure et profonde pensée de ce multi-millionnaire?

« Cela m'obsède et me trouble singulièrement le cœur. Si les prêtres, ordinairement si respectueux de la richesse, oublient leur devoir, il me semble que de simples chrétiens devraient parler à leur place et que ce serait au moins charitable d'*avertir* les serviteurs du démon qu'on nomme les riches, lesquels accomplissent — peut-être sans le savoir — le plus énorme crime d'omission. »

Je vous prie de remarquer, mon cher ami Louis Quarré, que je ne vous charge d'aucune démarche. Je suis simplement l'auteur du *Sang du Pauvre* et j'écris pour libérer ma conscience. S'il s'agissait d'un autre que moi, j'aurais exactement le même langage et peut-être avec plus de force.

Je vous souhaite une joyeuse fête de Noël. Je me souviendrai de vous sur la paille de Bethléem, en alternant avec le Bœuf ou l'Ane sans richesses qui adorent, depuis dix-neuf cent treize ans, le Fils de Dieu nouveau-né.

Léon Bloy.

30 Décembre 1913.

Cher Ami,

Pardonnez-moi ce papier si peu protocolaire. Ma femme est malade (un peu seulement, mais couchée), je suis assommé de travail et je ne sais pas mieux faire à la veille du jour de l'an.

Je viens de recevoir avec surprise, mais non sans joie, ce que vous m'avez envoyé de la part de M. Quinson, à qui je me souviens d'avoir écrit en juillet 1912. Il habitait alors Oran. Faut-il lui écrire à la même adresse?

En devenant vieux, j'aime de moins en moins l'hiver. Depuis quelques jour, j'ai la sensation d'une villégiature au Groenland et ce n'est pas l'enthousiasme des contemporains qui me réchaufferait.

L'insuccès désormais certain de *Sueur de Sang* prouve, une fois de plus, l'existence de Dieu qui ne *veut* pas mon succès. Décret adorable que je suppose contemporain de celui de l'Immaculée Conception, antérieur, par conséquent, à la création des collines et des fontaines.

Je bousculerais l'Empire allemand que je continuerais à être sans succès. Il faut vouloir ce que Dieu veut. Je vous embrasse tendrement et vous prie d'embrasser pour moi Marguerite, la dernière de vos filles à qui je puisse décemment faire la cour.

Mendicus et dolens.

Léon Bloy.

13 Janvier 1914.

Mon bon Termier,

« Encore un pas vers la mort », dites-vous à propos du terme. Je viens d'en faire un autre. *Le Pèlerin de l'Absolu* est fini, à très peu près. Il en sera, je pense, de ce nouveau livre mien comme des autres, qui donnent la vie à quelques-uns, me dit-on, sans rien procurer à leur auteur que l'espérance de la Miséricorde pour l'aider à bien mourir.

La mort est le sujet ou l'objet constant de mes pensées et j'y songe tous les jours, d'autant plus amoureusement que je la prévois cruelle. J'ai des raisons pour cela.

Je ne la crois pas, cependant, très prochaine, certain de n'avoir pas encore rempli ma mission, de n'avoir pas accompli une certaine œuvre que je suis dans la nécessité d'accomplir.

A supposer que je me trompe en ce point, j'ai mon sac sur l'épaule, je suis prêt à partir, et ce monde m'a vraiment trop peu caressé pour que je doive le quitter avec chagrin.

En tout cas, mon cher ami qui vous nommez si humblement mon « petit frère », sachez que Dieu voit vos œuvres et que je ne lui permettrai pas de les oublier.

Je vous embrasse avec tendresse.

Léon Bloy.

7 *Mai* 1914.

Cher Ami,

Je savais déjà que vous étiez un écrivain. Après votre réponse à l'enquête de la *Revue hebdomadaire*, je le sais un peu plus.

M. Charles Richet dit que « l'avenir et le salut ne sont que dans la science ».

Aussitôt vous parlez de l'Ame, exclusivement, et cela fait tout de suite une différence prodigieuse de niveau.

Vous ne me citez pas seulement çà et là. Vous épousez toutes mes pensées et vous les aimez au point de perdre de vue la géologie qui a l'air d'être une vieille maîtresse délaissée.

Ne risquez-vous pas d'affliger par là quelques-uns de vos disciples, en vous exposant à la vengeance de l'abandonnée?

Mes pensées vous mèneront loin. Elles sont ruineuses et acharnées. Elles ne lâchent plus leurs victimes et se font un plaisir de les détraquer. *Pensez-y bien.*

Vous voilà déjà infiniment loin des lieux communs de la science. Vous allez vous trouver dans le désert, *in eremo*, en compagnie de mes filleuls infortunés, et il n'est pas sûr que vous y serez visité par le corbeau nourricier de saint Paul, premier ermite. Soit, je vous abandonne à votre destin.

Ah! vous prenez l'âme au sérieux! Vous croyez qu'elle seule existe vraiment et que tout le reste est apparence! Voilà donc où je vous ai conduit en vous livrant ma progéniture!

Vous allez jusqu'à dire à ceux qui savent mes livres par cœur que vous « n'avez plus rien à leur apprendre »!

Quel étrange et douloureux savant n'allez-vous pas devenir? Vous finirez par confesser, en larmes et couvert de cendres, que c'est moi qui ai dit le dernier mot de la science et que j'ai gagné ainsi la bataille de Waterloo contre la coalition formée, autrefois, sous l'Arbre terrible du Jardin de volupté, par toutes les puissances de la mort.

Alors, sans doute, vous serez visité, sous les oliviers de la Paix divine, par l'Ange confortateur de l'autre Jardin.

Je vous embrasse.

Léon Bloy.

6 *Juillet* 1914.

Mon cher et admirable Ami,

J'ai reçu le terme. Je crois comme vous que Dieu aime les âmes généreuses dont vous parlez et dont une au moins, sinon deux, m'est connue.

Que la merveilleuse Providence qui vous plaça sur ma route pénible vous fasse un heureux voyage!

On se prépare ici à partir pour Saint-Piat, sans aucune

joie de mon côté, vous le pensez bien. Il y a des nuages très sombres.

Notre départ, qui aura lieu probablement cette semaine, a été retardé par l'état de faiblesse extrême de notre pauvre Véronique qui se remet difficilement d'une jaunisse qui nous a fort affligés. Dieu ne veut pas que cette chère enfant ait les joies ordinaires de son âge. Elle paie sans doute pour quelqu'un, car telle est la loi, vous le savez.

Il peut vous être utile d'apprendre que Raoux sera, dans quelques jours, avec sa femme, sa fille et sa mère, au Château Saint-André, à Saint-Didier-au-Mont-d'Or (Rhône). C'est l'adresse qu'il m'a donnée il y a quatre jours et c'est là que je lui ai envoyé mes livres. Je ne sais combien de temps il y restera.

J'espère commencer ma *Jeanne d'Arc* à Mévoisins, si la tribulation n'est pas trop intense.

Jusqu'à présent je n'ai pu que faire les très copieuses lectures indispensables. C'est une entreprise réellement effrayante pour laquelle j'aurai besoin d'une assistance extraordinaire.

Je vous embrasse tendrement.

Léon BLOY.

Mévoisins par Saint-Piat (E.-et-L.).
7 Août 1914.

CHER AMI,

Je n'ai pas pu être étonné de ce qui arrive, l'ayant attendu, avec une certitude parfaite, beaucoup plus de trente ans. Massacres énormes et calamités de toute nature annoncés à la Salette et décrétés enfin, après soixante-huit ans, par le gâteux de Habsbourg et par les moustaches imbéciles du Hohenzollern. Ce dernier, fou d'insolence, a été inspiré de déchaîner contre lui la moitié de l'Europe. Le châtiment ne sera pas au pied boiteux. L'hypocrisie et le brigandage allemands ne peuvent plus être supportés et Dieu en a certainement assez. Mais l'écrasement de cette vermine ne sera pas donné. La France a beaucoup à payer, vous le savez. Moi, je suis un invalide et un miséreux. Je ne peux que prier dans ma *villégiature* nouvelle qui pourrait être plus sinistre que toutes celles qui ont précédé. Nous sommes ici tout à fait captifs dans la solitude, presque sans ressources, menacés de la famine à brève échéance, n'ayant plus de secours humain à espérer. Lorsque l'orage a commencé, j'avais déjà pu écrire une partie importante de ma *Jeanne d'Arc*, pages que vous entendriez, je crois, avec plaisir. Aujourd'hui me voilà désemparé. Faudra-t-il renoncer à ce livre?

Quand vous aurez le temps de m'écrire, mon très cher ami, je vous prie de me renseigner sur le point que voici :

Le 22 juillet, j'ai envoyé, à Varces, une lettre adressée à mon filleul Christophe Boussac. J'avais voulu que cet enfant possédât de son parrain un autographe, une sorte de pauvre relique qui lui fût précieuse. Cette lettre devait arriver le 24, veille de la fête des saints Jacques et Christophe. J'ignore encore aujourd'hui si elle est arrivée. Une autre lettre à sa mère, envoyée plusieurs jours après, est restée sans réponse et cela me fait de la peine, ayant espéré donner un peu de joie. Dites-moi quelque chose, je vous en prie.

Votre malheureux ami vous embrasse avec tendresse. Comptez sur ses prières.

Léon Bloy.

Rennes, 3 Septembre 1914.

Mon cher Termier,

Je vous écris avec des mains horriblement sales, les membres rompus et la tête en feu. Nous avons quitté précipitamment Mévoisins, ma femme, mes deux filles et moi, avant-hier, sur le conseil du chef de poste de notre village qui prévoyait une incursion plus ou moins prochaine des uhlans.

Seul, je serais resté, vous le pensez bien.

Le voyage, à travers la panique et l'encombrement des trains, a été extraordinairement douloureux et long. Nous n'avons pu arriver que ce matin et dans quel état!

Ma première action, avant même de nous être assurés d'un gîte qui semble difficile à trouver, a été de vous chercher.

Par un effet de mon malheureux destin, j'ai oublié à Mévoisins votre dernière lettre où vous me donniez votre adresse dont j'ai perdu tout souvenir. Je pensais que rien n'était plus facile que de trouver un officier de votre grade. J'ai éprouvé que rien n'est plus difficile. A l'État-Major de la place, on m'a reçu comme un chien galeux, ne voulant pas même m'entendre. Dégoûté et les pieds meurtris, j'ai couru à l'Arsenal et dans les différentes casernes. Partout la même réponse : « Inconnu ». Je suis parfaitement désolé, puisque j'avais choisi Rennes uniquement à cause de vous.

Tout ce que je peux faire maintenant, c'est de vous écrire à l'État-Major, sans savoir si cette lettre vous arrivera. Mon adresse, jusqu'à cette heure, est poste restante, à Rennes. C'est la seule que j'ai laissée à Mévoisins avant de partir.

Je vous embrasse très tristement.

Léon BLOY.

Quelle villégiature!

Rennes, le 4 Septembre 1914.

CHER AMI,

Je sors du bureau de poste où j'ai reçu ce que vous m'avez si spontanément envoyé — ce dont je vous remercierai à la cathédrale, tout près de laquelle nous avons trouvé un gîte, 6, rue des Dames.

Mais pourquoi ne me donnez-vous pas un rendez-vous? Nous avons choisi Rennes à cause de vous. Dans votre lettre reçue à Saint-Piat, vous me disiez d'aller vous y voir, ce qui, alors, me paraissait impossible.

J'irais, aujourd'hui même, à vos ateliers de construction, mais j'ignore où ils se trouvent et je ne sais à quelle heure vous pourriez m'y recevoir un peu plus de cinq minutes.

Je vous en supplie, donnez-moi ces deux renseignements.

Je vous embrasse.

Léon Bloy.

> Mévoisins, par Saint-Piat (E.-et-L.).
> 2 Octobre 1914.

Cher Ami,

Permettez-moi de ne vous écrire aujourd'hui que peu de lignes rapides et nullement extraordinaires. J'ai trouvé en arrivant hier soir un amas de lettres à la plupart desquelles il me faudra répondre. Dans le nombre, il y a une carte de Raoux qui a un fils depuis le 7 septembre. Il l'a appris trois semaines plus tard. « Je vais excellemment », me dit-il.

Notre voyage a été relativement facile, quoique pénible toujours. Hospitalité délicieuse chez Baumann que vous seriez heureux de connaître. Ame fortement chrétienne, esprit très discernant, cœur tendre et endolori. J'ai vu rarement un homme aussi spontanément sympathique. Il a une femme digne de lui sous tous les rapports. Nous avons passé deux jours et demi auprès d'eux, traités comme des hôtes envoyés de Dieu et dont la présence est une bénédiction. Retour à Mévoisins, hier soir. Joie extrême de nous sentir enfin chez nous.

J'ai pu faire déjà un peu d'ordre, mais je n'espère pas pouvoir reprendre ma *Jeanne d'Arc* avant trois ou quatre jours.

Mercredi 30, j'ai écrit à Mme Rual, notre hôtesse de la rue des Dames, ceci :

« Madame. Au reçu de cette lettre, je vous prie de remettre à M. Termier, Lieutenant-Colonel d'Artillerie, 8, rue de

Toulouse, les objets laissés dans l'armoire à glace et réclamés inutilement au moment de notre départ, c'est-à-dire une écharpe en soie et une petite dentelle noire. Si cette restitution n'est pas faite à bref délai, on s'adressera au Commissaire de police de Rennes. »

Nous n'avons plus qu'à attendre l'effet ou le non-effet de cette lettre et c'est vous seul qui pouvez nous en informer.

Voilà, cher ami, tout ce que je peux vous écrire aujourd'hui. Une prochaine lettre sera plus intéressante peut-être.

« Dites bonjour à Termier, m'écrit Brou, encouragez-le à fabriquer avec attention sa *mort aux Boches*, et dites-lui que je l'aime bien mieux depuis qu'il leur fait du mal. »

Je vous embrasse tendrement.

Léon Bloy.

Reçu une très belle lettre de Jeanne Boussac. Je vous en parlerai.

11 *Octobre* 1914.

Très cher Ami,

Reçu ce matin votre lettre du 9 et l'agréable nouvelle de la restitution des objets volés. Quand vous aurez un peu de temps à perdre, vous nous feriez plaisir en nous racontant laconiquement la manière dont s'est opéré ce prodige.

Vous priez pour nous et nous prions pour vous dans notre solitude. C'est l'unique et très certaine ressource.

Je vous envoie, en vous priant de me la rendre, la belle lettre de votre Jeanne qui m'attendait ici. Hier, j'en ai reçu une autre de Raoux, très sereine et presque joyeuse. Une vraie lettre à l'encre et sur du beau papier. Repos actuel pour son groupe de « bouchers noirs ». Ainsi sont nommés nos artilleurs par les prisonniers allemands. « Avec quelle joie, dit-il, je pénétrerais avec ma batterie en terre allemande!

Ayant envoyé à Varces quelques cartes, il se plaint de n'avoir eu que par moi des nouvelles de vous. J'ai eu aussi une lettre remarquable du frère Dacien qui a très peu d'illusions. « Si la France avait une presse réellement religieuse, écrit-il, avec quelle force ne montrerait-elle pas la réalisation des menaces de la Salette si prodigieusement méprisées! » Je lui ai donné votre adresse à Rennes en lui disant votre désir de recevoir une lettre de lui. Il ne tardera certainement pas. J'ai reçu de Jacques Maritain une carte d'Angleterre m'apprenant qu'il était sur le point de rentrer à Versailles. Il espérait y être dimanche dernier. Depuis, aucune autre nouvelle.

Mes autres filleuls Van der Meer sont à Rotterdam où ils vivent à peu près, pleins du désir de revenir en France. Voilà toutes les nouvelles.

Nous subsistons à Mévoisins où le temps est heureusement beau quoique froid, en attendant le retour à Bourg-la-Reine, la Schola devant reprendre ses cours le 3 novembre. Je me souviendrai de cette *villégiature* de quatre mois!

Je suis assommé ce matin par l'annonce de la prise d'Anvers, l'une des plus redoutables citadelles du monde. Je croyais qu'il aurait fallu des mois. Il paraît qu'aucune place ne peut plus résister à l'artillerie moderne. Il faut pourtant que cette abominable guerre finisse. L'Empire allemand est perdu, cela est visible, mais quelles convulsions! et lorsque quinze cent mille hommes reconduiront cette vermine au delà du Rhin, que restera-t-il de la pauvre Belgique et de nos départements du Nord? « Dieu est avec moi », est-il écrit sur le ceinturon de chaque Allemand, et l'esprit de Dieu réside sur la tête du Kaiser. Quand on étripe des femmes après les avoir violées, quand on incendie les pauvres gens et qu'on tue les petits enfants et les vieillards, mais surtout quand on profane les églises après avoir massacré les prêtres, pour ne rien dire de l'assassinat des blessés ou des prisonniers, Dieu est avec ceux qui font tout cela, le Dieu de Luther!

Il devient pour moi de plus en plus manifeste que quelque chose de diabolique a passé sur l'Allemagne et que cet immense peuple est *possédé*. Cela est rendu manifeste par cet universel délire du mensonge, inséparable chez lui du délire de la destruction. Les Vandales dont on parle tant ne mentaient pas. C'est une barbarie nouvelle, beaucoup plus infâme. Il est vrai que les huguenots avaient déjà montré cela, mais ils n'étaient pas innombrables, et maintenant...

Ces choses m'obsèdent continuellement et douloureusement. Je vous dirai, un de ces jours, tout ce que je pense. Je le voulais, ce matin, à l'église, me souvenant amoureusement de vous, avant d'avoir reçu votre lettre. Je ne peux pas, aujourd'hui. Sans doute vous me comprendriez, mais je suis si différent de tous les autres! Quelque épouvantables que soient les événements actuels, ils ne me semblent qu'un prologue. En supposant — avec raison — la ruine totale de l'Allemagne, il n'y aura *rien* de fait aussi longtemps que le compte de la Salette n'aura pas été réglé. Dieu ne punit pas sans dire pourquoi, et jusqu'à ce jour, Dieu ne parle pas. Voilà ce qui est effrayant. Ce qui me fait peur, plus que tout, c'est le *lendemain du triomphe...*

Je vous embrasse tendrement.

Léon BLOY.

Piatgrad, 19 Octobre 1914.

MON CHER COLONEL,

Le froid, la pluie et une tristesse horrible nous chassent d'ici. Si Dieu le permet, nous serons vendredi à Versailles près de nos filleuls Maritain et nous rentrerons samedi à Bourg-la-Reine où notre propriétaire ne manquera pas de nous offrir quelque consolation. Ainsi finira la plus remarquable de mes villégiatures, en attendant celles à venir, plus intéressantes peut-être, qu'on peut prévoir sans un globule d'inspiration prophétique.

« ...Quand finira cette guerre atroce, ai-je écrit avant-hier à Raoux, nul ne peut le dire. L'orgueil et la méchanceté des Allemands étonnent le monde et ne peuvent être égalés, fort heureusement, que par la médiocrité ou la sottise des chefs ennemis. Imaginez-vous Napoléon à la tête de quatre millions de soldats et manœuvrant d'une façon aussi imbécile? Le fin du fin, pour ces brutes, consiste à répandre la terreur par les pratiques abominables que vous savez. Résultat : le déshonneur absolu, l'exaspération des opprimés, l'exécration universelle et le désir enragé des représailles sans merci. Une telle folie démoniaque est un cas de *possession* collective, sans nul moyen d'exorcisme. Les Kuistres infâmes qui se disent *intellectuels* ont appelé la mort. Ils l'auront, accompagnée d'une amertume et d'un désespoir indicibles. »

« Dieu est avec nous », disent-ils en incendiant, violant, pillant et massacrant. Leur Kaiser couche toutes les nuits avec son *vieux Dieu*, le Wotan de ses ignobles ancêtres. Ils ont raison, sans doute, en ce sens qu'ils se condamnent eux-mêmes de la façon la plus précise, la plus terrible! « Dieu est avec moi, en moi, *sur moi* », dit le damné, et c'est sa torture infinie.

Ce qu'il y a d'épouvantable, c'est que les Prussiens venant à nous manquer à la fin, il faudra les remplacer. Les socialistes n'y manqueront pas et je crois savoir que Caillaux prépare déjà sa dictature.

Une lettre de Raïssa, venue hier soir, me dit qu'il y a en traitement, à Versailles, un blessé à qui les Allemands ont crevé les yeux avec un canif, opération faite « avec beaucoup de soin », et qu'aux environs de Compiègne on a trouvé une femme *crucifiée* toute nue sur une porte.

Symbolisme effroyable, étrangement voulu par le Démon. Le peuple français aux yeux crevés et la France nue, crucifiée sur la porte du ciel! Je l'ai dit bien souvent et dans tous mes livres, nous sommes appelés, vous et moi, à voir l'accomplissement des menaces de la Salette, à être les témoins d'événements inouïs. Sans doute, il y a eu des malheurs immenses dans tous les siècles, mais le Diable n'avait pas été « déchaîné » et il ne l'a été qu'en 1864, dit le Secret. Rien que pour commencer, 15 ou 20 millions d'hommes qui se battent avec rage de la mer du Nord au Niemen.

Il est vrai que la maison de l'Archevêque de Reims est *intacte!* et que chacun de nos pontifes doit espérer la même consolation. Mais il y a l'étiquette du nouveau pape : *Religio depopulata!*

Je vous embrasse en pleurant.

Léon BLOY.

Ma femme a reçu le petit colis et me charge de vous remercier.

Bourg-la-Reine, 28 Octobre 1914,
Fête des Apôtres Simon et Jude.

TRÈS CHER AMI,

Votre lettre m'est arrivée hier soir, alors qu'ayant déballé enfin caisses et paquets, nous avions, à grand'peine, rétabli un peu d'ordre dans notre demeure, en attendant je ne sais quelle autre villégiature...

Je peux aujourd'hui vaquer à ma correspondance et je commence naturellement par vous.

Je réponds d'abord à vos questions.

Les premiers amis vus en arrivant de Piatgrad ont été les Maritain, avertis la veille. Jacques nous attendait à la gare de Versailles, Raïssa et Véra à leur maison. Je vous laisse à penser la joie de ce revoir, après une séparation si extraordinaire! Conversation presque incohérente. On avait trop de choses à se dire! Mais, accord merveilleux sur tous les points. On pense, comme moi et le frère Dacien, que ce qui se passe n'est qu'un prélude, quelque chose comme les pizzicati qui précèdent un grand concert.

La fuite honteuse du gouvernement a montré suffisamment par quels pleutres nous sommes administrés. Le grand Hanotaux, qui ne fait pourtant pas partie de ce groupe, a eu le culot d'écrire : « *Nous* allons à Bordeaux pour organiser la victoire »!!! Les misérables ne peuvent organiser que la persécution future voulue par les Loges. Vous avez lu la circulaire de Millerand, le moins antipathique peut-être de ces Tartufes. Elle en dit long, cette circulaire!

Nous avons passé la nuit à Versailles. Messe, déjeuner chez les filleuls et départ, *Jacobo comitante*. Arrivée à Bourg-la-Reine, le samedi soir.

Les Dupont, invités depuis trois jours, sont venus déjeuner le lendemain et Pouthier s'est montré dans l'après-midi, singulièrement déprimé. Le malheureux a, comme tant d'autres, perdu sa situation et il vivote difficilement.

Ma femme et Madeleine viennent de partir, ce matin, pour aller chez les Brou. Ce soir j'aurai de leurs nouvelles, mais je ne les espère pas très joyeuses. Il est vrai que ces pauvres amis sont tellement habitués au malheur!

J'attends la visite annoncée des Martineau rentrés à Versailles, passablement éclopés, eux aussi, j'en ai grand'peur.

Ce qui nous afflige le plus, depuis bien des jours, c'est la situation de nos autres filleuls, les Van der Meer. Expulsés de Bures où ils ont été forcés de laisser tout ce qu'ils possèdent, ils ont pu se faire rapatrier en Hollande, voyage terrible, et maintenant ils subsistent comme ils peuvent à Rotterdam du travail de mon cher Pierre-Mathias, horrifiés par cette guerre diabolique tout près d'eux et désolés d'être si loin de nous. Leur dernière lettre, reçue le matin de notre départ pour Versailles, nous a appris qu'ils ne reçoivent rien de nous, depuis un mois. Nous ne recevons nous-mêmes presque rien. C'est une de mes très grandes peines.

De Raoux, rien depuis sa lettre reçue le 10, dont je vous

ai parlé, mais lettre très gracieuse de sa femme à qui j'avais envoyé le *Pèlerin*.

Quarré vous interroge à mon sujet, dites-vous. Je lui ai écrit le 15 et j'ai reçu sa réponse à mon arrivée ici, en descendant du train. Il n'a pas tout à fait perdu sa bonne humeur, quoique le transfert de son service à Bordeaux, à la suite de nos crapules, le mortifie quelque peu. On est à peu près d'accord, mais le gril voisin du mien, que je lui donnais à envisager dans un avenir peu éloigné, n'est pas de son goût.

Et voilà. Je crois avoir répondu à toutes vos questions. Vous me donnez à espérer, un peu vaguement, votre visite en novembre. Peu de choses me seraient aussi agréables, mais ce serait trop beau sans doute. Cependant si cela devait se réaliser et qu'il vous fût possible de m'avertir deux jours à l'avance, je tâcherais d'avoir quelques-uns de nos amis, Jacques et Brou, par exemple, et on déjeunerait ensemble. Cela nous rappellerait un temps plus heureux.

Votre lettre est triste, mon cher ami. Il est visible que l'obus ne vous console pas. Hélas! je n'ai même pas ce secours. Je suis un inutile et un malheureux, simplement. D'autant plus malheureux que je vois un peu plus loin que les autres et qu'il ne m'est pas possible de ne pas prévoir les plus horribles malheurs. Quel sera mon sort et celui des êtres chers qui me sont confiés? Je n'en sais rien. Ma confiance en Dieu est intacte, — comme la maison de l'archevêque de Reims, inquiétante figure de tous nos pontifes désobéissants à Marie et capitulards déterminés; — oui, ma confiance en Dieu, ma maison à moi, celle de mon âme, est vraiment intacte et je sais qu'elle ne périra pas, mais cela n'exclut pas l'angoisse. La tristesse nous est permise et même l'angoisse mortelle. On peut même dire qu'elle nous est très bonne, puisqu'elle nous configure à Jésus agonisant : *Cœpit pavere et tædere*. Il faut donc y consentir et demander humblement le secours divin pour supporter cette peine excessive.

Je suis sûr que Dieu fera pour moi ce qu'il a toujours fait, c'est-à-dire que je serai préservé de tout péril extrême, fût-ce à la dernière seconde de la dernière minute, mais peut-être après avoir savouré les pires angoisses. *Si non potest hic calix transire, nisi bibam illum, fiat voluntas tua,* prière qui sera bientôt demandée à tous les chrétiens et qui s'impose déjà à tous nos pauvres combattants, à ceux-là même qui ne savent rien du christianisme.

Sans être un combattant sous la mitraille, je suis tout de même, avec vous et des centaines de mille, une victime de la guerre. Toutes les conditions économiques sont changées ou sur le point de changer, et je me vois ici, à l'entrée de l'hiver, avec des ressources dérisoires, épuisées bientôt, n'ayant rien à espérer de mes éditeurs, accablé de la détresse universelle, suffoqué de honte et de rage à la pensée de tous les pourceaux qui vont polluer la France, après toutes les brutes qui l'auront piétinée; torturé enfin par la *nécessité* d'achever mon œuvre, à moi, d'accomplir jusqu'au bout et quoi qu'il advienne, la mission qui m'est confiée, privilège effrayant qu'il ne m'est pas possible d'esquiver. Vous savez comment mes chers filleuls sont venus à moi. Pierre Van der Meer m'a dit bien souvent : « Sans tes livres, je n'aurais pas pu devenir chrétien ». Assurément Dieu aurait pu se passer de moi pour lui et pour les autres, mais *il ne l'a pas voulu,* c'est évident, et voilà ce qui constitue ma mission, ma vocation.

Après cela, Dieu veut-il que je devienne encore le parrain d'une multitude, que la France du xx° siècle devienne ma filleule? Et que j'endure pour cela des tourments incomparables? Cette idée est affolante...

Je sais, mon bon et bien-aimé Termier, que vous priez pour moi. De mon côté, je ne vous oublie pas, car vous m'êtes extrêmement proche. Voilà ce qui nous est demandé avant tout. Ainsi que je l'écrivais un jour au triste Henri de Groux dont je n'ai pu faire un chrétien : « nous ne nous sommes pas rencontrés comme des bœufs au pâturage ». Notre rencontre était voulue de toute éternité et voulue infailliblement pour un certain jour en vue de desseins ignorés et certainement adorables. Il vous fallait mes prières et il me fallait les vôtres.

Voici venir la fête de tous les Saints. C'est la vôtre et c'est la mienne, puisque nous sommes saints tous deux, virtuellement, par l'efficace du Baptême. Je vous embrasse dans cette pensée et je m'arrête, ayant, d'ailleurs, très froid.

Votre in X°

Léon BLOY.

En raison de l'incertitude postale, dites-moi, à l'occasion, si cette lettre vous est parvenue.

On prie pour Boussac.

3 *Novembre* 1914.

TRÈS CHER AMI,

C'est donc toujours à vous de marcher! Ayant reçu votre prêt d'officier supérieur, vous vous êtes dit que le vieux mendiant que vous aimez était peut-être dans la peine et qu'il serait doux à votre cœur de partager. Que vous dirai-je? Je revenais ce matin de l'église quand le facteur s'est présenté. J'avais prié, comme tous les jours, pour les miens, pour tous ceux que j'aime, vivants ou morts, en demandant à Ma Dame de Compassion de me traiter moi-même avec douceur. Nous étions *à quia*, comme disent les bourgeois, et ma femme a eu un cri de joie. Je pense que vous serez amplement béni et récompensé.

Brou est venu me voir hier. Il m'a dit vous avoir envoyé un projet d'obus de son invention. Si vous venez à Bourg-la-Reine, voulez-vous dîner avec lui chez nous? Je tâcherais aussi d'avoir Jacques, mais c'est moins sûr. Je ferai ou je tenterai ce que vous voudrez.

En même temps que votre lettre si affectueuse venue hier, j'en ai reçu une de Raoux écrite, me dit-il, au fond d'un trou empuanti par des cadavres. Cependant il se porte bien et paraît même assez joyeux.

Je voudrais pouvoir vous dire quelque chose de M. Quinson dont la mort vous afflige. Il est inscrit parmi ceux que j'ai le devoir et la volonté de ne pas oublier. J'en ai connu, de ces « mécréants » que Dieu aime, que Dieu *préfère*, et, persuadé que tout ce qui arrive est adorable, je me dis que la mort certainement généreuse de celui-là pourrait bien être une marque de prédilection et de prédestination. Nous voyons les choses à travers notre sensibilité. Dieu les voit autrement, et nous entrons dans sa profondeur éternelle quand nous le bénissons en pleurant et sans chercher à comprendre.

« 1ᵉʳ novembre, 92ᵉ jour de la guerre », m'écrivez-vous. Évidemment c'est autre chose que les Cent jours de 1815. Mais le monde militaire ne sait rien et ignore le reste. Personne en effet ne sait rien, excepté peut-être Hanotaux qui « organise la victoire ». Avez-vous lu un article prodigieux du *Matin*, disant que nos gouvernants se tuent de travail à Bordeaux où on les croyait occupés à faire la noce? Voilà ce qui est consolant.

On m'a parlé hier d'une chose non moins consolante. Le Kaiser, ami intime de Dieu, comme vous savez, a fait une proclamation où il déclare aux Polonais que la Sainte Vierge lui est apparue pour le bénir et fortifier son courage! Ah! si vous pouviez m'apporter ce document qui m'a échappé malheureusement, combien vous me rendriez heureux! Vous pensez bien que je saurais l'utiliser. Cette fois le cochon est décidément perdu. On assure qu'il est déjà saigné d'un million de ses soldats. Le boudin sera pour rien, cette année. Le généralissime des Cosaques leur en a promis pour Noël, à Berlin même! Il serait dur d'attendre jusque là, et je ne sais comment calculent les militaires qui parlent d'un an de guerre. L'Allemagne dépense plus d'un milliard chaque mois, ses armées fondent et sa misère est atroce. Comment cela pourrait-il durer?

Je me dis souvent que cette guerre, courte ou longue, avec les souffrances énormes qui en résultent, pourrait bien n'être qu'un gymnase ou un Prytanée pour l'entraînement des martyrs futurs.

Je vous embrasse.

Léon Bloy.

2 *Décembre* 1914.

Très cher Ami,

Voilà un peu plus de quinze jours que nous nous sommes quittés. Il est bien temps que je vous écrive un peu. Je lâche donc un instant pour vous mon furieux travail. Vous avez compris que c'est mon excuse. J'écris peu de lettres et je me suis vu forcé de prier plusieurs amis de me faire crédit pour quelque temps. J'ai l'espérance, qui sera peut-être déçue comme tant d'autres, que ce nouveau livre où la France est tant exaltée sera jugé *opportun*, vu les circonstances, et obtiendra un peu de succès. Mais il faut que je n'arrive pas trop tard.

Or c'est un travail extrêmement difficile, et je n'ai réalisé jusqu'ici qu'un quart du volume qui n'aura peut-être pas trois cents pages. Aurai-je fini dans deux mois? Il le faudrait.

J'aurais voulu que vous fussiez hier ici. J'étais triste, comme souvent. Triste en songeant à ma situation précaire, et incertain de la valeur de mon œuvre. Tout à coup je reçois la visite de mon cher Martineau, accompagné d'Élisabeth. Ils venaient pour m'entendre lire des chapitres que vous ne connaissez pas encore. Expérience merveilleuse. Toute incertitude a cessé. Il m'est devenu évident que j'avais été singulièrement assisté et que ces chapitres sont vraiment beaux. Ma lecture a produit l'effet d'une sorte de révélation, et me voilà puissamment réconforté pour ce qui va suivre.

Pour que cette journée fût tout à fait bénie, j'ai reçu une lettre excellente de Raoux qui vous a peut-être écrit en même temps. La vie lui paraît douce « dans son antre de craie », à côté de ses canons. Vous ne serez peut-être pas très étonné d'apprendre qu'il va aussi loin que moi, sinon plus loin, dans le pressentiment des malheurs futurs. « Il viendra, dit-il, des jours où l'on pensera en toute douceur aux jours de la guerre mondiale, lesquels paraîtront presque paradisiaques en comparaison de l'enfer qui nous attend. »

Vous voyez, Termier, que je forme d'assez bons élèves à mon école de prophètes.

Pour Raoux, aussi, je vais faire attendre ma *Jeanne d'Arc*.

J'ai vu Quarré, jeudi dernier. Il m'avait écrit pour m'annoncer son retour à Paris, exprimant un vif désir de me revoir. J'ai donc déjeuné chez lui. Nulle dépression de ce côté. Il considère ce qui se passe avec une douce sérénité et refuse d'entrer à mon école. Que Dieu le bénisse!

Et voilà tout. Je suis séquestré, cloîtré, plein de pensées sombres, traversées d'éclairs. Je vois très distinctement que l'heure approche où il nous sera demandé beaucoup, à tous. Je m'y prépare aussi bien que je peux, par le travail, la patience, la prière surtout.

Plus que jamais l'écrasement de la vermine allemande est certain. Les derniers événements de Pologne donnent à espérer une solution prochaine, c'est-à-dire la fin du premier acte de ce drame inouï. Le second pourrait être plus terrible, et la seule pensée du troisième me coupe la respiration.

A bientôt, je pense. Je ne vous laisserai rien ignorer de ce qui pourra m'arriver. De votre côté, renseignez-moi autant que possible. La situation est si extraordinaire qu'on doit craindre de se perdre de vue, comme si on était dans une foule en délire se précipitant au spectacle d'une exécution capitale.

Je vous embrasse de tout mon cœur.

Léon Bloy.

13 *Décembre* 1914.

Mon excellent et très tendrement aimé Termier,

Il est vrai que je ne reçois pas d'obus, mais je fabrique des projectiles de mon invention et ce n'est pas un labeur facile. Je vous assure que ma peine est énorme et que j'ai grand besoin de quelques encouragements, qui ne me sont pas refusés, fort heureusement. Hier, samedi, j'ai eu quelques bonnes heures de détente. Les Maritain et les Martineau voulaient m'entendre lire ce qui est réalisé déjà de ma *Jeanne d'Arc*. J'ai donc été à Versailles où j'ai obtenu un succès considérable. On croit que je tiens un livre extraordinaire et j'y consens volontiers. Il est certain que je ne pense pas comme tout le monde, surtout en histoire. Cela, du moins, est incontesté.

Voué au bleu sombre de l'Absolu, je ne peux voir les choses que synthétiquement et cela est terrible quand il s'agit, comme dans le cas actuel, de présenter une *synthèse de la stratégie*. Jeanne d'Arc, le saviez-vous? fut un des plus grands capitaines qu'il y ait jamais eu, et les hommes du métier qui ont étudié son histoire ne craignent pas de l'égaler à Bonaparte, oui, à Bonaparte en ses meilleurs jours. Les meilleurs amis de la Pucelle veulent qu'elle ait été surnaturellement douée pour entraîner les soldats, mais ils ne veulent rien de plus, et la sentimentalité bondieusarde intervient aussitôt pour caricaturer cette grande figure. Les braves dévots, à qui les images de piété suffisent et qui croient savoir, seraient étonnés d'apprendre que les faits de guerre de Jeanne d'Arc ne furent pas une expansion de son enthousiasme, mais le résultat plus ou moins spontané, en apparence, d'une pensée puissante et grave.

A l'heure actuelle, j'en suis là, et je vous assure que c'est extrêmement difficile, d'autant plus qu'il ne faut pas, un instant, oublier la *sainte*. Lorsque, d'une voix qui a percé cinq siècles et que j'entends encore, Jeanne criait à ses hommes : « En avant, *tout est vôtre!* », elle exprimait sans doute une parfaite confiance en Dieu, mais, en même temps, elle parlait en général qui a tout préparé et qui *sait* ce qu'il dit. Voilà ce qu'on ignore et ce qu'il s'agit de montrer.

J'ai déjà cinq grands chapitres, sans compter l'Introduction, ce qui fait à peu près le tiers du livre. J'aurai peut-être fini en janvier. Aucun plan déterminé. Au contraire de Jeanne d'Arc, je ne suis pas le stratège de mes livres. Mes chapitres sortent les uns des autres, comme les tubes d'un télescope rapprochant l'objet à mesure qu'on les développe. Cela ne va pas sans angoisse, car je ne sais jamais d'avance ce que je verrai et je ne sais pas davantage la force qui me sera donnée ou refusée. Mais tout semble aller bien pour le moment.

Vous m'écrivez que j'ai le temps. C'est Dieu qui le sait. J'ai des heures de fièvre et des heures d'abattement, la vie matérielle étant, d'ailleurs, assez dure. On ne souffre pas trop, mais juste assez, et l'avenir n'a jamais été si obscur. Quand ma *Jeanne d'Arc* sera finie, pourra-t-elle être publiée? Existera-t-il encore des éditeurs et des imprimeurs?

Pour ce qui est de la guerre, si les Anglais disent qu'elle peut durer encore trois ans, ce que je ne pense pas, il faut se réjouir qu'ils aient cette pensée. Cela prouve qu'ils envisagent froidement, résolument, non seulement la victoire définitive, mais l'écrasement des punaises, l'extermination irréparable de la puissance allemande. Tel n'est pas le point de vue de Benoît XV, dont la première encyclique est un prodige de médiocrité. En un tel moment où toutes les forces de l'enfer semblent déchaînées, il se demande s'il n'y aurait pas quelque moyen de s'arranger et de s'embrasser tendrement les uns les autres comme les enfants d'un même Père. Le vicaire de Jésus-Christ *ne voit pas* ce qui crève les yeux aux protestants et aux schismatiques, à savoir qu'on est en présence du Mal absolu, qu'il s'agit pour le monde entier de ne pas retourner à l'esclavage le plus abject et

qu'aucun accommodement n'est possible avec le démon.
Pas une ligne qui ne soit un lieu commun de sacristie.
C'est à pleurer. Enfin il se console en constatant « l'ardeur
du zèle de la religion dans tous les rangs ecclésiastiques (!)
et une plus vive piété du peuple chrétien (!!!) » Pas un mot
de la Salette, bien entendu, alors que les menaces de Celle
qui pleure commencent à se réaliser, alors qu'une telle
occasion se présente!

D'autre part, nous apprenons que le Kaiser est malade.
Il y a lieu d'espérer que le maudit crèvera de rage. On peut
déplorer que cet imbécile chef de guerre ne favorise plus ses
ennemis en commandant lui-même ses armées, mais, en ce
sens, on peut compter sur le Kronprinz qui est encore plus
bête que lui et probablement aussi plus féroce. Quand les
cosaques mettront le feu au derrière des animaux enragés
qui nous cramponnent, il faudra bien qu'ils se retournent,
mais ils ne s'en iront pas sans achever la destruction de la
Belgique. On le prévoit trop.

Ah! les peuples comme les individus ont ce qu'ils méritent et Dieu sait bien ce qu'il fait! Le grand courage de
l'armée belge ne peut pas me faire oublier que la Belgique
de Léopold II fut la métropole du pharisaïsme catholique!
Cela, tôt ou tard, devait se payer. Pour ce qui est de la
France, elle expiera d'autres crimes, en se déchirant elle-
même plus terriblement.

Je prie pour vous et les vôtres, mon très cher Pierre, et
je vous embrasse avec grand amour.

Léon BLOY,
mendiant.

24 Décembre 1914.

Très cher Ami,

J'ai reçu votre oie de Noël, hier matin, en revenant de
l'église. Je vous aurais écrit le jour même, si je n'avais pas
eu peur de perdre le fil et l'entrain de mon VIIIe chapitre

que j'ai pu finir, grâces à Dieu. Je pense qu'il y en aura douze, sans compter l'Introduction que vous connaissez, et j'espère avoir achevé le livre en janvier, premier mois de l'année de la victoire.

Lorsque votre volaille est arrivée, nous avions perdu nos dernières plumes depuis plusieurs jours. Ma femme était sur le point de porter au Mont de Piété quelques pauvres objets.

Je buvais de l'eau en travaillant, ce qui est pour moi l'extrémité de la détresse, et je commençais à trembler de froid et de peur en pensant à mes filles.

Nous sommes très malheureux. Avant cette guerre infâme, j'avais des éditeurs et du crédit. Je pouvais passer d'une saison à l'autre sans trop d'angoisses. Et aujourd'hui?...

Il me reste la messe et la communion, en attendant que M. Millerand m'en prive. Nos prêtres vont partir, dit-on. Je crois bien que Dieu ne nous abandonnera pas, mais ce qu'il faudra souffrir encore, je n'y pense pas sans terreur.

Il faut croire aussi, cependant, que la souffrance m'est singulièrement profitable, puisque d'après quelques auditeurs, tels que Jacques Maritain, je n'ai jamais rien fait d'aussi bon que ma *Jeanne d'Arc*. Vous en jugerez si vous venez à Bourg-la-Reine, comme vous me le faites espérer. Il est entendu que vous déjeuneriez chez nous. On vous gardera un morceau d'oie. Nous aurions ainsi le temps de lire et je serais, quelques heures, dans le bienheureux oubli de mes peines.

Quel Noël terrible! Je pense à votre tristesse, à votre isolement au milieu de vos obus, et je ne sais que vous dire. Vous m'écrivez que ma dernière lettre vous a fait plaisir. Tant mieux, je voudrais pouvoir vous faire plaisir encore, mais je suis morne et stupide et le peu d'huile que je possède brûle devant l'icone de la Pucelle.

Philippe Raoux m'avait écrit, il y a quelques jours, une vraie lettre très affectueuse. Je lui ai répondu assez longuement et, à la prière de ma femme, j'ai gardé une copie de cette réponse, ce que je ne fais plus guère maintenant. En voici quelques lignes pour vous *amuser*. Elles vous préciseront mon état d'esprit.

« Sans être étonné, je n'arrive pas à prendre mon parti de cette guerre diabolique. Le nombre est plus petit qu'on ne croit de ceux qui la considèrent telle qu'elle est en réalité, c'est-à-dire une entreprise colossale de brigandage et rien d'autre. Ce qui me confond, c'est le traitement doux, presque fraternel, accordé aux prisonniers allemands, alors qu'il est mille fois démontré que chacun de ces hommes est un voleur, un incendiaire et un assassin! « Honneur au courage malheureux! » dit-on bêtement. Par l'effet d'une noblesse de race confinant à la stupidité absolue, on en arrive à se persuader que cette guerre est comme toutes les autres et on finit par ne plus accuser que les chefs allemands. J'ai lu, hier, un article plein de bonnes intentions, mais singulièrement outrageant pour la France, disant qu'au fond, le soldat allemand n'avait pas une autre « mentalité » que le soldat français et qu'il fallait mettre les atrocités infinies que vous savez au compte des chefs, en excusant des malheureux forcés d'obéir. Cette sottise, venue, je crois, d'Amérique, m'a donné la sensation d'un soufflet. Que penser du crétinisme ou de l'avachissement de ceux qui acceptent cela? Vous représentez-vous un officier français donnant à ses hommes l'ordre formel de piller, d'assassiner des vieillards et des enfants, de violer les femmes, d'incendier les chaumières et les églises? etc... Mais le dernier de tous nos troupiers lui cracherait à la figure et lui arracherait ses galons! La vérité, l'évidence crevant l'œil, c'est que l'Allemand, à tous les étages, est une abominable crapule haineuse et envieuse qui ne nous pardonnera jamais notre supériorité millénaire, sachant très bien, malgré sa « Kultur » de cuistres et d'esclaves, et sentant avec rage qu'elle n'a d'autre raison d'exister, d'autre subsistance réelle que nos épluchures et d'autre fonction que de rincer nos pots de chambre! Le comble de l'idiotie n'est-il pas de faire de la chevalerie avec de pareils cochons? On en reviendra bientôt, d'ailleurs; ils en feront tant! Leurs affaires allant de mal en pis, il leur faudra bien nous lâcher, mais ils ne s'en iront pas sans tout détruire, sans se venger sur les faibles et les innocents qu'ils n'ont pas encore assassinés, sans faire des amas de ruines de Bruxelles, de Gand, d'Anvers, de Bruges, etc.., et ce sera une abomination prodigieuse qui rendra impossible toute pitié. Je pense qu'alors se réalisera la guerre *intégrale* dont j'ai parlé quelque part, c'est-à-dire la guerre d'extermination, celle où on ne fait plus de prisonniers. C'est à faire bouillir le sang de constater que la France est condamnée par elle-même à nourrir des milliers de scélérats qui ont mérité les pires supplices, alors que la moitié de ses enfants meurent de misère! »

J'ai écrit aussi à Jeanne Boussac. C'est l'envoi de la bénédiction du pauvre parrain à son filleul Christophe, pour le premier Noël de cet enfant. Je demande des nouvelles de Jean Boussac. Mais je n'ai pas gardé de copie.

Je ne vous oublierai pas, cher ami, à la crèche de Jésus. *Cognovit bos et asinus...*

Je vous embrasse.

Léon BLOY.

28 *Janvier* 1915.

CHER AMI,

Voici bientôt trois semaines que j'ai reçu votre visite. Il est bien temps que je vous écrive un peu.

Vous m'excuserez facilement, comme il faudra que d'autres m'excusent, en apprenant que mon livre est presque fini. Je vais commencer aujourd'hui le dernier chapitre. J'ai travaillé comme un furieux et je crois vraiment avoir réussi. Après ce chapitre 13ᵉ et dernier, que j'aurai peut-être achevé dimanche de Septuagésime, aube du Carême, il ne me restera plus à faire que la conclusion, pièce grave et probablement copieuse où je parlerai surtout de l'Allemagne, le titre du livre devant être, décidément : *Jeanne d'Arc et l'Allemagne.*

Ce nouveau travail exigera un grand effort, car j'ambitionne d'écrire quelque chose de tout à fait supérieur, avec des aperçus à moi, résultant de la confrontation de mon héroïne et du cabotin sanglant.

Puisque vous priez pour moi, souvenez-vous de demander à Dieu qu'il me donne la lumière qui semble aujourd'hui refusée à tout le monde. *Domine, fac ut videam.* C'est la prière de l'aveugle de Jéricho, ma prière continuelle depuis plus de trente-cinq ans. Quand je mourrai, ce sera probablement ma dernière parole.

Jamais il n'y eut autant d'aveugles. Il suffit de jeter les yeux sur un journal. C'est déconcertant et abrutissant.

Vous avez vu décerner la plus haute gloire aux petits-fils de Garibaldi dont on nous assomme depuis deux semaines, ignoble flagornerie à l'adresse de la renégate Italie, fière d'avoir vu le héros de la racaille franc-maçonnique faire marcher Napoléon III comme un pantin, en 1859.

Vous voyez nos catholiques, représentés par *l'Écho de Paris*, contempteurs et blasphémateurs de la Salette, si contents d'eux-mêmes, si sûrs de la bénédiction divine!

Vous voyez enfin et surtout Benoît XV se déclarant *neutre*, pendant qu'on massacre ses enfants par centaines de mille et croyant à la politique, sans avoir même la pensée d'user des armes redoutables qu'il possède.

Moi, cher ami, je suis toujours au même point. Sachant que ce qui se passe n'est qu'un lever de rideau, j'attends le vrai drame, j'attends QUELQU'UN.

Ce quelqu'un existe certainement, dans la plus profonde obscurité. Il est ici ou là, très loin ou très près. Nous lui avons peut-être serré la main, sans savoir. Quand il entrera en scène, il tombera de tous les yeux une prodigieuse quantité d'écailles et il y aura une énorme clameur dans le monde.

Tel est le spectacle qui nous est promis, mon cher Termier, et j'espère bien être aux premiers rangs, ayant payé fort cher ma place et celle de plusieurs autres.

Voilà tout ce que je peux vous écrire à la hâte, avant de courir au bûcher de la Pucelle où j'ai fort à faire.

Je vous embrasse tendrement.

Léon BLOY.

4 *Mars* 1915.

TRÈS CHER AMI,

Je pense vous faire plaisir en vous apprenant que j'ai livré hier mon manuscrit à l'éditeur Crès et que ma *Jeanne d'Arc* va être imprimée le plus rapidement possible. On voudrait lancer ce livre en avril.

On croit généralement qu'un grand coup se prépare pour le printemps, et Jeanne d'Arc est évidemment désignée pour y prendre part.

Il est permis de rêver quand on est jeune, même à 68 ans. Pourquoi le succès, si vainement espéré à chacun de mes livres, ne me serait-il pas procuré par celui-là, en de telles circonstances?

Vous savez que j'ai été singulièrement poussé à l'écrire, après des années d'hésitation, comme si c'était une chose exigée enfin. Mon ami Jean de la Laurencie que vous avez rencontré chez moi et qui est venu pour m'entendre lire plusieurs chapitres, me disait que ce livre lui semblait *inspiré*. D'autres ont eu la même pensée. J'y consens très volontiers. Un signe vraiment extraordinaire, c'est l'intervention tout à fait inattendue de cette dame qui, non contente de me délivrer de mon propriétaire et de quelques fournisseurs, a voulu faire les frais de cette édition, impossible autrement. Or, j'ai appris que cette dame *n'est pas riche*. Elle est simplement congestionnée d'enthousiasme et m'écrit des lettres inouïes.

Que pensez-vous d'une âme que Dieu pourchasse avec

une telle violence? Et que dois-je penser moi-même de l'honneur prodigieux qu'il m'a fait en me désignant pour être le veneur ou le chien courant qui l'a réduite aux abois?

Autre chose heureuse. Je souffrais beaucoup d'être séparé de mes filleuls Van der Meer réfugiés en Hollande depuis le mois d'août. Je viens d'apprendre qu'ils reviennent, Pierre ayant obtenu un poste de correspondant à Paris d'un grand journal de son pays. Nous les attendons d'heure en heure avec une impatience, un désir extrêmes.

Je suis moins heureux du côté de Raoux. J'ai reçu le 15 février une carte rapide m'annonçant qu'il avait été fait capitaine. Puis rien. Je suis inquiet. Si vous savez quelque chose, dites-le-moi.

Jeanne Boussac m'a écrit la belle lettre que je vous transmets en vous priant de me la retourner. Je l'attends donc avec son mari dans quelques jours.

Et voilà toutes les nouvelles. Je vous embrasse très amoureusement.

Léon Bloy.

Sabbato in albis, 1915.

Mon cher Ami,

Je ne sais rien de vous depuis votre dernière lettre reçue le 8 mars. Quelques jours après, j'ai déjeuné chez les Boussac avec ma femme et mes filles, et voilà tout. J'ai espéré qu'un voyage à Paris me donnerait l'occasion de vous voir. Remarquez bien qu'il n'est pas nécessaire pour cela que vous fassiez le voyage de Bourg-la-Reine. Il suffirait de me donner un rendez-vous à Paris dans un lieu quelconque. Je me déplacerais bien volontiers pour avoir avec vous un entretien d'une demi-heure.

Je voudrais pouvoir, dès aujourd'hui, vous envoyer mon livre, mais il ne peut paraître avant le 4 ou le 5 mai. Dieu veuille le bénir! La circonstance extraordinaire et même un peu miraculeuse qui a permis de l'éditer, en un moment où aucun livre n'est édité, me fait espérer beaucoup. *Jeanne d'Arc et l'Allemagne* sera le SEUL livre de la saison, ce que je vous prie d'admirer. Effet prodigieux de la guerre apocalyptique! La victime de la conspiration du silence pendant tant d'années, devenue enfin la seule voix qui se fasse entendre! Puis le succès espérable va coïncider avec nos noces d'*argent!* ô Termier, qui auront lieu le mardi de Pentecôte, 25 mai. Il est vrai, je me hâte de le dire, que tout cela est trop beau pour être croyable. Cependant... Je fais, chaque jour, ce que je n'ai jamais fait. Je prie de toutes mes forces pour obtenir le dit succès, considérant que j'aurais ainsi, outre la sécurité matérielle, la notoriété qui m'est indispensable. Dieu sait que j'ai une tâche à accomplir et que cette tâche n'est pas accomplie. Ceux qui ont lu *le Salut par les Juifs* le savent aussi et me reprochent souvent de garder pour moi ce qui me fut, il y a plus de trente ans, confié pour d'autres. Mais que pouvais-je faire en ce genre, avant d'avoir conquis une autorité suffisante?

Si Jeanne d'Arc me donne cette autorité, avec quelle joie j'oublierai nos contemporains et leurs pensées imbéciles, pour me donner entièrement à la Parole de Dieu, dans la solitude, pendant que s'écrouleront quelques empires, comme faisaient les anciens Pères!

Reçu, le 2, une lettre de Raoux à laquelle j'ai répondu presque aussitôt, en lui envoyant quelques épreuves de *Jeanne d'Arc.* Il me disait que c'est un délice de me lire sous la mitraille et que tel est le salon de lecture le plus convenable pour des amateurs de l'Absolu.

Il est devenu banal de parler de la guerre. Vous en savez, d'ailleurs, autant sinon plus que moi. On nous cache tant de choses!

Mais nous savons de façon certaine que tout va très bien. Les Anglais sont des frères héroïquement désintéressés. Les Russes aussi. On peut même compter que ceux-là, les Cosaques surtout, étonneront le monde par leur douceur déjà proverbiale. Les chevaleresques Italiens feront certainement parler d'eux quand ils auront cessé de marquer le pas.

Pour ce qui est de nos parlementaires et politiciens, ils tiennent pour l'*union sacrée* et le prouveront en temps utile. L'avenir est magnifique, la Foi renaît de toutes parts et le christianisme n'a jamais été si florissant. Nous en aurons des preuves certaines aussitôt après la guerre. Nos évêques, d'ailleurs, ne sont-ils pas tout à fait sublimes déjà?

Voilà, mon cher ami, tout ce que peut vous dire un solitaire dont l'optimisme vous est connu. Quant à la *pauvre* Allemagne, je tâche de mettre en pratique votre charitable avis en demandant pour elle, chaque jour, la *totale* extermination.

Je vous embrasse. Léon BLOY.

7 *Juin* 1915.

TRÈS CHER AMI,

Ce n'est pas sans effort que je vous écris. Je suis extraordinairement déprimé. Vingt fois par jour, depuis deux ou trois semaines, je suis tourmenté de suffocations très douloureuses accompagnées de palpitations de cœur presque insupportables qui me privent quelquefois de mon sommeil. J'ignore le nom de ce mal et je ne sais quel médecin consulter. Je crois simplement qu'après tant d'années d'une santé parfaite, le temps est venu pour moi de la déchéance physique. Une des causes est probablement l'état continuel d'horreur et de rage procuré par cette guerre infâme dont j'ai sans cesse devant les yeux les épouvantables conséquences. Il y a aussi la déception excessive : l'insuccès total de mon dernier livre. Précisément à cause de la guerre, j'avais compté sur un tout autre résultat, les circonstances étant, d'ailleurs, exceptionnellement favorables.

L'espérance de mes pires ennemis est dépassée. Ce déboire, après tant d'autres, m'a été extrêmement dur.

Ma misère physique actuelle m'interdit tout effort et me fait craindre toute émotion. Avant-hier, nous avons eu l'incendie, déterminé je ne sais comment. J'ai vu une de nos chambres tout en flammes. Aidé d'un ami qui se trouvait là fort heureusement, j'ai pu, à force d'eau, éteindre le feu. Les dégâts matériels, relativement considérables, seront réparés, nous l'espérons, par une compagnie d'assurances. Mon sang-froid a été parfait, mais, après le danger, il m'a fallu subir une commotion nerveuse dont je souffre encore à l'heure où je vous écris.

Que sera-ce, quand il me faudra opérer coup sur coup deux nouveaux déménagements? J'ai dû donner congé ici et à Saint-Piat. Je ne sais comment cela pourra se faire concurremment avec la faillite probable dont je suis dès aujourd'hui menacé. Je ne peux plus compter que sur le miracle.

8 Juin.

Hier, cette lettre a été interrompue par la visite d'un inspecteur de la compagnie d'assurances et une discussion odieuse qui a duré plus de deux heures. Dans ma simplicité, j'avais cru qu'il suffisait de payer régulièrement la cotisation annuelle et qu'en cas de sinistre on était dédommagé. Je me suis trouvé en présence d'une quantité de points litigieux auxquels je n'ai rien compris. Heureux serons-nous si nous obtenons quoi que ce soit. Cette compagnie se nomme la *Paternelle!*

Je suis presque honteux de vous écrire sur ce riche papier, cadeau d'un pauvre, à l'occasion de mes noces *d'argent*. Vous savez que votre Jeanne était de la fête.

Je suis sans courage pour ajouter une ligne et je vous embrasse.

Léon Bloy.

25 Juin 1915.

Très cher Ami,

C'est ma femme qui a répondu à votre dernière lettre, du 10 juin. J'en étais alors peu capable. J'ai été réellement malade et j'ai eu de très mauvais jours. Une fois, au commencement de la semaine dernière, je me suis révolté, j'ai rompu mon régime brusquement, me croyant, me voulant guéri, et j'ai payé cette imprudence assez cher.

Hier enfin, fête de saint Jean, j'ai pu aller à l'église et je vais continuer. C'est la convalescence. Mais je suis extrêmement faible et le spectacle des choses extérieures n'est pas pour me fortifier.

Nous avons prudemment renoncé à déménager, propriétaires et déménageurs exigeant de nous des avalanches d'or que rien ne fait espérer. Nous continuerons à traîner nos existences à Bourg-la-Reine. Un tout petit succès de mon livre aurait pu me procurer la paix. Dieu ne le veut pas. Une démarche a été faite au Ministère de la Guerre par le *Mercure* pour que ma *Jeanne d'Arc* fût achetée et répandue dans les hôpitaux. On croyait réussir, Millerand étant un de mes admirateurs. Insuccès complet. Dieu me veut dans sa main, dans sa seule Main pleine d'épines, et je n'ai pas mieux à faire que de le vouloir aussi.

Qu'est-ce que cela, d'ailleurs, aujourd'hui? Ne faut-il pas que les menaces de la Salette s'accomplissent enfin? Le temps de la pénitence est passé pour Ninive. Quels que soient les bavardages des niais ou des habiles, il n'y a plus de foi, c'est trop certain. Il n'y a plus de troupeau et il *n'y a plus de pasteurs.* « Dieu abandonnera les hommes à eux-mêmes », a dit la Sainte Vierge.

Que penser de l'hypocrisie ou de l'indifférence universelle, chaque bourgeois ne songeant qu'à profiter de l'agonie des pauvres pour s'enrichir? Oui, que penser de tout cela, sinon que *Dieu se retire ?*

Robespierre II attendra-t-il la fin de la guerre pour se manifester? C'est une question. Chacun, alors, recevrait sa récompense. Je l'écrivais, avant-hier, à Raoux, je voudrais pouvoir combattre, moi aussi, et risquer ma vie chaque jour, je souffrirais moins.

Je vous embrasse avec une tristesse infinie, mon très cher ami.

Léon BLOY.

30 *Juin* 1915.

Très cher Ami,

J'aurais été, hier, bien peu capable de vous écrire, tant était grande ma faiblesse. Je n'ai pu que languir douloureusement toute la journée, en m'efforçant de penser à saint Pierre de qui l'ombre guérissait les malades et en pensant à vous. C'était, je crois, le point extrême de la descente avant la remontée qui semble commencer aujourd'hui.

L'avant-veille j'avais reçu de M. Raclot une lettre très bonne, quoique bien embarrassée. Cette lettre était accompagnée d'un mandat de 25 francs prélevés sur « l'argent du ménage », l'expéditeur me faisant observer judicieusement que mes livres, qu'il aime depuis longtemps, ne lui auraient « servi à rien s'il n'était pas pauvre ».

En prenant beaucoup sur moi, j'ai pu lui répondre de manière, je crois, à le contenter. Il ne m'a pas parlé de la guerre, non plus qu'à vous, ce qui paraît étrange. Il m'est impossible de n'y pas penser continuellement et vous pouvez croire que cela est pour beaucoup dans mon déplorable état physique.

Vous exagérez beaucoup aussi mon « mépris et ma *vilipendaison* » à l'égard des polytechniciens. Avant de vous connaître, je les ignorais, mais je n'avais pas contre eux de tels sentiments. D'ailleurs tout cela est déjà très loin.

Incapable actuellement de toute invention, j'ai entrepris, pour combattre l'ennui, la mise en ordre des notes les plus importantes de mon Journal, de 1913 à 1915, en vue du 7ᵉ volume. La matière est copieuse. Mais ce n'est qu'une préparation. Je n'ai pas encore écrit une ligne. Ce sera mon occupation à Saint-Piat, si nous pouvons y aller cette année, chose fort incertaine... Je n'ajoute rien à l'effrayante hypothèse de cette villégiature...

J'entends bien ce que vous dites quand vous parlez de la tâche qui me reste à faire. J'y pense tous les jours et je crois même que ce sera la plus importante partie de mon œuvre. J'espère que Dieu me donnera force et lumière.

Je vous envoie un article dont vous apprécierez la sottise. C'est tout juste si l'auteur ne me reproche pas d'avoir attaqué Cauchon.

Je vous embrasse.   Léon Bloy.

6 *Juillet* 1915.

Cher Ami,

Je pense que vous avez reçu ma lettre du 30 juin et le numéro du *Mercure* que je vous ai envoyé le 2 juillet.

Ceci n'est qu'une sorte de post-scriptum pour vous apprendre notre départ fixé à vendredi prochain. Je vous fais grâce de mes gémissements.

Adresse à Mévoisins (*vicini nequam*) par Saint-Piat (Eure-et-Loir).

Ma femme et mes filles ont besoin de la campagne et on pense que je me rétablirai complètement au grand air. J'espère échapper à l'ennui noir en travaillant au 7ᵉ volume de mon Journal.

J'espère aussi que nous ne serons pas forcés de fuir comme l'année dernière.

Nous partirons naturellement comme des gueux, en comptant sur les fruits de notre jardin pour ne pas mourir de faim tout de suite.

J'ai reçu une lettre excellente de M. Raclot.

Je vous dis donc adieu et je vous embrasse en refoulant mes larmes.

Léon Bloy.

Mévoisins, 14 Juillet 1915.

Très cher Ami,

Votre lettre est arrivée hier, en même temps que la pluie glacée, pour me réchauffer et me consoler. L'été ici ne se déclare pas et tout est simplement morne.

Aujourd'hui c'est la Fête nationale des assassins, double de première classe qui fut autrefois avec Octave. Mais ces jours de gloire sont bien passés. Il est difficile d'imaginer une plus miteuse solennité. Les employés de la poste seuls sont dans la joie, n'ayant rien à faire, et cette lettre ne pourra partir que demain. J'aurais voulu l'écrire hier, mais il me fallait fabriquer un article demandé par un éditeur pour une publication d'*inédits* d'écrivains illustres. Si mon article est accepté, chose douteuse, je serai en belle compagnie! J'ai exécuté ce pensum avec dégoût et fatigue, uniquement dans l'espoir très incertain d'en être payé. Titre : « Nous ne sommes pas en état de guerre... » Je vous tiendrai au courant.

Vous me demandez des nouvelles. Mais c'est absolument tout. Nous sommes ici dans une solitude complète. L'unique ressource est la messe, le curé de Saint-Piat n'ayant pas été mobilisé et ne devant pas l'être, paraît-il. A l'exception de ce pauvre prêtre, il n'y a pas un seul être humain à qui parler.

Je vais écrire le 7ᵉ volume de mon Journal. J'échapperai ainsi à l'ennui désespérant qui me menace. L'horreur même de certaines visions sera moins difficile à supporter. D'ailleurs, il n'y a rien de complètement affreux quand on regarde la Main divine, la Main invisible dont la présence est connue et que le cœur fait entrevoir. Nous savons, nous autres, que les prophéties de la Salette doivent s'accomplir et qu'il faut s'attendre à des malheurs infinis. Les voici déjà sur nous et ils ne peuvent que s'aggraver. Mais nous savons aussi qu'il n'y a pas de douleur sans le voisinage de Dieu. Parce que Dieu s'approche, nous verrons ce qui peut être vu de plus terrible, en attendant qu'Il se manifeste indiscutablement par d'extraordinaires miracles; et je crois que ce moment est assez peu éloigné pour que nous puissions en être témoins *l'un et l'autre*. Je vous l'ai dit plus d'une fois.

Regardez les hommes de ce temps, depuis les évêques ou

les chefs de partis jusqu'aux plus ordinaires bavards. Quand leur médiocrité n'est pas absolument dégoûtante, ils apparaissent épouvantables et ce qu'on aperçoit sous les masques est quelque chose de sans nom. Où est le politicien, où est l'archevêque, surtout cardinal, qui hésiterait plus de dix minutes à livrer la France pour quelques millions? Je ne discerne pas ce phénix. Les seuls êtres intéressants aujourd'hui sont les braves gens qui exposent leur vie avec générosité et qui appellent ainsi la Compassion de Notre Dame outragée. Qu'est-ce que vous voulez que Dieu fasse des autres?

Heureusement la méchanceté humaine n'est pas infinie. Je relis, une fois de plus, le troisième volume de *1815* d'Henry Houssaye, l'histoire de la deuxième abdication et de la chute définitive de Napoléon. Je ne connais pas de livre plus douloureux et plus noir. Il apparaît clairement que le plus grand des hommes a été brisé dans sa volonté par le dégoût excessif que lui inspiraient les contemporains, et c'est la plus profonde explication de sa chute. Des hommes tels que Fouché et Lafayette jetant par terre Napoléon!

Nos contemporains, à nous, sont plus bas encore. Tant mieux! Cela signifie que Dieu est plus près de la France qu'il y a cent ans. Ce royaume lui est infiniment précieux. C'est le royaume de sa Mère et il ne doit pas périr. Mais il faut qu'il aille jusqu'au seuil de la dernière porte de la mort. La Justice exige que les premiers pasteurs qui ont tué la foi dans les âmes et avili le troupeau se démasquent à la fin et deviennent tous des apostats ou de faux martyrs. La France alors sera tellement broyée, et tellement en agonie, qu'il faudra de toute nécessité une Manifestation inouïe, l'Épiphanie même de l'Esprit-Saint pour l'empêcher de mourir.

Tant que je n'aurai pas vu cela, mon cher Termier, j'estimerai que je n'ai rien vu et qu'il n'y a rien de fait.

Je vous embrasse.

Léon Bloy.

Véronique a reçu de votre Marguerite une gracieuse carte envoyée de la Salette.

Pour ne pas désoler ma femme qui lira ma lettre, je glisse au dernier moment ce papier pour vous dire que je me sens plus malade qu'on ne pense. Je mange et je dors plus ou moins, mais certains troubles m'avertissent ou me font croire que je suis gravement touché. Je ne sais comment cela finira.

Quand vous m'écrirez, nulle allusion à cette confidence.

28 Juillet 1915.

TRÈS CHER AMI,

Oui, je sais que vous êtes un optimiste. J'en suis un autre. Seulement il y a deux manières.

L'optimisme de la Miséricorde et l'optimisme de la Justice, qui se rencontrent certainement dans l'Absolu, mais après quel voyage!

Vous espérez la miséricorde *avant* la fin du châtiment. Sans doute elle est espérable pour tels ou tels amis de Dieu, mais, pour les autres, quelle dérision ce serait! Quel triomphe pour les évêques ou archevêques impies, pour *l'Écho de Paris*, pour la multitude des honnêtes gens qui n'ont rien à se reprocher, et quelle faillite pour la Salette!

Ma conception des choses est telle que je suis forcé de me réjouir des pires malheurs dont la prévision me torture, parce que je les sais nécessaires, c'est-à-dire voulus de Dieu et, par conséquent, adorables; parce qu'il est mille fois clair pour moi que les cataclysmes annoncés sont les prodromes indispensables du Règne de Dieu *in terra* que nous avons le devoir de demander sans cesse; parce qu'enfin, il y aura soixante-neuf ans, dans quelques semaines, que les Larmes et les Paroles de Marie sont méprisées, qu'elles le sont aujourd'hui plus que jamais et que cela ne peut plus être supporté... ni pardonné.

Tout Français qui n'est pas une brute ou un coquin doit

désirer la punition de l'Allemagne, c'est-à-dire, à défaut d'une extermination malheureusement impossible, l'abaissement infini de cette nation exécrable. L'impunité de l'Allemagne serait la démonstration de l'inexistence de Dieu. Elle doit donc être châtiée de la façon la plus terrible.

D'après les chiffres que vous m'avez donnés et que je connaissais déjà, cette guerre inouïe, que l'Allemagne seule a voulue, aurait fait, en France, depuis un an, près de deux millions de victimes parmi les seuls combattants. Les vingt ans de guerre de la République et de l'Empire ont moins coûté. C'est de quoi faire chavirer la raison. Mais si la plus basse des nations a reçu le pouvoir de nous faire tant de mal, que penser de l'infidélité capitale qui a pu nous attirer une telle expiation et comment croire que cette expiation prendrait fin, même après l'écrasement de nos ennemis *actuels*, si la même infidélité monstrueuse continuait? Or c'est précisément ce qui peut être vu de tout le monde, excepté des aveugles-nés de *la Croix* ou de *l'Écho de Paris*. Telles sont, cher ami, mes « méditations de solitaire ».

C'est par vous que j'ai appris la nouvelle blessure, heureusement peu grave, dites-vous, de ce pauvre Boussac à qui je vais écrire. Trois jours avant j'avais reçu une lettre de Raugel évacué à Montpellier où on le soigne pour une blessure qui paraît sérieuse. Il espère conserver sa jambe droite fortement touchée, mais il restera boiteux. Combien d'autres! Je n'entends parler que de morts ou d'estropiés. Je suis, comme vous, sans nouvelles de Raoux et cela commence à me tourmenter.

Il me semble que je vais mieux, mais je suis très faible. Cependant je travaille au septième volume qui n'avance pas avec une extrême rapidité. Notre solitude à peu près complète est supportable, mais je n'ai pas encore eu de visites d'amis. La vôtre me serait extrêmement agréable, vous le pensez bien. Comment faire? Si j'étais seul à désirer de vous revoir, ce serait très simple. Nous prendrions un rendez-vous à Chartres. Je suis très capable de ce voyage de vingt minutes et j'aurais la joie de prier dans la cathédrale où vous me trouveriez facilement. Pour ce qui est de votre translation de Chartres à Saint-Piat, voici les heures : 9 heures et quelques minutes, puis 11 h. 15. Ce dernier train vous mettrait ici à 11 h. 50. Je vous attendrais à la halte et nous pourrions presque déjeuner à midi. Pour retourner à Chartres, il n'y a plus que 14 h. 27, ce qui nous donnerait bien peu de temps, ou 19 h. 39, ce qui serait très tard. Voyez et jugez. Tout dépend de l'heure à laquelle vous voudriez rentrer à Rennes.

Je vous embrasse avec tendresse.

Léon BLOY.

23 Août 1915.

Très cher Ami,

Votre silence m'inquiète. Avez-vous reçu ma lettre du 28 juillet, en réponse à la vôtre reçue la veille? Vous aviez exprimé, fort aimablement pour nous, le désir de venir nous voir à Saint-Piat. Malheureusement cette expédition vous semblait presque impossible, à cause des quelques kilomètres qui séparent Chartres de notre village.

J'ai répondu par une solution très simple. J'aurais fait avec beaucoup de plaisir le petit voyage de Chartres où nous aurions passé ensemble quelques heures.

Depuis, silence. Je ne sais plus rien de vous et cela m'inquiète. Je vous en prie, dites-moi quelque chose.

Moi, j'interromps, un instant, un travail de toutes les heures pour vous embrasser avec tendresse.

Léon BLOY.

27 Août 1915.

Très cher Ami,

Votre lettre m'a été bienfaisante et l'espérance de vous voir le jour, très important pour moi, du martyre de saint Jean-Baptiste, me réconforte singulièrement.

Mais pourquoi faut-il que vous n'arriviez que vers 2 heures, ayant déjeuné à Chartres, alors que nous aurions si bien déjeuné ensemble ici? On vous attendrait volontiers jusqu'à une heure et nous aurions un peu plus de temps.

Le voyage à Chartres n'aurait pas été une « corvée » pour moi, n'importe quel jour.

Je vous donne, vaille que vaille, ce renseignement : la messe du Dimanche à Saint-Piat est à 10 h. 1/2. Vous nous y trouveriez sûrement.

Je vous embrasse.

Léon BLOY.

Moi aussi, je prépare des munitions. J'ai déjà fait ici 200 pages du nouveau livre.

Dimanche soir, 29 Août 1915.

TRÈS CHER AMI,

Vous êtes parti depuis une heure et me voici affreusement triste. Pourquoi avez-vous attendu la dernière minute pour me proposer de vous accompagner à Chartres? Je n'ai vu là qu'une plaisanterie, une impossibilité. J'étais stupide. Je viens de consulter l'indicateur. Je pouvais revenir par le train de 9 heures et rentrer à la maison bien avant 10 heures. Ce voyage en voiture avec vous, par ce beau déclin du jour, eût été pour moi un délice, et je suis désolé d'avoir perdu si bêtement une occasion qui ne se retrouvera probablement plus. Peut-être même avez-vous fait le même calcul et me trouvez-vous peu amical. Mais je suis bien puni de ma sottise, je vous assure.

Je vous écris tout de suite pour essayer de jeter hors de moi cette peine qui est vraiment dure, je vous prie de le croire.

J'ai le malheur d'être un rêveur concentré, incapable d'une décision rapide, et j'en ai souffert plus d'une fois,

14

mais, ce soir, très particulièrement. J'ai tenu à vous le dire tout de suite.

Demain matin, je me consolerai, en priant pour vous du fond de mon cœur où vous tenez une si grande place.

Je vous embrasse.

Léon Bloy.

23 *Septembre* 1915.

Cher Ami,

Quelques lignes seulement. C'est un malade qui vous écrit.

Hier matin, on a été forcé de m'emmener rapidement hors de l'église, où, par un effort de volonté, j'avais reçu la communion debout, soutenu des deux côtés. Le bon curé m'a recueilli sur son lit où j'ai passé plusieurs heures, Jeanne priant à côté de moi. Enfin un voisin compatissant m'a ramené chez nous en auto.

Indigestion, empoisonnement, je ne sais. Avant-hier j'avais subi une émotion assez violente. Aujourd'hui je peux écrire un peu, à vous seulement.

Mon livre, presque fini, va-t-il être interrompu? Voici le titre : *Au seuil de l'Apocalypse.*

Je suis traité bien rigoureusement, cher ami.

26 *Septembre* 1915.

Mon très cher et très fidèle Ami,

Je viens de recevoir votre lettre et je ne sais pas vous dire à quel point elle m'a remué le cœur. Je relisais dernièrement ceci que j'écrivis, en juin, à l'ingénieur Raclot dont vous vous souvenez peut-être : « Que serais-je devenu sans Termier, depuis des années? Rien, en ce monde, ne pourrait le récompenser de ce qu'il a fait pour moi. »

La crise venue mercredi dernier à l'église, et que rien

ne faisait prévoir, a été très rude. Immédiatement je me suis vu comme en agonie, trempé de sueur, livide, à ce qu'on m'a dit, et les membres glacés. Je vais mieux maintenant, j'ai même pu, hier et avant-hier, continuer mon livre qui touche à sa fin. Mais ma faiblesse est si grande que notre bon curé, qui sait que je ne peux me passer de la communion, est venu me l'apporter deux fois. Aujourd'hui dimanche, il n'a pu me faire cette charité et votre lettre a remplacé pour moi le Pain de Dieu, mon cher Pierre.

Mon mal semble avoir été déterminé par une émotion qui m'avait secoué la veille. Une petite gueuse, en qui nous avions placé notre confiance et qui était à notre service, a pris la fuite soudainement, emportant le peu d'argent que nous possédions et qui était pourtant bien caché. J'ai appris, bientôt après, un autre vol, commis par elle, à l'église même, immédiatement avant sa fuite. Nous étions complètement dépouillés, dans l'impossibilité de subsister même un jour. Ma femme a été forcée de courir au Mont-de-Piété à Paris, avec un peu d'argent prêté par le curé, et elle est revenue munie de ressources tout à fait insuffisantes pour notre rapatriement à Bourg-la-Reine où il nous faut rentrer pourtant dans très peu de jours, je ne sais quand, ni comment.

Il paraît que je ne suis plus capable de supporter ce genre d'émotions.

Vous me parlez d'un déjeuner à Chartres le 10 octobre. Comment cela se pourrait-il? Il faudrait que notre séjour fût prolongé d'une quinzaine, ce qui serait peut-être possible et m'arrangerait assez puisque je pourrais ainsi finir mon livre. Mais combien c'est incertain! Restent le voyage, l'arrivée à Bourg-la-Reine où m'attendent le propriétaire, le percepteur, etc...

Vous me demandez si j'ai besoin de quelque chose. Hélas! j'ai besoin de tout. Il faudrait que Dieu m'envoyât, comme d'autres fois, un secours très important. Avant la guerre, c'était bien simple. Quand j'avais fait un livre, il m'était aussitôt payé par l'éditeur. Je n'en étais pas plus riche, mais je pouvais respirer, au moins, quelque temps. Aujourd'hui, c'est autre chose. Ma *Jeanne d'Arc*, vous savez comment elle a pu être imprimée. A l'exception de mon généreux camarade Barthélemy, nul n'en a parlé utilement et je sais que des amateurs passionnés de mes livres ignorent l'existence de celui-ci. La vente, par conséquent, a été presque nulle, et c'était mon unique ressource. J'ai écrit à Vallette, l'éditeur de la série du Journal. Je lui ai dit le titre de ce volume nouveau et l'intérêt extraordinaire de ces deux dernières années vues et jugées par moi. Je sais que ma lettre l'impressionnera, mais que peut-il? La guerre a ruiné le *Mercure*.

Alors… il n'y a plus que Dieu.

Mon titre vous a étonné. Que diriez-vous de la conclusion dont voici le dernier mot, arrêté *d'avance* : « …J'attends les Cosaques et le Saint-Esprit. »

Je vous embrasse.

Léon BLOY.

Vous voyez que mon écriture n'est pas d'un moribond, ni d'un fiévreux. Seulement voilà deux heures que je vous écris et je me jette sur mon lit, exténué.

28 *Septembre* 1915.

MON BIEN-AIMÉ TERMIER,

J'ai reçu, ce matin, votre lettre, après le départ du curé qui était venu m'apporter, une fois de plus, la communion. Hier j'avais pu descendre à Saint-Piat et surtout en remonter, mais, le soir, faiblesse *excessive*. Il n'y avait pas à recommencer.

Par vous, je peux, sans changer de place, continuer mon livre et probablement le finir. Je ne peux plus compter beaucoup sur mon corps, mais l'esprit est intact et le cerveau semble fonctionner avec une force plus grande.

Nous restons donc ici, dix ou quinze jours. Le voyage à Chartres me sera peut-être possible, le 10 octobre. Ce serait pour moi une joie des plus désirées et des plus vives.

Nous prions tous les jours pour les combattants et pour toutes les victimes de cette guerre diabolique. Vous pensez bien que votre gendre Callies ne sera pas oublié.

Il y a longtemps que j'ai accepté de souffrir pour les uns et les autres, dans ma bauge de vieux solitaire impotent.

Quelle belle victoire ces derniers jours! Mais que n'a-t-elle pas coûté?

Je vous embrasse passionnément.

Léon BLOY.

4 Octobre 1915.

Très cher Ami,

Votre lettre si consolante, venue ce matin, m'aurait donné plus de joie si j'étais mieux portant. Hier, dimanche, *rechute grave* qui m'a privé, encore une fois, de la messe. Ce matin, communion ici. Demain et après, je ne sais pas. Je ne peux plus répondre de rien.

Certes, je me serais beaucoup réjoui de déjeuner avec vous à Chartres. Ma petite Madeleine m'aurait accompagné pour que je ne voyageasse pas seul. Mais comment cela serait-il possible? D'autre part, le temps est devenu très froid et ma femme s'inquiète d'une prolongation de notre séjour dans un pays où toutes les ressources manquent à un malade. On va donc se préparer à partir. Sera-ce vendredi, samedi — ou lundi? Cela dépend de mon état. Si on part cette semaine, vous ne pourriez plus me voir qu'à Bourg-la-Reine; sinon, vous me trouveriez encore ici dimanche. Dans le premier cas, une dépêche vous serait envoyée. Faudrait-il l'adresser à l'atelier de construction?

J'ai l'esprit très abattu. Je ne prévoyais pas que toute ma force disparaîtrait ainsi.

Et mon livre qui est aux dernières pages, me sera-t-il donné de l'achever? Dieu sait ce qu'il fait.

Je vous embrasse dans un grand sentiment d'amour et de tristesse.

Léon BLOY.

Si vous ne recevez pas de dépêche, je vous attendrai ici dimanche.

14 Octobre 1915.

MON BON ET TRÈS CHER AMI,

Je suis toujours la même guenille douloureuse que vous avez vue dimanche, à cela près que j'ai moins de force, ma faiblesse augmentant chaque jour. Je ne mange presque pas.

On m'a appliqué des ventouses, hier. Il paraît que cela sert à quelque chose. Je n'y vois qu'une importunité. Comment cela finira-t-il? Le mieux du monde sans doute, puisque c'est Dieu qui fait ce qui lui plaît.

Ma consolation très vraie, c'est que je paie quelque chose. Il faut présentement que je souffre un peu. Quand le compte sera réglé, je cesserai de souffrir, voilà tout, et je serai peut-être plus fort qu'avant.

Pas d'ennuis extérieurs. Vous m'en avez délivré dimanche. J'ai pu relire mon manuscrit, de quel œil morne! L'éditeur me sera envoyé comme autre chose. En attendant, j'ai voulu vous écrire ces quelques lignes et c'est tout ce que je peux.

Je vous embrasse.

Léon BLOY.

27 *Octobre* 1915.

Très cher Ami,

Je vais beaucoup mieux depuis deux jours. Je dors, je mange, et ma faiblesse, très grande encore, diminue. Avant une semaine peut-être, j'aurai retrouvé une partie de ma force. Voilà pour le bulletin de santé.

Vous apprendrez avec plaisir que Vallette a consenti à publier mon livre. Je n'osais l'espérer. Il est vrai que le travail de fabrication prendra du temps et que la mise en vente n'est pas à prévoir avant janvier ou février. Je dois me réjouir cependant et bénir Dieu de m'avoir donné cet éditeur.

J'ai eu, en même temps, la consolation de recevoir une lettre de Raoux, toujours intact et vaillant, mais rempli, comme moi, des plus sombres pressentiments. J'étais sans nouvelles de lui depuis un mois et l'inquiétude me rongeait, car j'ai pour cet ami, que je vous dois, une tendresse extrême.

Je ne sais des vôtres que ce que vous m'en apprenez vous-même. Les Boussac ne m'écrivent pas. Tout ce que je sais de mon filleul Christophe, c'est qu'il est ou était, il y a quelques jours, à Palaiseau, chez sa grand'mère.

Thérèse Callies est venue un jour, mais j'étais si souffrant qu'il n'y avait pas de conversation possible.

Je vous plains de tout mon cœur d'être forcé de continuer l'insipide métier que l'interminable guerre exige de vous.

Les Prussiens ont fait et font de telles choses qu'une paix est impossible. Il leur faudrait accepter des conditions qui leur paraîtraient pires que la mort. Il est indispensable que Dieu intervienne *visiblement*, et je n'espère pas autre chose.

Savez-vous qu'un mouvement vers la Salette commence à se préciser? Mgr de Cabrières, évêque de Montpellier, a déchaîné l'indignation d'un assez grand nombre par sa lettre scandaleuse. Cornuau a fait imprimer à des milliers d'exemplaires l'excellente protestation que je vous envoie.

D'un autre côté, quelqu'un prépare avec grand labeur une sorte de plaidoirie pour la Salette. On pense que ce sera très beau.

Mon ami Termier, je vous embrasse de toutes mes forces.

Léon BLOY.

Excusez les pâtés voulus par la censure.

Bourg-la-Reine, *dimanche 31 octobre 1915.*

Très cher Ami,

Suite du bulletin.

Je suis toujours convalescent, si on tient absolument à ce mot. Je mange et je dors à peu près, mais ma faiblesse est toujours la même. Je ne peux faire que quelques pas hors de la maison, tout juste les soixante ou quatre-vingts mètres qui me séparent de l'église d'où je reviens exténué. J'ai été trop fier de ma force et j'en suis puni — adorablement. Mais vous devinez ma tristesse.

Vous ai-je écrit que Vallette va éditer mon livre? C'est une consolation, mais singulièrement atténuée par la crainte de la censure qui va, paraît-il, s'exercer sur les livres. Commencement de la tyrannie complète que j'ai prévue et annoncée.

Alors que restera-t-il de mon *Seuil de l'Apocalypse* et de mes vaticinations?

Quand vous m'écrirez, dites-moi si vous avez reçu quelques exemplaires de l'excellente réponse du curé de Brion à Mgr de Cabrières. Cornuau l'a fait imprimer à 20.000 pour la répandre partout.

Je vous embrasse.

Léon BLOY.

13 *Novembre* 1915.

Très cher Ami,

Je ne sais plus ce que je vous écrivais la dernière fois, mais, d'après votre réponse venue le Jour de tous les saints, il est clair que je vous avais donné une idée trop avantageuse de ma santé. La vérité est autre et je ne peux plus me faire d'illusion. Le Léon Bloy que vous supposez n'existe plus. Tel vous m'avez vu le 10 octobre, tel je suis aujourd'hui, ayant à peine le courage de vous écrire. Ma sensation habituelle est celle d'un homme exténué par un jeûne excessif. Je mange pourtant et même sans répugnance, mais rien ne me profite et ma faiblesse toujours douloureuse est aussi complète qu'inexplicable. Les médecins sont des brutes. *Dies annorum nostrorum septuaginta anni... et amplius labor et dolor,* dit le psaume. Je faisais remarquer à Raoux que je suis précisément sur cette limite. Mais tout est adorable. Si Dieu veut que je souffre, vive la souffrance!

Mon livre est chez l'imprimeur depuis quelques jours et j'attends les premières épreuves que je corrigerai avec l'aide de ma femme, mais je ne sais quand ce travail pourra être fini.

Je suis extrêmement triste, mon cher Termier, et les événements actuels forment un spectacle d'horreur qui achève de m'accabler. Les gouvernants et politiciens sont abominables, les évêques paraissent des monstres de bêtise ou de lâcheté et il n'y a plus d'espérance humaine.

J'attends UN homme de Dieu qui tarde bien à paraître. Je suis persuadé pourtant qu'il doit venir. Il n'y a pas autre chose à demander.

Je vous embrasse de tout mon cœur.

Léon Bloy.

20 *Novembre* 1915.

Très cher Ami,

Je me reproche de vous avoir donné de l'inquiétude. Le jour de ma dernière lettre, je souffrais, j'étais déprimé singulièrement, et ce bulletin, dont je n'ai pas gardé de copie, a pu être inspiré par ma quotidienne lecture de l'Office des Défunts. *Peccantem quotidie et non me pœnitentem, timor mortis conturbat me.* Puis, je le déclare, l'horreur des événements actuels, surtout du monstrueux « silence de l'Église », comme vous dites, et l'horreur plus grande encore de ce qui suivra, tout cela pèse sur moi d'une manière terrible... Aujourd'hui pourtant, je suis dans d'autres dispositions. Sans être complètement valide, je vais beaucoup mieux, depuis une semaine. Le sommeil et l'appétit sont revenus, les douleurs m'ont à peu près quitté. Je ne m'y fie pas, me sentant gravement touché et l'extrême faiblesse de mes jambes étant un rappel constant de ma déchéance physique. Mais plusieurs amis me disent ou m'écrivent avec vous que cela n'est qu'une épreuve, que Dieu veut m'utiliser encore et je le crois volontiers, me rappelant certaines paroles qui me furent dites autrefois.

J'ai, d'ailleurs, en ce moment, d'absorbantes préoccupations. Sans parler des épreuves de mon copieux livre que j'attends de jour en jour et qui me donneront quelque travail, je suis sur le point de déménager une fois de plus. Mon propriétaire, désespéré par le moratorium et considérant avec terreur que deux ou trois ans peuvent s'écouler encore avant qu'il puisse m'expulser ou tirer de moi un centime, s'est enfin déterminé — après quelles tempêtes intérieures! — à m'offrir quittance de tous mes termes échus et à ne pas mettre obstacle à mon déménagement, si je consentais à partir le 15 janvier. J'ai refusé d'abord, étant malade et ne sachant où aller en cette saison. Mais Dieu qui veille attentivement sur nous, depuis tant d'années, et qui veut peut-être que mes vieux jours soient moins sombres, nous a fait trouver presque aussitôt une occasion extraordinaire, en ce mois des *morts* pour lesquels je prie tous les jours avec ferveur. Cette occasion, que vous allez admirer, c'est le pavillon devenu libre par la *mort* de Charles Péguy! Ainsi donc, sans quitter Bourg-la-Reine, à quelques centaines de pas de mon domicile actuel, nous habiterions, pour le même prix, une maison plus grande, agrémentée d'un vaste et magnifique jardin qui nous dispenserait, à l'avenir, des villégiatures.

Sans hésiter, nous avons donné congé à l'autre propriétaire, celui de Mévoisins, qui devenait d'ailleurs menaçant, l'Eure-et-Loir se trouvant en dehors de la zone heureuse du moratorium. Il a fallu, pour me tirer de ses griffes, payer une année entière, en épuisant tout ce qui pouvait me rester de crédit au *Mercure*.

Nous voilà donc en présence de deux déménagements à opérer, celui de Mévoisins avant dix jours et celui de Bourg-la-Reine avant deux mois. Le paradis relatif laissé par le pauvre Péguy est à ce prix, et encore c'est un paradis à termes où nous ne pouvons entrer qu'en en payant un d'avance. A moi de me débrouiller comme je pourrai. Humainement cela ne semble pas facile. J'ai tué trop de mandarins.

Mais Dieu et les amis de Dieu, vivants ou *morts*, sont tellement avec moi !

« Tristesse énorme. » A qui le dites-vous? Mais le silence monstrueux de tous les évêques de France qui ne parlent que pour donner un démenti à la Sainte Vierge, au moment même où s'accomplissent les menaces de la Salette; le silence même du Pape qui n'a de caresses que pour les Barbares; toutes ces prévarications épouvantables n'impliquent pas le silence de Dieu. Il parle à quelques âmes qu'il connaît et qui le connaissent. Il parle surtout à *celui* qui doit venir et que j'attends, depuis tant d'années, avec impatience. Je ne le connais pas plus que vous, mais je sais qu'il viendra, bientôt peut-être, qu'il paraîtra, pour mieux dire, car je crois qu'il est déjà venu. Il m'est impossible de dire autre chose à ceux qui me parlent de la guerre.

Je vous embrasse tristement et douloureusement, moi aussi, mais avec une extrême tendresse.

Léon Bloy.

Dimanche matin, 21.

Comme j'achevais cette lettre, hier soir, le mal tout à coup m'a ressaisi avec violence et la nuit a été très douloureuse. *Usquequo, Domine ?*

17 *Décembre* 1915.
O Sapientia...

Très cher Ami,

Voici l'aube de Noël. Il convient à mon cœur de vous écrire, ne fût-ce que peu de lignes. Je suis un très pauvre homme aussi dénué de *sagesse* que de force, et c'est tout juste si je peux attendre avec une suffisante résignation la fin de l'épreuve que Dieu a voulue pour moi. Je ne suis pas un seul jour sans souffrir et ma faiblesse est celle d'un enfant.

Avec cela, j'ai l'âme torturée de plus en plus par le spectacle hideux qui nous est présenté de toutes parts. Immolation imbécile des meilleurs enfants de la France par l'insuffisance des chefs, gaspillage criminel des ressources les plus précieuses par l'inertie d'une administration abominable qui protège accapareurs et concussionnaires. Résultat : impunité de la nation scélérate et de son monstrueux empereur. Pour la première fois, je songe avec complaisance à cette bonne guillotine qui raccourcissait autrefois si promptement les ennemis intérieurs de la patrie.

Mais ma pensée dévorante, continuelle, est celle-ci.

Toutes ces horreurs doivent finir, comme toujours, par un Homme envoyé de Dieu et je sens que cet homme existe. Où est-il et pourquoi ne se montre-t-il pas? Cette sollicitude acharnée me poursuit dans ma veille et dans mon sommeil et, quand je souffre, elle décuple ma souffrance. A l'église, je pleure en pensant à cet Inconnu sans qui rien ne paraît possible et dont je suis seul peut-être à deviner ou à connaître l'existence. Je l'adjure *per Deum vivum*, par tous les Saints Noms, et je reviens accablé pour lire des journaux qui me désespèrent.

Vous vous souviendrez un jour, mon ami, que je vous ai dit cela, et peut-être vous étonnerez-vous alors d'en avoir un peu souri.

Je n'ai pas même la très faible consolation de voir venir les premières épreuves de mon livre, ayant livré le manuscrit le 3 novembre. Quand pourra-t-il paraître, ce livre qui est mon témoignage à moi, ma contribution précieuse? Je sais des âmes qui en seraient consolées, mieux préparées à mourir, et cette incertitude aggrave singulièrement les autres peines.

Nous déménageons dans trois semaines, irrévocablement. J'espère, dès à présent, n'avoir pas de tourments matériels par insuffisance de ressources. Mais vous savez ma nature inquiète et vous devinez ce que pourront être mes perplexités au milieu de tels changements de mes habitudes, étant à moitié infirme, incapable d'agir moi-même et l'imagination farcie de tous les désastres éventuels.

Enfin, voici Noël. Je me rappelle le mot si touchant que m'écrivait, l'année dernière, mon pauvre Raugel du fond de sa tranchée : « Quand Il est venu, la paix régnait sur toute la terre ». Essayez de lire cela, sans pleurer.

Je vous embrasse tendrement.

Léon BLOY.

22 *Décembre* 1915.

Très cher Ami,

Si ma pauvre lettre a pu vous rendre un peu de courage, la vôtre m'a ranimé un peu ce matin. Cette approche de

Noël est très dure pour moi. Excepté la nuit, où quelques heures de sommeil me sont miséricordieusement accordées, je ne cesse presque pas de souffrir dans mon corps et par suite dans mon âme comblée de tristesse.

Je suis si faible, si peu capable de suite, que vous me voyez revenir à mes rognures de Japon dont il me reste encore quelques-unes pour enrichir votre collection.

On mangera votre oie copieuse et j'espère en avoir une part malgré mon mal. Une petite part, sans doute, proportionnée à mon appétit qui n'est pas grand.

Oui, j'ai compassion de vous et de votre « chaîne ». C'est une grande misère d'être condamné à faire toujours la même chose, dans la solitude et sans l'espérance d'aucun imprévu. Heureusement vous n'avez aucune aggravation de peine du côté des vôtres.

Vous me parlez de mon filleul Christophe. J'ai su qu'il avait été quelque temps dans mon voisinage, à Palaiseau, avec sa grand'mère. Je ne pouvais faire le voyage, mais la grand'mère n'aurait-elle pu venir avec cet enfant dont je réponds devant Dieu et que j'aurais été si heureux de voir? Cela m'a fait un peu de peine.

Je ne vois que les amis ou filleuls qui ont la charité de venir à Bourg-la-Reine. Impossible de me déplacer. Le moindre effort m'anéantit. Dieu veuille accepter cette tribulation en paiement de quelques-unes de mes plus graves infidélités !

Je vous embrasse avec grand amour.

Léon BLOY.

Bourg-la-Reine, 7, rue André-Theuriet.
Dimanche, 16 janvier 1916.

MON TRÈS CHER AMI,

Encore une rognure de Japon. C'est tout ce que peut un malade.

Le déménagement, qui a duré trois jours, est achevé.

Reste l'emménagement qui durera peut-être trois semaines. Je vous écris dans la poussière et le désordre.

Mes filleuls (les grands) sont venus charitablement nous aider. J'étais le spectateur impuissant et souffrant de la peine qu'ils prenaient pour moi. Quand même, je suis anéanti.

En même temps, il m'a fallu corriger environ deux cents pages d'épreuves de mon livre, l'imprimeur s'étant décidé à marcher.

Voilà, mon cher solitaire, tout ce que je suis capable de vous écrire. J'ai voulu seulement vous envoyer le souvenir triste d'un pauvre homme.

Et je vous embrasse avec la plus vive affection.

Léon BLOY.

22 *Janvier* 1916.

TRÈS CHER AMI,

Je suis trop faible encore pour un effort matériel qui ne demanderait que les bras d'un enfant, mais j'ai pu survivre au plus effroyable déménagement, ce qui démontre un fond de vigueur peu ordinaire et tout à fait rassurant pour l'avenir. Il me semble qu'un cyclone a passé sur moi. Nous sommes encore dans la poussière et la tribulation du désordre; mais on s'installe et la fin de cette peine devient espérable.

Nous avons un grand jardin et quelques beaux arbres. Le printemps, qui semble s'annoncer déjà, me rendra peut-être la santé.

Je vous attends en février, ayant d'ailleurs l'habitude de vous attendre tous les mois et tous les jours.

23 *Janvier.*

Les quelques lignes qui précèdent et qui ne m'ont pas coûté *plus* d'une heure de travail, il a fallu les interrompre pour donner quelques coups de marteau qui m'ont achevé. Ce matin j'ai pu me traîner à l'église très difficilement et je ne sais comment je finirai cette lettre.

Je suis en retard avec tous mes amis. Où en étais-je? Oui, votre visite avec cette amie. Qu'elle soit la bienvenue, puisqu'elle est pauvre. Je suis un peu aphone et certainement dénué de prestige, mais, tout de même, présentable.

J'ai eu, la semaine passée, Cornuau qui m'a expliqué l'affaire du décret du Saint Office, lequel n'est qu'un prétendu décret.

Quarré, mal informé, vous a mal renseigné. Le soi-disant décret, nullement publié dans les *Acta* du 21 décembre et non soumis à la signature du Souverain Pontife, est probablement une simple lettre rappelant aux Évêques les règles de l'Index. L'application impérative et comminatoire aux ouvrages sur la Salette est un tour de bâton qui ne peut impressionner que les ignorants.

Maintenant je succombe et je n'ai plus que la force de vous embrasser, de trop loin.

Léon Bloy.

10 *Février* 1916.

Cher Ami,

Encore une rognure. Signe d'impuissance. Je n'ai jamais été plus faible, plus languissant.

Hier notre vieux curé est venu m'administrer l'Extrême-Onction, non que je sois jugé en danger, mais pour que Dieu veuille me guérir, à la prière de son prêtre : *Cura, quæsumus, gratia Sancti Spiritus, languores istius infirmi, ejusque dimitte peccata : atque dolores cunctos mentis et corporis ab eo expelle...*

J'attends avec confiance l'effet de ce Sacrement.

Lentement, très lentement, aidé de ma femme, je corrige mes épreuves. Nous approchons de la fin de ce septième volume du Journal qui ne sera peut-être pas mon dernier livre.

Mais on est épuisé de toutes manières. Personne ne m'écrit plus.

Je vous embrasse.

Léon Bloy.

1ᵉʳ *Mars* 1916.

Très cher Ami,

Cette fois j'ai pris du grand papier, et voici que je tremble, ne sachant pas comment je vais le remplir.

Je vais mieux, je semble surtout aller mieux. Les douleurs vives qui me tourmentaient continuellement ont à peu près disparu, il est vrai. Mais la faiblesse est telle que le moindre effort et souvent le moindre geste suffit pour me priver de souffle et même de parole. Je végète misérablement, à peine capable de lire, profondément triste et dégoûté.

Sans parler du froid et de la neige de ces derniers jours, les événements actuels ne sont pas pour me ranimer. Cette épouvantable bataille de Verdun qui a coûté si cher aux deux armées et qui nous a forcés de reculer de plusieurs kilomètres, que prouve-t-elle, sinon que c'est le Kaiser qui nous *manœuvre*, puisque c'est toujours lui qui mène l'offensive et jamais nous? Sommes-nous assez délaissés de Dieu pour que la France ne puisse opposer à cet imbécile un homme supérieur, un grand homme ou un demi-grand homme qui inventerait à son tour une offensive le forçant à manœuvrer dans un sens prévu? Cette misère est à sangloter.

Raoux, quand il me quitta, le 10 février, allait reprendre son poste à Verdun. Il a dû se trouver dans la tempête. Je le crois très particulièrement gardé, mais, tout de même, je ne suis pas sans inquiétude. Et il n'est pas le seul pour qui je tremble...

Je ne sais quand vous pourrez avoir mon livre. J'attends toujours les épreuves de mise en pages qui ne sont que le second acte. Après quoi le tirage, si on a eu la prévoyance de se munir auparavant de papier. Car, vous le savez peut-être, nous avons la crise du papier. La plupart des éditeurs sont forcés, pour cette raison, de renoncer à de nouvelles publications. Les surmillionnaires des journaux à grand tirage accaparent la production qui périclitait déjà.

Et voilà, mon excellent ami, tout ce que je suis capable de vous écrire aujourd'hui.

Je veux espérer que vous avez de bonnes nouvelles de votre fils et de vos gendres et que l'une ou l'autre de vos filles est près de vous, comme vous l'espériez.

Je vous embrasse avec tendresse.

Léon BLOY.

9 Mars 1916.

MON BIEN-AIMÉ TERMIER,

En même temps que vous, peut-être, je reçois l'accablante nouvelle de la mort de mon cher Philippe Raoux.

Je souffre et je pleure, et c'est vraiment tout ce que je suis capable de vous écrire. La nouvelle donnée par l'aumônier est datée du 24 février.

C'est la sœur de Mme Raoux, Marthe Desmarquest, qui me l'a transmise. Détails promis. Je suis écrasé.

Je vous embrasse de toutes mes forces.

Léon BLOY.

P.-S. — Je vous ai écrit le 1er mars.

11 Mars 1916.

TRÈS CHER AMI,

Votre lettre bénie datée du 9 mars, dix-neuvième jour anniversaire de la naissance de notre Madeleine, a pu être écrite au moment même où je vous annonçais la terrible nouvelle venue de Verdun.

Le coup a été presque trop dur pour moi et je n'en reviens pas encore. Vous savez combien j'aimais notre cher Philippe, recommandé par moi si souvent, si amoureusement, à Notre-Dame de la Salette. Réellement, je le croyais très particulièrement protégé et, bien des fois, je lui en ai donné l'assurance.

Aujourd'hui encore, j'ai peine à croire qu'il est mort. Je me cramponne à cette idée qu'il y a confusion de personnes, comme tant d'autres fois, et que je finirai par recevoir une lettre de lui... J'en suis là.

Vous imaginez le mal que cette nouvelle a pu me faire. Il y a eu une journée terrible. Puis le froid et la neige qui me sont si contraires! Ce matin, revenant de l'église, j'ai cru défaillir en chemin. Je ne me croyais pas capable de vous écrire aujourd'hui.

Je suis naturellement tout désigné pour me souvenir de vos chers combattants, qu'ils soient ou non dans la fournaise de Verdun. Mais que penser du maudit qui a voulu ces choses et qui condamne à mort des centaines de mille hommes, imbécilement? Que penser d'un crétin qui assume ainsi les malédictions certainement *efficaces* d'une moitié de l'humanité chrétienne?

Je vais écrire à Mme La Mazière. Vous avez bien fait de compter sur moi. J'ai pensé tout de suite à l'abbé Langlois, ancien chapelain du Sacré-Cœur où je l'ai connu, et maintenant curé de la Madeleine. C'est à lui que j'ai confié, en 1910, mes cher filleuls Van der Meer, père et fils, et c'est lui qui les a baptisés. Je sais qu'il a une grande estime pour moi et que ma recommandation sera très utile à Mme La Mazière. Je doute qu'il ait beaucoup de loisirs, mais il a du zèle et l'amour des âmes.

Maintenant je m'arrête, privé de force et de courage, et je vous embrasse avec tendresse.

Léon BLOY.

29 *Mars* 1916.

Très cher Ami,

Je ne suis pas encore en état de combattre, mais je vais mieux et je peux écrire. J'espère, avec la Grâce, que le soleil pascal fera le reste.

Etes-vous toujours seul? Vous m'avez dit qu'une de vos filles devait aller vivre près de vous, et j'en attends la nouvelle.

J'attends aussi une lettre de Mme Raoux à qui j'ai écrit avec beaucoup d'embarras, n'osant pas lui dire mon *doute* que rien jusqu'à présent ne dissipe. Je demandais des précisions. On a vu ou cru voir tomber notre pauvre Philippe, mais il était en arrière et c'est tout ce qu'on paraît savoir. Or il est certain que, ce jour-là, les Allemands ont fait beaucoup de prisonniers??? On sait à peine les choses générales, comment savoir les particularités? Je veux espérer.

Mon filleul Van der Meer qui fait le métier d'informateur et qui a des moyens de se renseigner, m'a dit une chose très belle que vous savez peut-être. C'est la conduite de Castelnau.

On a généralement ignoré l'énormité du danger. A un moment, la route de Paris semblait ouverte et notre sublime gouvernement préparait ses malles pour fuir une seconde fois à Bordeaux... ou à Perpignan, ce qui eût déterminé une panique effroyable. Joffre, paraît-il, se résignait à reculer, n'espérant plus garder Verdun. Castelnau lui aurait dit : « Attendez encore ». Puis ce général, qui paraît avoir quelque chose d'un saint, aurait été prier à l'écart pendant une heure et, revenant à Joffre, aurait déclaré répondre de tout. C'est ainsi que Pétain, appelé par lui en hâte, aurait tout sauvé.

Si cela est exact, on conçoit la rage contre Castelnau de nos francs-maçons, Clémenceau en tête, qui aimerait mieux lécher les bottes allemandes que de voir la France délivrée par le signe de la Croix.

L'histoire officielle sera écrite, il y aura toujours des Hanotaux pour cette besogne. Mais les dessous de cette histoire, qui pourra ou qui osera les dévoiler?

Je n'ai pas revu Mme La Mazière. Mais vous savez peut-être que je lui ai écrit et qu'elle m'a répondu très gracieusement. Elle attendait son mari. Je ne sais si une suite de nos relations est espérable.

Je vous apprends que je vais être parrain une fois de plus. Il en est de mes filleuls comme de mes déménagements. Je n'arrive pas à les compter, vivants ou morts. Cette fois il s'agit de la jeune Danoise que vous avez pu voir chez nous où elle partage notre vie depuis quelques mois. Nous la connûmes à Saint-Piat l'été dernier. Elle était malheureuse, séquestrée par deux vieilles calvinistes pleines de démons qui abusaient de son inexpérience pour la tuer de travail en la faisant mourir de faim. Il n'était que temps de la sauver. Elle s'est donnée à nous avec une reconnaissance infinie et maintenant elle va se donner à l'Église. C'est une âme très belle. L'abjuration est proche. Grande joie pour nous tous et en particulier pour moi qui ai souffert volontiers dans cette espérance. C'est la *onzième* abjuration ou conversion radicale opérée à notre contact et réalisée dans notre maison.

La correction des épreuves de *Au seuil de l'Apocalypse* est finie. Il ne reste plus qu'à attendre l'apparition du livre — dans un mois peut-être.

On n'ose aujourd'hui interroger personne. Cependant je voudrais savoir si tout va bien du côté de votre fils et de vos gendres, toujours présents lorsque je pense à vous, c'est-à-dire aussi souvent que j'essaie de me détourner de l'horreur du temps actuel.

Au revoir quand Dieu voudra, mon bien-aimé Pierre Termier. Je vous embrasse avec emportement.

Léon BLOY.

7 *Avril* 1916.

Mon fidèle et très cher Ami,

Votre lettre que je viens de recevoir m'a réconforté dans ma solitude. J'étais seul avec ma Véronique, les autres ayant dû s'absenter. J'étais assis au bord de mes tristes pensées dont le cours, depuis quelque temps, est passablement lugubre.

Après Philippe Raoux, c'est André Dupont, un ami très cher que vous avez dû rencontrer. Ce second coup, pardessus l'autre, m'a paru d'autant plus dur qu'il n'était pas atténué, comme dans le cas de Philippe, par cette pensée de prédestination bienheureuse que nous avons eue. André Dupont était seulement un très aimable garçon, en qui rien ne s'opposait à la grâce, mais que la vie littéraire émiettait. Sa mort est probablement ce qu'il lui fallait, Dieu le sait. Mais quelle pitié douloureuse chez ceux qui l'ont aimé, chez moi surtout! Le pauvre enfant était sans force et presque aveugle, tout à fait inapte au service armé. L'imbécillité féroce d'un médecin militaire l'a jeté parmi les zouaves, où il a été fauché du premier coup. Depuis cette nouvelle, je suis inerte, suffoqué de larmes, tremblant d'indignation.

Qu'apprendrai-je encore? Ce matin je lisais le dernier discours du chancelier allemand. J'ai envoyé par mon ange gardien dix mille soufflets à ce vieux menteur infâme.

Ce matin aussi, j'ai reçu les épreuves revues par la censure. Quelques lignes seulement raturées çà et là. Les pages entières, beaucoup plus *répréhensibles*, que je m'attendais à voir disparaître, ont été inaperçues de ces imbéciles.

J'ai envoyé aussitôt le paquet avec la recommandation de laisser en blanc les lignes raturées. Je les remplirai de mon écriture pour les amis, et pour les clients inconnus qui voudront me payer de ma peine.

Mme M... est venue dimanche. Le temps, redevenu froid, était, ce jour-là, très beau. On a pu causer une heure sous nos marronniers verdissants. La pauvre femme, dont les chaussettes sont légèrement teintées d'azur, n'a pas grand' chose à me donner, étant située à une telle distance de mon absolu chrétien, mais sa volonté paraît bonne et elle se déclare enflammée par mes livres que vous lui avez donnés. C'est très bien ainsi, sans doute. Nous n'étions pas seuls et je n'ai pas vu le moyen de parler utilement de religion. Il faut attendre. Quand mes livres lui auront fait sentir qu'elle meurt de faim, elle viendra me demander un peu de nourriture.

J'attends mon cher abbé Cornuau qui doit venir pour recevoir l'abjuration de la jeune Danoise dont je vous ai parlé. Ce sera une grande fête chez nous, et nous aurons un ennemi de plus, le curé de Bourg-la-Reine, furieux de ne pouvoir se faire honneur d'une conversion où il n'a eu aucune part. « *Mercenarius es*, ai-je été tenté de lui dire, *et non pertinet ad te de ovibus.* » Ce curé est, d'ailleurs, un ennemi de la Salette et j'ai appris qu'il me croit un écrivain très hostile au *denier du culte!*

Je vous embrasse très tendrement.

Léon BLOY.

Au lundi saint donc, s'il plaît à Dieu de me donner cette joie.

28 *Avril* 1916.

MON TRÈS CHER AMI,

A l'instant Jeanne Boussac m'apprend votre malheur et celui de tous les vôtres. Je sais trop l'inutilité, le néant des mots, en pareils cas. Cependant un chrétien, même très médiocre, peut avoir — en présence de Dieu et avec une profonde humilité — quelque chose à dire à son ami, à son frère, surtout s'il a lui-même connu la souffrance.

Ne pensez-vous pas qu'il y a, dans cette grande peine qui vous accable peut-être, un principe de consolation surnaturelle? Le mal qui affligeait Mme Termier, depuis tant d'années, n'était presque pas explicable humainement. En réalité — et cela était bien visible pour quelques-uns — elle avait reçu la mission de souffrir et portait le fardeau de plusieurs qui n'auraient pas eu son courage.

Jamais de plaintes, songez-y. Elle avait évidemment tout accepté, sachant peut-être ce que valait, pour les autres, son acceptation, Dieu, qui aimait cette âme d'une dilection toute particulière, a pu l'en instruire, car on ne sait pas ce qui se passe mystérieusement dans les âmes silencieuses et résignées.

Jeanne demande nos prières. Le mardi de Pâques, à l'heure même, peut-être à la minute probable de cette fin si douce, ma femme, qui chérissait Mme Termier, se trouvant à Saint-Eustache devant l'autel célèbre des Ames du Purgatoire, se sentit poussée irrésistiblement à secourir d'une messe l'une d'entre elles, quelle qu'elle fût, qui pouvait avoir besoin de secours en cet instant. Elle comprend aujourd'hui cet avertissement.

Ce fait, qui ne doit pas être isolé, vous avertit vous-même de la sollicitude divine à l'égard de celle que vous pleurez, en vous invitant à croire que tout est à espérer d'une si consolante mort.

Je vous embrasse, cher ami, avec une tendresse plus grande et une compassion toute chrétienne.

Léon BLOY.

11 Mai 1916.

Bon et fidèle Ami,

J'ai reçu votre mandat hier dans l'après-midi, trop tard pour vous en accuser réception. J'avais reçu lundi votre dernière lettre où vous me disiez que la mienne vous avait donné un peu de consolation. Aujourd'hui il y a tant à souffrir pour tout le monde et la vie humaine est si dépréciée qu'on ne sait plus ce qu'il faut dire aux affligés.

Heureux ceux à qui Dieu donne des larmes! C'est l'unique ressource.

J'espère un peu voir venir votre Jeanne m'amenant mon filleul Christophe. Je lui ai écrit pour lui rappeler sa promesse de me présenter cet enfant en allant à Rennes. Peut-être viendra-t-elle aujourd'hui.

J'attends toujours mon livre qui tarde bien à venir. Vallette me dit que les trains en petite vitesse dépendent de l'autorité militaire et qu'il ne sait rien. Une patience extraordinaire est demandée. J'ai demandé d'être servi avant tout le monde. Aussitôt je vous expédierai un exemplaire.

Je vous embrasse de tout mon cœur.

Léon BLOY.

Je vais mieux, semble-t-il. Mais je suis très faible encore.

Vigile de Pentecôte, 1916.

TRÈS CHER AMI,

Quelques lignes seulement qui vont partir avec votre exemplaire de *Au Seuil de l'Apocalypse* que saint Barnabé, me voyant affligé du retard, m'a miséricordieusement envoyé hier.

Le facteur qui m'a donné votre lettre avait à peine disparu que je voyais venir le colis tant attendu.

Il me faut à présent satisfaire une soixantaine de personnes. Je suis noyé dans les dédicaces, dans les paquets et les bouts de ficelles. La situation est d'autant plus pénible que, pour quelques-uns, je suis forcé de remplir de mon écriture les blancs exigés par une censure imbécile.

Allez-vous recevoir tout de suite votre paquet? Naturellement j'ai voulu que vous fussiez le tout premier servi, immédiatement après le dédicataire. Mais il est peu probable que vous alliez à votre Atelier demain. Ne vaudrait-il pas mieux, à l'avenir, tout envoyer à l'adresse de vos filles, maintenant qu'elles sont près de vous? Si oui, donnez-moi leur adresse.

Je voudrais envoyer mon livre à Boussac, mais je ne sais où il peut bien être en ce moment.

Je vais un peu mieux et je vous embrasse avec un commencement de force.

Léon BLOY.

4 *juillet* 1916.

TRÈS CHER AMI,

Je viens de recevoir votre lettre. Elle m'a trouvé malade encore, c'est-à-dire entièrement privé de force physique. C'est comme cela qu'on est malade humainement.

La vérité, c'est que tous les organes sans exception ont été reconnus intacts et que j'ai, en réalité, *une santé de fer*. Mais, pour des raisons ignorées, Dieu veut que je sois, quelque temps, privé de force. Depuis neuf mois, il m'est impossible d'agir. Tout ce qui m'est permis, c'est d'aller, chaque matin, à l'église heureusement très proche d'où je reviens accablé. Impossible également de m'appliquer à un travail exigeant un effort suivi. A peine puis-je écrire péniblement quelques lettres. Mes amis informés de mon impuissance doivent me pardonner. La semaine dernière, un très gros rhume causé par les journées froides et pluvieuses de juin est venu aggraver ma misère physique.

Je pense que cet état de langueur n'est que passager. Je sais, d'ailleurs, que l'un des moments les plus critiques de la vie humaine est l'âge de 70 ans, et j'aurai cet âge dans une semaine. (*Dies annorum nostrorum in ipsis septuaginta anni.*) Tout annonce que je doublerai ce cap, mais j'aurais besoin que Dieu se montrât et il se cache terriblement depuis deux ans, comme s'il abandonnait les hommes qui l'ont tellement abandonné !

Vous avez pu sentir, en lisant mon livre, combien lourdement cette guerre a pesé sur moi et surtout avec quelle force elle a exaspéré mon désir de la Justice! Il vous est alors facile de voir que mon état pénible, incompréhensible pour les médecins, est simplement un écrasement de l'âme. Je n'arrive pas à concevoir les gens qui m'entourent, habitués déjà à ce qui se passe comme on s'habitue à une chose normale, plusieurs, même de *mes amis*, incapables de voir que nous sommes arrivés réellement au *Seuil de l'Apocalypse*, c'est-à-dire à la veille d'une Manifestation divine!

Que cet aveuglement complet soit le châtiment équitable des catholiques et de leurs Pasteurs, acharnés, depuis soixante-dix ans, à mépriser et à démentir les Révélations de la Mère de Dieu, il n'y a pas lieu d'en être surpris. Mais comment expliquer la sécurité des autres qui devraient avoir au moins la *peur* des bêtes, averties ordinairement par leur instinct des bouleversements prochains de la nature ?

Je me vois affreusement seul dans cette cohue et je vous assure que mes pensées sont fort amères. Persuadé que Dieu va se montrer de manière ou d'autre et que ce sera terrible au delà de toute expression, j'attends et je souffre.

Pourquoi mon livre, où je n'ai pu dire que la moitié de mes angoisses, aurait-il plus de crédit que les avertissements douloureux de la Sainte Vierge?

Lorsque j'entends former des projets, il me semble que je suis au milieu des fous. Tout est inutile désormais, excepté la très humble acceptation du Martyre, mais qui peut entendre cela?

Je vous félicite, mon très cher ami, de n'être plus seul à Rennes et d'avoir pu réaliser la vie de famille dans ce village. Je vous félicite aussi d'être aïeul pour la huitième et la neuvième fois, mais en vous avouant que ces chiffres m'épouvantent. Il est vrai que c'est une occasion qui vous est offerte de devenir « un saint ».

Pourquoi ne me dites-vous pas que vous avez reçu l'exemplaire que je vous ai envoyé, le 15 juin, pour Boussac dont vous m'aviez annoncé la présence à Rennes? La perte de ce volume me ferait de la peine. Rassurez-moi, je vous prie.

Je vous embrasse.

Léon BLOY.

Très affectueux bonjour à Jeanne et à mon filleul Christophe.

Je vous demande pardon pour l'aspect répugnant de cette lettre. L'année dernière, 25 mai, à nos noces d'argent, un ami me fit cadeau d'une boîte de ce papier à lettres dont je n'ai fait jusqu'à ce jour aucun usage, le trouvant ridiculement somptueux. Aujourd'hui, pourtant, j'ai commencé, voulant vous faire honneur, et je découvre, hélas! que c'est une sorte de papier buvard. Pardonnez-moi.

7 Août 1916.

MON CHER PATRIARCHE,

Quelle autre désignation pourrait convenir à un homme qui a un si grand nombre de petits-enfants? Je me hâte de vous féliciter d'être grand-père deux fois de plus, mais sans vous envier. J'y perdrais complètement la tête, surtout en considérant le temps où nous sommes et le temps qu'il fera demain. Vous savez mes craintes à cet égard.

Depuis deux ou trois jours, je parais un peu moins languissant, mais la force ne revient pas. Je suis honteux cependant de ne rien faire et je vais, coûte que coûte, préparer un nouveau livre. Ce sera une série plus ou moins longue de méditations religieuses. En voici une, copiée tout exprès pour vous, qui pourra vous donner une idée précise de mon état actuel.

Cette copie remplira mon papier en m'épargnant la fatigue d'inventer péniblement je ne sais quoi. Si elle n'est pas de votre goût, ni du goût de Jeanne, vous me le direz.

« Je suis *seul*. J'ai pourtant une femme et deux filles qui me chérissent et que je chéris. J'ai des filleuls et des filleules que le Saint-Esprit paraît avoir choisis. J'ai des amis sûrs, éprouvés, beaucoup plus nombreux qu'on n'en peut avoir ordinairement. Mais, tout de même, je suis seul de mon espèce. Je suis seul dans l'antichambre de Dieu. Quand mon tour sera venu de comparaître, où seront-ils, ceux que j'ai aimés et qui m'ont aimé? Je sais bien que quelques-uns, qui savent prier, prieront pour moi de tout leur cœur, mais qu'ils seront loin alors! et quelle solitude épouvantable devant mon Juge! Plus on s'approche de Dieu, plus on est seul! C'est l'infini de la solitude.

« A ce moment-là, toutes les Paroles saintes, lues tant de fois dans ma cave obscure, me seront manifestées, et le précepte de haïr père, mère, enfants, frères, sœurs et jusqu'à sa propre vie, si on veut aller à Jésus, pèsera sur moi autant qu'une montagne de granit incandescent. Où seront-elles, les humbles églises aux douces murailles où je priais, avec tant d'amour quelquefois, pour les vivants et pour les défunts? Où seront-elles, les chères larmes qui étaient mon espérance de pécheur, quand je n'en pouvais plus d'aimer ou de souffrir? Et que seront devenus les pauvres livres où je cherchais l'histoire de la Trinité miséricordieuse?

« Sur qui, sur quoi m'appuyer? Les prières des bien-aimés que j'aurai donnés à l'Église auront-elles le temps ou la force d'arriver? Rien ne m'assure que l'Ange commis à ma garde ne sera pas lui-même tremblant et grelottant de compassion, comme un pauvre mal vêtu oublié à la porte par un très grand froid. Je serai ineffablement seul et je sais d'avance que je n'aurai pas même une seconde pour me précipiter dans le gouffre de lumière ou le gouffre de ténèbres.

« — Je suis forcé de t'accuser, dira ma conscience, et

mes plus tendres amis confesseront, d'infiniment loin, leur impuissance. — Défends-toi comme tu pourras, pauvre malheureux! C'est vrai que nous te devons, après Dieu, la vie de nos âmes, diront-ils en sanglotant, et cela nous fait espérer que la tienne sera traitée avec douceur. Mais il y a entre nous et toi le grand chaos de la Mort. Tu nous es devenu inimaginable et participant de la Solitude inimaginable. Nous ne pouvons que tordre nos cœurs en priant pour toi. Si tu n'as pas été absolument un *disciple*, si tu n'as pas tout vendu et tout quitté, nous savons que tu es là où mille ans sont comme un jour, et qu'un unique regard des Yeux de ton Juge peut avoir la rapidité de la foudre ou l'inexprimable durée de tous les siècles. Car nous ne devinons rien, sinon que tu es inintelligiblement seul et que si l'un de nous pouvait aller jusqu'à toi, il ne parviendrait pas à te reconnaître. Mais cela encore, il nous est impossible de le comprendre. A Dieu donc, jusqu'à l'heure bien inconnue du Jugement universel qui est un autre mystère plus impénétrable.

« *Adjuro te per Deum vivum !* disait le prince des prêtres pour contraindre Jésus à parler. Cette sommation prodigieuse dont les astres se troublèrent dure toujours, et ce sera la dernière clameur de l'humanité, quand elle se verra seule elle-même, à la fin des fins, dans l'incompréhensible vallée de Josaphat. »

Je vous embrasse tendrement, mon cher ami.

Léon Bloy.

18 *Août* 1916.

Mon très cher Ami affligé,

Je ne veux pas attendre une heure pour répondre à votre lettre douloureuse.

C'est donc toujours les mêmes qui paient, les meilleurs. Certes je prierai pour Jean Boussac de toutes mes forces.

Demain matin, ma communion sera pour lui seul. Dieu ne trouvera que lui dans mon cœur.

A l'instant ma femme vient de courir à l'église où elle va offrir pour lui un chemin de croix, l'une des prières les plus puissantes, vous le savez.

Moi j'offrirai la croix fort pesante que Dieu m'a donnée, en le priant amoureusement de la faire un peu plus pesante si cela peut être profitable au cher blessé. Dites cela à Jeanne.

Vous avez beaucoup d'espoir. Nous voulons en avoir autant que vous. Nous sommes dans l'Octave de l'Assomption. La Mère glorieuse et sainte Claire seront appelées au lit du malade et voudront sans doute le guérir.

Je vous embrasse avec la plus grande affection.

Léon Bloy.

26 *Août* 1916.

Très cher Ami,

Voici une pauvre lettre pour Jeanne.

On a beau être chrétien, on ne sait que dire. Les paroles sont si vaines et il y a une telle crispation du cœur!

Dieu nous traite, comme autrefois les Égyptiens, en frappant les premiers-nés, c'est-à-dire les meilleurs.

Ma réponse à votre précédente lettre disait que je voulais espérer avec vous. Je n'ai pas réussi un instant et ma prière pour notre ami n'a pu être en réalité que pour lui obtenir une bonne mort. Quelles multitudes aveugles ne seront-elles pas rachetées par de telles victimes! C'est la seule consolation à offrir aux pauvres âmes déchirées.

Que Dieu ait pitié de nous tous, mon cher ami!

Léon Bloy.

6 *Septembre* 1916.

Mon très cher Ami,

Je reçois votre lettre à l'instant. Combien je suis heureux d'apprendre que la mienne a été un peu apaisante pour vous et pour Jeanne! Cela m'encourage à vous envoyer ce qui suit. Je vous avais écrit que j'entreprenais un nouveau livre. J'avais même copié pour vous le premier chapitre. En voici un autre, écrit tout exprès pour vous et pour Jeanne, aussitôt après la terrible nouvelle. Le volume, dont je n'ai pas encore trouvé le titre, sera une série de méditations religieuses. Dans la III° je parle de Philippe Raoux et d'André Dupont; dans celle-ci, qui est la XII°, je m'adresse à Jean Boussac.

« Encore un! Voilà encore un de mes amis assassinés! Celui-là pourtant ne devait pas gêner beaucoup les abominables empires. C'était un jeune savant doux et modeste, sans vocation militaire. Forcé de combattre, il ne murmura pas et fit son devoir avec simplicité. La mort l'a choisi parce que son instinct est de prendre les meilleurs et voilà tout. La noble femme et les tout petits enfants qu'il laisse après lui sont pour accroître le contentement du scélérat impérial que réjouissent les larmes des veuves et des orphelins.

« On pourrait penser, mon cher Jean, que vous êtes venu au monde pour cela, rien que pour cela, et que votre destin est accompli.

« Je crois, au contraire, qu'il commence à peine.

« Il est écrit de votre grand Patron surnommé le Baptiste qu'il vint pour servir de témoin, pour rendre témoignage à la Lumière, *afin que tous crussent par lui*. Il a ajouté qu'il n'était pas lui-même la Lumière, mais seulement son témoin.

« Tel est, sans doute, votre partage, en quelque manière, avec cette différence qu'il lui fallait venir et qu'il vous a fallu partir. Sa naissance fut une joie pour un grand nombre, et votre mort qui est une autre naissance a été un deuil cruel pour ceux qui vous chérissaient. Mais vous avez été témoin comme lui, témoin de la Lumière, dans une mesure que Dieu seul connaît, et, comme lui aussi, vous l'êtes encore, infiniment plus que dans votre passage si court.

« Des âmes apparentées spirituellement à la vôtre, que vous ne pouviez pas connaître et qui sont une multitude, vous les connaissez maintenant, vous les voyez de votre nouvelle demeure. Aussitôt après votre départ de ce monde, elles vous ont été montrées. Vous avez su, alors, pourquoi vous avez été forcé d'en sortir. Dieu avait besoin de vous, parce que les vivants ont besoin d'être secourus par les défunts. Les bavards qui parlent inconsidérément du « repos éternel », en abusant de l'expression liturgique, ne comprennent pas que ce repos est l'Activité véritable, celle des incorporels, assimilable à l'activité foudroyante des esprits angéliques et ubiquitaires.

« Je sens tout près de moi votre âme si douce et si tendre, mon cher Jean, et je sais qu'elle est, en même temps, près de beaucoup d'autres qui sont ainsi consolées et réconfortées, sans savoir comment ni pourquoi. J'étais triste et pesant le jour de ce qu'on veut appeler votre mort. Aussitôt l'espérance et l'agilité de l'esprit me sont revenues. Je ne savais pas ce qui était arrivé, je n'en avais nul pressentiment et je ne pensais même pas à vous, sinon de cette manière vague et lointaine qu'on peut comparer à l'imprécise contemplation d'un champ de bataille aperçu à une grande distance. Mais vous pensiez à moi, certainement, et vous êtes accouru, parce que vous saviez mieux que moi-même ce que j'avais à faire et que l'impédiment de ma détresse vous était connu.

« A la même heure, j'en suis sûr, vous avez assisté plusieurs autres âmes rencontrées ou non dans votre pèlerinage terrestre, et c'est une grande force pour ceux qui vous pleurent de penser que vous êtes ainsi, après saint Jean, le témoin de la Lumière.

« Par vous, cher invisible, quelques-uns qui croyaient un peu croiront davantage et certains qui ne croyaient pas du tout commenceront à croire. Voilà votre mission bien évidente désormais, telle que la séparation accidentelle de votre corps et de votre âme vous la révéla. Car la mission particulière de chacun de nous est mystérieusement déterminée par le *nom* qui lui fut imposé au baptême. Cela est quelquefois vérifiable dès cette vie, mais se réalise toujours avec magnificence à la minute précise de la bonne mort...

« Ah! certes, je n'ai rien à vous apprendre maintenant, je le sais bien. Cependant, c'est une joie pour mon cœur de vous entrevoir de la sorte, un peu au delà de mes ténèbres, et de le dire, comme je peux, aux chères créatures qui ont besoin d'être consolées. »

Je souhaite, mon cher Pierre, que vous soyez touché de cette page où j'ai mis mon cœur. Il y a une heure à peine, ma femme, qui écrit à Jeanne, me faisait remarquer ceci que je vous prie de remarquer vous-même : *C'est à partir du 22 août que j'ai commencé à reprendre force et que je peux travailler régulièrement.*

Je vous embrasse.

Léon Bloy.

8 *Septembre* 1916.

Très cher et très fidèle Ami,

Je voudrais avoir des paroles pour vous, des paroles consolantes et réconfortantes, puisque vous souffrez.

Je me vois, hélas! très impuissant et j'aurais moi-même grand besoin d'être soutenu par quelqu'un de très fort. Mais j'ai le malheur ou le redoutable honneur d'être seul de mon espèce, de voir ce que personne ne voit et de penser ce que personne ne pense. Il faut cependant que je parle aux âmes puisque c'est ma mission, une expérience déjà longue ayant démontré que je ne leur parle pas en vain.

Mes meilleurs amis ne savent pas ce que pèse un tel fardeau et combien le secours de Dieu m'est nécessaire pour accomplir une pareille tâche! Souvent, au début d'un chapitre, je suis tenté de désespoir. Mais il faut marcher quand même et, sans doute, jusqu'à la mort.

Vous m'aviez fait espérer une visite de Jeanne. Est-elle toujours à Palaiseau? Je ne sais même pas son adresse dans ce village. En supposant qu'il me fût très facile d'aller la voir, je ne sais pas si je serais le bienvenu chez sa belle-mère. De toutes manières, il me faut attendre avec tristesse.

Le livre dont je vous ai lu des pages avance. J'espère l'avoir fini ce mois. Si la censure ne le massacre pas, je crois qu'il sera profitable à beaucoup d'âmes désorientées, venant surtout après *Au Seuil de l'Apocalypse* qui paraît avoir fait impression. Je viens de recevoir de Vallette la nouvelle encourageante d'une réimpression très prochaine.

Si Dieu et sa Mère vous bénissent autant que je le leur demande chaque jour, vous serez, cher Pierre, très consolé ou du moins très fortifié pour les épreuves à venir dont tout le monde est aujourd'hui menacé.

J'ai appris aussi que *Sueur de Sang*, livre si longtemps étouffé, se lit beaucoup. Ceux qui me jugeaient excessif trouvent maintenant que je suis resté au-dessous de la vérité. Inconvénient de voir plus loin ou mieux que les autres. Ce sera mon sort jusqu'à la fin.

Je vous embrasse.

Léon Bloy.

2 *Novembre* 1916.

Mon très cher Pierre Termier,

Je reçois avec émotion ce que les défunts m'ont envoyé par vous. Nous allons pouvoir, dès aujourd'hui, faire notre provision de charbon pour l'hiver. Cela me rappelle mon cher Philippe Raoux qui s'en chargeait habituellement, se disant mon charbonnier.

Depuis un grand nombre d'années, je suis en commerce avec les défunts, qui m'ont bien souvent secouru. Cette année, c'est dès le commencement de *leur* mois qu'ils semblent se déclarer en ma faveur. C'est mardi dernier, 31 octobre, que ma femme a remis à Vallette le manuscrit de mon nouveau livre : *Méditations d'un solitaire en* 1916. C'était aux premières vêpres de Toussaint. Le mois des morts commençait. J'avais promis à ces amis invisibles et innombrables de leur donner chaque jour, après la communion, l'office qui leur appartient, à la condition que mon livre qui est à la gloire de Dieu serait protégé par eux et préservé des mutilations de la censure. J'espère obtenir cette faveur exceptionnelle, mais je l'espère uniquement des défunts dont le pouvoir, bien connu de moi, sur les choses de ce monde qu'ils paraissent avoir quitté, dépasse infiniment les conjectures de nos plus clairvoyants aveugles. En attendant ce résultat, je compte sur la bonne volonté affectueuse et certaine de mon vieil ami Vallette qui veut, cette fois, m'épargner les lenteurs ordinaires du *Mercure*.

Je suis un peu courbaturé du grand effort de cette improvisation douloureuse. Avant d'entreprendre autre chose — je ne sais quoi — je vais me retremper dans la prière et les lectures.

La joie que vous souhaitez pour moi, je l'espère de ce livre qui doit aller directement à certaines âmes désemparées et affamées de ce que nul, excepté moi, ne peut leur offrir.

Ce sera pour la mienne une joie très grande et une récompense merveilleuse d'apprendre que j'ai illuminé quelques aveugles et rendu l'ouïe à quelques sourds. Vous savez que cela m'est arrivé déjà plusieurs fois. Mais aujourd'hui, quelle occasion ! quel moment unique ! au seuil de l'Apocalypse, alors que le Démon semble triompher !

Vous pensez bien, cher ami, que votre recommandation de

prier pour ceux de vos défunts que j'ai connus est inutile.
J'y suis tellement porté!... tellement *intéressé !*

Vous reverrai-je bientôt, seul ou accompagné de Jeanne?
Je serais heureux de vous lire quelques-uns des chapitres
que vous ne connaissez pas. Il y en a un, l'avant-dernier,
dont l'effet est sûr. Je me suis arrêté quelques instants à
contempler *l'âme de Guillaume* en me souvenant de l'âme
de Napoléon. On ne résiste pas à cela.

Je vous embrasse avec grand amour.

Léon Bloy.

25 *Décembre* 1916.

Mon très cher Pierre Termier,

Nous avons reçu votre oie de Bretagne avec une joie que
nous ne cherchons pas à dissimuler. Il est vrai que, par une
sorte de miracle, cette volaille s'est transformée en un
énorme gigot. Mais notre satisfaction n'a pas diminué. De
mon côté, elle serait plus grande encore, si j'avais l'assurance parfaite qu'au moment de notre repas de Noël, l'Allemagne entière crève de faim. A ce prix, je consentirais bien
volontiers à mourir moi-même d'inanition. Le désespoir de
ce peuple infâme est mon unique espérance terrestre! C'est
l'immense besoin de mon âme, mon rêve unique nuit et
jour, c'est le tison de ma prière. Ah! dans ce sens, je suis
vraiment un homme de *bonne volonté*, vous pouvez le croire,
mais, hélas! combien inutile!

Si, du moins, je pouvais me consoler en regardant notre
pauvre France rongée de vermine, gouvernée par les plus
fétides crapules et promise aux pires malheurs aussitôt
après la déconfiture des brigands de la Germanie. Nous
pourrons apprécier alors l'amitié fraternelle de l'Angleterre,
qui a déjà conquis la Normandie et la Picardie et qui ne
les lâchera certainement pas.

J'ai dit ce que j'ai pu dans mes *Méditations*, c'est-à-dire très peu de chose, et vous verrez qu'il en sera de ce livre comme de *Sueur de Sang* qu'on jugea excessif avant 1914, et qui maintenant paraît inférieur à la réalité. C'est un mauvais métier que celui de prophète.

Telles sont mes pensées en ce jour de Noël.

> Je voudrais que le ciel fût tout tendu de noir
> Et qu'un bois de cyprès vînt à couvrir la terre!

Je suis hanté par ces deux vers d'Eugénie de Guérin après la mort de son frère qui ne méritait certainement pas un si grand deuil.

Sans parler de mes amis atrocement assassinés par Guillaume, j'ai bien d'autres sujets de gémir et de crier vers le ciel! Celui que j'attends depuis un si grand nombre d'années ne vient pas et c'est assez pour être tenté de désespoir.

Vous savez sans doute que notre archevêque, toujours digne de lui-même, a interdit, cette année, la messe de minuit dans tout son diocèse. C'est une petite surprise qu'il nous réservait en attendant celles qui lui sont réservées à lui-même et que ce maudit est loin de prévoir. Les pasteurs de Bethléem, avertis par les anges, se précipitèrent à la crèche, *media nocte*. Le nôtre, instruit par le diable, ne permet pas cet empressement. Nécessité patriotique d'économiser le luminaire, a-t-il dit. Que la nuit reste la nuit et, s'il est possible, qu'elle soit éternelle!

Je n'ai rien à vous dire de mon livre, sinon qu'il est entièrement imprimé. J'ai corrigé toutes les premières épreuves. Reste à savoir ce que fera la censure. Les imbéciles ou malandrins qui forment cette équipe ne feront certainement que le mal qu'il leur sera donné de faire. Dieu et sa Mère, pour qui ce livre fut écrit, ayant le pouvoir de les aveugler. J'ai prié de toutes mes forces pour qu'il en fût ainsi et je veux espérer.

Et maintenant, cher ami, persévérez dans votre courage et votre résignation. Je ne me lasse pas de demander pour vous les bénédictions les plus amples et je ne vous oublie pas un seul jour.

Peramanter amplector te, carissime.

Léon BLOY.

5 *Juin* 1917.

Entendu, mon vieux colonel.

Dimanche vous serez accueilli avec joie et nous dînerons ensemble.

J'espère que votre Jeanne pourra prendre part à ce festin.

Peut-être aurai-je quelque chose à vous dire de mon livre qui paraît devoir réussir un peu.

Je vous embrasse.

Léon BLOY.

9 *Août* 1917 (1).

TRÈS BON ET TRÈS FIDÈLE AMI,

Vous voilà donc de nouveau à Varces. Quand vous reverrai-je maintenant?

Vos visites me sont plus précieuses que vous ne pensez. Elles interrompent un moment ma tristesse qui est grande et continuelle. J'ai, pour une ou deux heures, l'illusion d'être moins vieux, moins accablé.

Vous espérez un bulletin meilleur. On voit aisément ce qu'on espère toujours. Il se dit autour de moi que je vais beaucoup mieux. Je ne m'en aperçois guère. Ce matin même j'ai été privé de la messe, après une mauvaise nuit qui m'avait réduit à une faiblesse extrême. C'est la dernière misère pour moi. La messe, la communion quotidiennes et le sommeil sont mes ressources pour ne pas souffrir. Car c'est bien l'âme qui est malade. Je pense que vous l'avez compris. J'essaie de me défendre en travaillant et je fais

---

(1) La dernière lettre de Léon Bloy à Pierre Termier.

un nouveau livre avec lenteur et fatigue. N'écrivant pas pour le public de Paul Bourget, ce livre sera plutôt de couleur sombre, ai-je besoin de vous le dire?

J'ai le redoutable honneur de voir les choses telles qu'elles sont, de les voir souvent à l'avance, et cela me fait de terribles tableaux. Les *Méditations d'un solitaire* pourront paraître singulièrement réconfortantes en comparaison de ce que ma conscience me force d'écrire aujourd'hui.

Quand vous viendrez, n'oubliez pas d'amener l'oncle Louis. Vous aurez besoin de lui peut-être pour vous soutenir pendant ma lecture, si je suis encore assez vivant pour une lecture.

Ma femme vient d'écrire à Jeanne Boussac. Elle lui donne un très bon conseil d'expérience pour mon filleul dont le mal, très ordinaire chez un enfant de cet âge, n'a rien d'inquiétant. J'ai pratiqué moi-même le remède indiqué et plusieurs fois avec un succès complet. Mais vous pouvez compter que je prierai pour Christophe avec une attention particulière.

Et maintenant je vous quitte en vous embrassant avec tendresse. Je respire avec beaucoup de peine et je n'ai presque plus de forces.

Léon Bloy.

LETTRES A JEANNE TERMIER

(Madame Jean Boussac)

ET A SON MARI

(1908-1916)

LETTRES A JEANNE TERMIER

13 Août 1908.

Ma chère Jeanne Termier,

Je suis bien forcé d'ajouter le nom de votre père, puisque ma femme, elle aussi, se nomme Jeanne. Je suis privé ainsi de cette appellation familière, plus conforme à mes sentiments affectueux pour vous.

J'aurais voulu répondre, avant-hier, à votre lettre délicieuse. Pardonnez-moi, j'ai eu à souffrir et diverses peines m'ont troublé. J'ai reçu quelques cheminées sur la tête. Cependant je n'ai pas voulu être absolument silencieux et, ce matin, vous avez dû recevoir quelque chose.

Avant tout, je tiens à vous dire que je suis très content de votre père. Incontestablement c'est un des meilleurs élèves de mon école montmartroise. Ses progrès, depuis deux ans, sont inouïs. En être arrivé déjà au « geste » de partir sur l'heure « sans payer »! C'est de quoi me rendre fier. Le geste n'a pas été accompli, mais on ne sait où s'arrêtera un tel disciple.

Votre abbé Girey me donne du souci. Entre nous, c'est un homme qui abuse de sa force. Il sait que ma *mentalité* (1) est inférieure, que je manque de culture et surtout que, n'ayant pas enseigné, comme lui, la rhétorique, je ne sais pas écrire. Alors, je t'écrase. Quel manque de générosité! Naturellement, je répondrai comme je pourrai. Je répondrai même de Montmartre, mais avec quel désavantage!

16 *Août.*

On me traque. La semaine passée, l'éditeur X... m'a menacé d'un procès, si je ne faisais pas disparaître immédiatement une cinquantaine d'affiches collées aux environs de Saint-Sulpice et de Saint-Thomas d'Aquin, où le dit X... était mentionné comme lâcheur de Notre-Dame de la Salette et compromis gravement, paraît-il, vis-à-vis de l'archevêque de Paris, ennemi notoire de Mélanie. Il a fallu céder à ce monsieur qui est un menteur et un lâche, mais vertueux et riche, et qui m'a fait passer des heures mauvaises. Si j'étais plein de capitaux, j'aurais, au contraire, jeté sur Paris un million de ces affiches. Ma revanche, d'ailleurs, est certaine, devant être bientôt en fonctions de Trésorier-Payeur-Général de la Souveraine...

En attendant... oui, ma petite Jeanne, *en attendant*, le texte MITIGÉ va être apposé sur les murs de Lourdes pendant la durée du Pèlerinage national (!). Le concours de deux amis dévoués m'est assuré pour la confection et le collage d'un ou plusieurs milliers de ces placards.

Je vous enverrai l'affiche de Lourdes, en même temps que celle, désormais introuvable, de Paris, pour en orner singulièrement le vestibule de Varces.

Vous me faites rire, quand vous me parlez de *deux* propriétaires. Pendant quelques jours, j'en ai eu *trois* à la fois. J'aurais pu, aussi bien, en avoir quinze. Histoire grotesque et ignoble qui m'a donné, comme on dit, de la tablature. Sans l'intervention d'un ami, architecte malin, j'étais frit sans aucun remède. Tout est fini, non sans perte de quelques plumes. Désormais, je suis locataire à nouveau, 40, rue de La Barre où vous m'avez connu, mais non pas dans le même pavillon. Notre nouveau gîte sera *beaucoup meilleur*, ayant été choisi pour nous par Notre-Dame de Compassion.

— 273 —

Nous emménagerons vers la fin de septembre, d'importantes réparations étant nécessaires. Jusque-là notre domicile est toujours dans l'atroce rue Cortot.

Pour nous faire prendre patience, Notre-Dame de Compassion a suscité un brave homme, ce Gatumeau dont je vous ai envoyé un article, il y a quelques jours. Pour une quinzaine, il nous abandonne gratuitement un joli pavillon à Créteil, plein de provisions à notre usage! Nous partirons demain.

Après cela, si nous sommes favorisés d'une pluie assez abondante, nous irons passer le mois de septembre au Tréport, non pour ma vieille carcasse, mais pour les fillettes que la rue Cortot a déprimées.

J'embrasse en votre personne, ma chère Jeanne, tout le bloc Termier très tendrement.

Léon Bloy.

Le Tréport, 7 Septembre 1908.

MA CHÈRE AMIE JEANNE TERMIER,

Les nouvelles que vous me demandez sont plutôt mauvaises. Je crains d'avoir fait une imprudence en venant ici. La santé des enfants, il est vrai, exigeait cela et j'ai dû partir, comme les marins, en m'abandonnant à la Providence. Elle ne voudra pas, sans doute, que je sois captif au Tréport après l'avoir été en d'autres lieux — et si douloureusement. Les nouvelles qui me viennent de Paris sont rares et désolantes.

Ma chère femme, me voyant souffrir, me consolait hier en me disant :

« Ce livre est à la gloire de Dieu et il a été inspiré par lui. Donc, il fait partie de ses desseins cachés. Dès lors, il est sans intérêt ni importance qu'il ait du *succès*. On peut même dire que le succès humain lui ôterait quelque chose de son caractère divin, de son caractère prophétique. Les choses de Dieu sont invisibles et silencieuses. Ton livre n'aurait pas même trouvé d'imprimeur ni d'éditeur et serait resté dans un tiroir que la Volonté de Dieu n'en aurait pas moins été accomplie. *C'est un monument de gloire sur la Voie cachée.* »

Brou n'est pas avec nous. Il était encore en Bretagne, il y a quinze jours. En ce moment, je ne sais où il agonise. Vous feriez un chef-d'œuvre, ma petite Jeanne, si vous pouviez, en montrant la photographie de son *Ecce Homo* à des gens riches, lui trouver un acheteur. Il a deux ou trois beaux exemplaires à vendre. Décoration très somptueuse pour un oratoire, même de bourgeois.

Je suis par la pensée votre mère et Marie, à Lourdes. Je compte sur les bons yeux de Marie pour découvrir mes affiches. Peut-être, en passant, assistera-t-elle à la vente de *Celle qui pleure*, vente qui devrait, peut-être aussi, se faire à la criée, comme celle du poisson sur le marché du Tréport. Mais voilà que je ne parle plus que de *vente* maintenant. C'est hideux et ridicule.

Je suis si abattu qu'après cette lettre misérable, je n'ai plus un globule d'énergie pour écrire à votre père. Faites-lui donc passer ce papier, je vous prie, en m'excusant de tout votre cœur généreux.

Je vous embrasse pour vous-même et pour tous les vôtres.

Léon BLOY.

Vous recevrez cette lettre demain 8 septembre, premier anniversaire de l'achèvement de *Celle qui pleure*. C'était un dimanche. Quelques heures plus tard, votre père venait en entendre la lecture.

Nous sommes ici jusqu'à la fin du mois, si Dieu le permet, pour nos enfants à qui l'air de la plage profite évidemment.

10 *Septembre* 1908.

MA TRÈS CHÈRE AMIE JEANNE TERMIER,

Je reçois votre lettre et j'y veux répondre à l'instant, ne fût-ce que quelques lignes.

Question du prix de l'objet. Si j'étais riche et, par conséquent, acquéreur immédiat, je me mépriserais fort si je sentais, une seule minute, monter en moi la sale pensée d'offrir moins de 10.000 francs, l'auteur ne fût-il pas mon ami. Si j'étais seulement à l'aise, je voudrais offrir au moins 1.000 francs. Ecartons ces rêves.

Brou est si malheureux que 500 francs et même un peu moins le combleraient. C'est à pleurer. Vous voilà fixée autant qu'il se peut. Vous comprenez que toute la manœuvre consiste à faire le plus de bien possible à un grand artiste qui souffre.

Les exemplaires de l'*Ecce Homo* sont nécessairement en plâtre, non pas cru, mais maquillé habilement et d'un ton très doux. Ils ne peuvent être qu'en plâtre. La matière seule ou la main-d'œuvre, s'ils étaient en bronze ou en marbre, en décuplerait la valeur et, dans le dernier cas, retarderait plusieurs mois la livraison.

Je suis mortifié de ne pouvoir vous expédier sur-le-champ deux photographies que j'ai malheureusement oubliées à Paris. Mais Brou vient d'y rentrer, je vais lui écrire et tout sera réparé. Retard de deux ou trois jours.

Et maintenant, Jeanne, je tiens — en vous embrassant avec transport — à vous dire que votre lettre est *très belle*, magnifiquement généreuse, et que je suis fier de l'avoir inspirée.

Votre   Léon BLOY.

Vous dites avoir envoyé ma lettre au fond du Maroc, du redoutable Maroc! N'est-ce pas un lapsus? Je croyais votre père en Tunisie.

40, *rue de La Barre*,
Dimanche, 20 *Décembre* 1908.

CHÈRE AMIE,

Deux mots en hâte. Je me reproche beaucoup de vous avoir laissée partir vendredi, sans m'assurer que vous aviez encore l'adresse de Brou, 59, rue Lepic.

Une heure après, j'étais chez lui, hélas! et je le comblais de joie en lui annonçant ce secours qu'il attend encore.

Agissez donc, pour l'amour de Dieu, au reçu de ce billet. Vous serez bénie par un grand et malheureux artiste.

Répandez mon bonjour autour de vous et soyez assurée une fois de plus, mon aimable dédicataire, de ma très vive affection.

Léon BLOY.

10 *Mars* 1909
(9 *heures du soir.*)

MA CHÈRE JEANNE,

Je recommanderai pour vous à la poste demain matin un double des épreuves de mise en pages que j'ai reçues aujourd'hui et corrigées. 108 pages, environ, le tiers du volume.

Je pense que cela vous amusera de voir mon *Invendable*, qui est aussi le vôtre, se réaliser typographiquement.

Il est entendu que ces papiers sont à vous. Cependant je vous prie de les garder soigneusement. J'aurai peut-être besoin de les consulter, un peu plus tard, pour le contrôle de mes corrections.

Toute cette cuisine est fatigante. Surcroît de travail qui me surmène. Car il faut, en même temps, que je fasse couler *le Sang du Pauvre* qui n'a encore que 16 chapitres. Je peine jour et nuit et je m'interdis la moindre course, même utile pour mes pauvres affaires.

Raoul Simon, toujours exquis, est venu dimanche. Le

consentement de Calmann est presque assuré. Mais il faut
que j'aie livré le manuscrit à Pâques, dernier délai, ce
qui est possible, Dieu aidant. C'est ma grande bataille, vous
le savez.

Priez pour votre vieil ami, ma petite Jeanne, et embrassez de sa part vos chers parents.

Léon BLOY.

17 Novembre 1909.

MA CHÈRE JEANNE TERMIER,

Supposez que vous êtes ma créancière et que je vous
demande humblement crédit, un crédit très court.

Depuis quelques jours, je suis obstrué. Mais je m'occupe
de vous, je pense à vous, plus que vous ne croyez. Met-
tons, comme un amoureux, et j'espère vous contenter.

Le Sang du Pauvre paraît demain, enfin! Je ne pourrai
sans doute pas courir à Vaugirard, mais, le jour même, je
vous enverrai par la poste un exemplaire que vous aurez
vendredi.

Saluez pour moi le tendre bloc.
Votre

Léon BLOY.

18 Décembre 1909.

MA CHÈRE JEANNE TERMIER,

Oui, j'ai tout mérité, excepté des récompenses. J'avais
fait une promesse à votre père. Ne pouvant la tenir aujour-
d'hui, il faut bien pourtant que vous receviez quelque
chose. Et voici :

Il n'y a de possible qu'une préface en forme de lettre
ou autrement. J'ai lu et relu votre manuscrit dont je vous
prive odieusement.

En vérité, c'est très beau et je ne sais plus comment sauver ma réputation de critique et de pamphlétaire. C'est

extrêmement beau. Cette lecture est un des étonnements de ma vie. Je vous dis cela très froidement, sans aucun souci de vous plaire.

J'ai donc le *devoir* d'écrire une préface très belle, ce qui me tourmente. Faites-moi encore un peu de crédit, ô enfant des « soirs » !

Je ne voudrais pas que ce travail fût confié à un autre ouvrier.

Votre

Léon BLOY.

23 *Décembre* 1909.

MA CHÈRE JEANNE TERMIER,

« Lettre suit », disais-je à la fin de ma préface que vous avez dû recevoir hier, en même temps que je recevais les quelques lignes *recommandées* de votre excellent père.

La voici cette lettre, peu importante, d'ailleurs, que je n'ai pu écrire avant ce matin.

Etes-vous contente de cette préface? J'ai fait ce que je pouvais, j'ai essayé de dire quelque chose. Mais avant tout j'ai voulu vous traiter avec une extrême rigueur, c'est-à-dire avec *justice*, en faisant table rase de mes sentiments et des vôtres. J'ai tenu à vous supposer une étrangère. Prenez ça comme vous voudrez.

Et maintenant, soyons pratiques. Vous savez que cela est mon fort.

En admettant l'hypothèse hardie que ladite préface ne vous mécontente pas, je compte sur elle seule pour faire accepter votre volume par mon ami Vallette, votre nom étant inconnu encore et les vers étant généralement peu demandés par les innombrables serviteurs du démon des aéroplanes ou des autos.

Certes, je ferai et je dirai tout ce qui se pourra, mais sans certitude de réussir.

Seulement, il serait nécessaire de prendre une copie de

votre manuscrit. Un accident est possible et je garde toujours un double de ce que je livre à l'imprimeur.

Si vous pouviez venir le chercher, quel service vous me rendriez, petite Jeanne! Je ne sais où trouver le temps de courir à Vaugirard et je n'ose le confier à la poste.

J'aurais le plaisir de vous voir, une fois de plus, et ce serait une occasion de causer, toujours dans le sens pratique.

Je vous ai donné 22 ans, outrageusement peut-être. Alors corrigez et pardonnez.

J'embrasse tendrement le bloc.

Votre

Léon Bloy.

2 Février 1910,

Senex puerum portabat;
Puer autem senem regebat.

Chère petite Jeanne,

Voici vos placards que je fais partir en même temps que cette lettre.

Je me réjouis avec vous de ce commencement de résultat si rapidement obtenu, présage d'un succès futur.

En ce temps d'inondations littéraires et autres, il est regrettable que vous n'ayez pas trouvé un meilleur bateau que ma vieille barque privée de voiles et d'avirons qui ne peut pas vous porter bien loin. Mais c'est votre fortune qui la conduira, ô Césarine!

Pourquoi Grasset ne vous a-t-il pas renvoyé le manuscrit en même temps que les épreuves? D'abord le manuscrit doit retourner à l'auteur. C'est la règle partout, excepté en Belgique. Puis, c'est presque indispensable pour la correction.

Je n'ai donc pu, en ce qui vous concerne, que revoir, après vous et votre père, la ponctuation, sans aucun moyen de vérifier votre texte. C'est insuffisant. Vous avez pu constater vous-même l'omission d'une strophe. Il y a peut-être d'autres omissions.

Dans votre introduction, septième alinéa, je lis ceci : « ils viennent, cherchant des étapes ». *Étapes* ne me semble pas clair. Est-ce bien le mot que vous avez écrit?

Dans *Soir lyonnais*, dernier vers, pourquoi n'avoir pas gardé le P majuscule au mot Peines? Ce serait bien plus beau. J'aime les majuscules. Je me suis permis d'en mettre une au mot Nuit dans le dernier des cinq vers que je cite. Approuvez-vous cela?

Ma préface n'a pas été maltraitée. Mais j'ai trouvé une bien belle coquille :

« Nous vous tendrons, ô Dieu, nos mains de bouc et d'ombre. »

Cette seule faute tuerait le livre. Il faut absolument qu'elle disparaisse.

Ne manquez pas de m'envoyer les secondes épreuves. Ce sont les plus importantes.

Vous faites bien d'exiger l'italique pour votre introduction. Il importe que cette pièce soit très distincte de ma préface.

Voilà tout, me semble-t-il. Il ne me reste plus qu'à vous embrasser fort tendrement.

Votre

Léon Bloy.

22 *Août* 1910.

Ma chère Amie,

Je vous prie de me dire si vous avez reçu ma lettre du dimanche 14. J'avais eu l'imprudence ou la paresse de la confier à un visiteur qui a dû la jeter à la poste le soir même. Cependant il se pourrait qu'il l'eût oubliée dans sa poche et j'en serais très mortifié. Cette lettre écrite pour vous faire plaisir me paraissait avoir une certaine importance et j'aurais bien voulu savoir son effet sur vous.

D'autre part, je ne sais plus rien des Termier. Avez-vous des nouvelles de Suède et comment se portent votre mère et vos sœurs et aussi votre frère?

Depuis une lettre fort gracieuse d'Henri Artru, je suis dans la plus complète ignorance de mes amis du Dauphiné. Et cela me manque beaucoup. Il y a déjà tant de choses entre nous!

Je suis sur le point d'achever *le Vieux de la Montagne* qui sera, j'espère, un rude livre, un livre « rugueux », d'une digestion peu facile pour quelques-uns.

Aussitôt après, je m'occuperai de Mélanie, œuvre formidable à laquelle je ne pense qu'en tremblant. Véronique nous inquiète un peu. La pauvre petite a besoin d'un air nouveau. Ma femme va l'emmener avec Madeleine en un petit coin de Bretagne où elles vivront comme des paysannes. Complication nouvelle de ma vie difficile. Je resterai seul. Ma petite Jeanne, encouragez-moi de quelques mots.

Embrassez tout le monde pour moi.

Léon Bloy.

*Taillepetit par Razac-sur-l'Isle
(Dordogne).*

27 Août 1910.

Chère Amie,

Vous serez un peu étonnée de cette nouvelle adresse. Je suis chez *ma* couturière et chez son mari, le docteur V..., excellentes gens, incroyablement passionnés pour moi, qui ont voulu m'avoir chez eux une semaine. Je rentrerai à Paris, mercredi, pour achever *le Vieux* avant d'aller chercher ma femme et mes enfants à Binic en Bretagne, ma vie étant devenue celle d'un vagabond. L'état un peu inquiétant de Véronique a nécessité cette nouvelle villégiature. Je ne sais pas où je vais ni comment cela finira.

J'aimerais mieux que la pauvre enfant fût ici. Cet endroit

du Périgord est un pays de rêve, tel qu'il n'en existe plus que dans les vieux contes. Je ne finirais pas d'en parler.

Votre réponse à ma carte, que je viens de recevoir, m'a consterné. Le visiteur du 14 est payé. Une lettre foudroyante a été immédiatement son salaire. Si la mienne à vous est restée dans une de ses poches, je pense qu'elle va vous être envoyée sur-le-champ avec recommandation postale. J'en ai fait une question grave.

Si c'est la poste elle-même qui a été infidèle, je ne vois pas de remède. Il est même trop certain que je n'aurai jamais de certitude à cet égard.

Je ne sais plus exactement ce que je vous écrivais. Ai-je dit que cette lettre était « importante »? C'est donc un effet de mon ignoble vanité d'auteur.

J'avais transcrit pour vous une page du *Vieux*, espérant que la lecture vous en serait agréable et que vous me récompenseriez d'un petit suffrage. Voilà tout.

Je recopie cette page :

« *Cayeux, juillet.* — Dans ces heures si lentes et si lourdes, le beau livre de Jeanne Termier, *Derniers Refuges*, heureusement apporté, m'a procuré une consolation certaine que je n'aurais demandée ni à Baudelaire, ni à Verlaine, ni à aucun autre poète. Il m'est difficile d'exprimer cela, d'expliquer une telle préférence.

« Il serait sans doute bien extravagant de comparer cette poésie à *un serpent qui se repentirait*. Le beau Serpent de la Tentation, le serpent maudit et irrésistible, le reptile qui « brise les fleurs » en se jouant, cet ennemi qui ne peut ni pardonner ni obtenir son pardon et qui, cependant, paraît avoir gagné quelque chose qui ressemblerait à un sursis...

« Ah! je sais bien que le fond est tout ce qu'il y a de plus terrible : l'âme des triomphateurs qui pourrit en eux « comme une terre communale »; leurs cœurs, « ces palais d'ombre où rôde le silence »; « le lent cheminement des Peines par la Nuit »; et « les vagabonds qui pleurent tout

bas »; et « les chiens tristes de ces hameaux sans bergeries »; et ces yeux plus tristes encore, ces « yeux pâlis »,
« ces yeux déserts de pensée » et « ces mains faibles et déso-
lées », « ces mains d'ombre contre la face de misère »;
et toute la Douleur du monde et « l'angoisse universelle »
et Dieu qui chemine « affirmé par la désespérance ». Oui,
sans doute, il n'y a pas moyen de fuir; mais « le soir est
là comme un hôte timide et doux », « le soir qui fait les
monts redoutables pâlir »; l'âme aussi, qu'on ne peut pas
tuer, « l'âme trop vaste et trop hautaine pour mourir »,
et « l'inexprimable Symphonie » dans le donjon de la Joie
et de la Lumière.

« J'ai eu la sensation qu'il doit y avoir peu de tristesses
qu'une telle poésie ne puisse pas assoupir au moins quelques instants.

« J'ai relu aussi ma préface et vraiment elle dit peu
de chose. Presque rien, me semble-t-il. Mais comment faire?
Et que dire aux autres sinon : lisez vous-mêmes? Les
grands poètes se reconnaissent à ceci qu'ils mettent en
nous des traces qu'il n'est plus possible d'effacer. L'ombre
d'un vers, l'ombre d'un seul mot tombe sur une âme; en
voilà pour toute la vie, et, quand on souffre, c'est un *refuge*
tel quel, en attendant l'ombre bienheureuse des ormeaux
du Paradis. »

Vous m'écrivez que vous avez été triste à cause de mon
silence, aveu très doux pour moi, mais que vous pensiez
m'avoir « mécontenté ». Alors, petite Jeanne, je vous embrasse très tendrement et je vous dis que vous êtes tout à
fait absurde. Comment pourriez-vous me mécontenter? Igno-
rez-vous à ce point le sentiment profond que j'ai pour vous
en particulier et pour chacun des vôtres ? Comptez les
crimes que nous avons commis ensemble, crimes de lèse-
roufferie contre lesquels, vous le savez bien, il n'y a pas
assez de châtiments. Enfin, je vous pardonne, mais ne
recommencez pas.

A l'heure où je vous écris, dans le voisinage de quelques arbres centenaires, infiniment loin des automobiles et même des aéroplanes, j'ai l'âme ravie d'entendre ma chère Isle, la douce rivière de mon enfance, qu'un barrage de moulin fait mugir affectueusement tout près d'ici. Me voilà donc très rêveur, comme autrefois, il y a quarante ans, lorsque j'ignorais encore tant de belles choses modernes qui ont fait de moi le « Vieux » que vous honorez de votre affection.

Alors, en cette qualité de rêveur juvénile, je vais essayer de vous donner des nouvelles de votre père qui ne sera peut-être pas encore à Varces quand cette lettre y arrivera. Il ne m'a pas écrit, c'est vrai. Pourtant je crois savoir une chose qu'il a pu vous laisser ignorer : une déception, un déboire amer qui a vivement affligé cet homme encore jeune — comme le sont, par privilège, les polytechniciens même les plus décrépits — et qui conserve tenacement quelques illusions.

En arrivant en Suède, il s'était dit : « Il y a, ici, l'académie de Stockholm qui décerne, toujours imbécilement d'ailleurs, le prix Nobel, et il y a, là-bas, Léon Bloy, pour qui ce prix fut fondé. Or je suis de l'Institut de France. J'irai donc trouver ces banlieusards de la Capitale intellectuelle du monde et, peut-être, leur persuaderai-je d'accomplir enfin leur devoir. »

Ah! chère petite Jeanne, quelle confusion pour votre malheureux père! Je le vois rentrant à Varces, les cheveux blanchis, ruisselant de larmes, dépouillé de ses dernières illusions et tout enveloppé dans une immense *veste* scandinave! Consolez-le, embrassez-le pour moi avec les plus grandes précautions.

Donnez, je vous prie, mon bonjour le plus affectueux à votre mère et à tous les vôtres.

A bientôt, à toujours.

Léon BLOY.

2 *Septembre* 1910.

Ma chère Jeanne Termier,

Je ne sais plus rien de mes bons amis de Varces. Le 27 août, samedi dernier, en réponse à votre lettre reçue, la veille, à Taillepetit, je vous ai écrit une sorte d'épître plus « importante » peut-être que celle qui a été si bêtement perdue et que je fais rechercher.

Cette nouvelle lettre, portant le timbre de *Saint-Astier, Dordogne,* aurait-elle eu le sort de la précédente? Alors ce serait tout à fait décourageant.

Écrivez-moi quelques lignes, ma chère amie, je suis seul et profondément triste en face du *Vieux.*

Si votre père est enfin revenu, embrassez-le pour moi et donnez mon bonjour le plus affectueux à tous les vôtres, sans oublier ni le terrible docteur, ni mon ami Henri Artru à qui je *pense* un peu plus depuis la mort de sa mère.

Votre

Léon Bloy.

Voici ceux des romans de Balzac qui m'ont le plus fortement impressionné.

Les soulignés sont pour moi des chefs-d'œuvre absolus.

Les Célibataires. Un ménage de garçon.
Le Colonel Chabert.
Les Paysans.
Le Cousin Pons.
La Peau de chagrin.
Le Père Goriot.
La Recherche de l'Absolu.
Splendeurs et Misères des Courtisanes.
La Dernière Incarnation de Vautrin.
Une ténébreuse affaire.

Nous en reparlerons.

20 Juin 1912.

MON CHER JEAN BOUSSAC,

Assurément il m'est facile de vous faire « un très grand plaisir » s'il suffit d'accepter votre mandat qui vient fort à propos, je ne crains pas de le dire.

Mon état de malheureux n'est ignoré de personne. Mes livres sont pleins de cet aveu que certains jugent cynique. J'ai toujours été malheureux.

Dieu n'ayant pas voulu que mes livres fussent récompensés par les hommes et que son témoin le plus intrépide eût une part quelconque aux biens de ce monde, il est clair que je n'avais rien de mieux à faire que de tirer profit de cette situation en jouissant d'une misère qui me rapproche de Jésus-Christ comme d'autres jouissent de leur opulence qui les en éloigne.

Si mes livres vous ont fait quelque bien, vous le devez précisément à cet état douloureux et constant, sans quoi je n'eusse très certainement écrit aucun livre méritant d'être lu par de véritables hommes, et des témoignages tels que le vôtre auront été mon salaire le plus précieux.

Je ne peux que vous féliciter, du plus profond de mon cœur, du magnifique *choix* que vous avez fait et qui eût été peut-être le mien, il y a quarante ans.

Votre

Léon BLOY.

Saint-Piat (Eure-et-Loir), 14 *juillet* 1912.

MA CHÈRE JEANNE TERMIER,

Je suis honteux de vous écrire en ce jour de dégoûtation nationale. Mais je n'ai malheureusement plus le choix, craignant d'arriver trop tard et ne voulant pas que ma lettre soit reçue par Mme Jean Boussac.

Ce sentiment est compréhensible. Je dois tant à Jeanne Termier, à commencer par l'étonnante amitié de son père, et je voudrais avoir quelque chose à lui dire à la veille du jour où sa vie va tellement changer! Mais ce n'est pas facile. Je suis peu doué pour l'épithalame et le Sacrement de Mariage est, à mes yeux, si saint et si grave!

Mon expérience personnelle, ici, ne me sert de rien. Lorsqu'il plut à Dieu de m'envoyer une compagne, il y a un peu plus de vingt-deux ans, j'étais une épave à recueillir, la plus triste et la moins profitable qui pût être rencontrée sur le rivage le plus désolant. Il avait fallu, pour une telle trouvaille, l'intuition de douleur et le miraculeux esprit de sacrifice de celle qui est devenue ma femme comme on se jette dans un puits ou dans un brasier, simplement parce qu'elle espérait ainsi sauver un homme qui lui semblait plus malheureux que les autres. Dieu, qui est incompréhensible, a voulu bénir cette union que la sagesse du monde eût estimée si dangereuse.

Tel n'est pas votre cas, très chère amie. Vous êtes aussi loin de la margelle que de la gueule du four, et les plus douces tendresses vous environnent.

Que puis-je, sinon admirer, avec les formes de l'adoration, la Volonté infaillible qui a décidé de vous traiter avec douceur? Dites-vous, cependant, que cette douceur est grave, comme toutes les choses divines, et qu'elle engage singulièrement votre cœur. Sanctifiez votre joie par le souvenir ému des êtres innombrables qui n'en connaissent aucune sur la terre et qui n'ont pas même l'espérance d'une vie meilleure.

Ainsi faisaient les chrétiennes d'autrefois, quand elles allaient comme vous à de nouveaux devoirs, mais par des routes sublimes, alors, « pleines de potences et de chapelles ».

Voilà, chère Jeanne, tout ce qui vient à la pensée du vieil ami qui vous considère de très loin et qui vous bénit du fond d'une villégiature nouvelle — nul ne pouvant échapper à son destin.

Saluez de ma part l'ami Jean Boussac et tous les vôtres, affectueusement.

Léon BLOY.

J'ai envoyé, mercredi, quelques lignes à votre père, à Varces. Je pense qu'il les a reçues.

Saint-Piat, 9 *septembre* 1912.

MA CHÈRE JEANNE,

Voulez-vous me permettre de vous nommer ainsi? Oui, n'est-ce pas? Et je commence par vous dire que votre article aux *Marches de Provence*, que je n'ai pas lu, est extrêmement beau et me comble de satisfaction.

Ne suffit-il pas que vous l'ayez écrit avec enthousiasme? Que dis-je? avec votre enthousiasme à vous, infailliblement gouverné et tenu en main, comme un étalon dressé, par un discernement sûr et une sensibilité supérieure incapable de s'égarer. En général les éloges qu'on a voulu me donner ont été accompagnés de gaffes sérénissimes qui me préservaient du péril d'en être enivré. Avec vous, je n'ai rien à craindre de pareil et je suis parfaitement sûr d'une joie exquise. Vous serez, d'ailleurs, en bonne compagnie. Ce Coulanges, vraiment passionné pour moi, a réussi à grouper des admirateurs de bon aloi, et son numéro sera une chose passablement extraordinaire. Il y a, entre autres, un certain *Secret de Léon Bloy* par Jacques Maritain que je vous recommande, et aussi un *Post-scriptum* de ma femme qui vous fera peut-être pleurer.

Quelle revanche, et quel salaire, à la fin, pour le vieil écrivain miséreux et inflexible dans sa volonté de ne ressembler à personne!

L'Ame de Napoléon paraîtra certainement dans la première quinzaine d'octobre. J'ai la simplicité ou la constance d'espérer beaucoup de ce livre si différent des autres livres sur Napoléon et paraissant, bien que je ne l'aie pas calculé, au moment où il va être, plus que jamais, parlé du grand homme.

Une ironique providence voudra peut-être que les mimes d'une révolution à prévoir voient dans mon livre une machine de guerre ou un instrument de propagande à utiliser. Alors, naturellement, je marcherai dans les nues.

Si je rate la sainteté, ce qui est à craindre, je veux croire que mes villégiatures, et surtout celle de 1912, me seront comptées en purgatoire. Pendant trois mois consécutifs, la pluie, la crotte et le froid continuellement, pour ne rien dire de quelques autres peines.

De ce pays qui pourrait être aimable, je n'emporterai qu'un souvenir fangeux, en attendant les joies de même sorte que me réservent les futurs étés.

Ne rêvez pas sur mes travaux à Saint-Piat. A 66 ans, je ne suis plus capable de travailler dans l'excessive tribulation. *L'Ame de Napoléon*, d'ailleurs, m'avait surmené et il me semble que j'ai autant de droit à un repos, même haïssable, que tel ou tel employé d'administration. Quelques lettres nécessaires et mon journal, quelques lectures aussi, voilà tout l'emploi de mon temps. Sans la présence de mes filleuls Van der Meer venus passer le mois d'août, je ne sais pas très bien ce que je serais devenu, ni le mal que ma tristesse aurait pu faire à ma femme et à mes filles.

Je veux espérer la visite de Jean Boussac. Dreux est si près et j'aurais tant de plaisir ! Mais je voudrais bien être averti la veille. Nous comptons qu'il viendrait déjeuner.

Je vous prie d'offrir nos félicitations à votre sœur Thérèse. Son amie Véronique priera certainement pour elle et sa petite fille. Saluez tout Varces pour moi et embrassez tendrement votre père de ma part.

Votre

Léon BLOY.

17

Bourg-la-Reine, Toussaint 1912.

Ma chère amie,

J'ai lu plusieurs fois votre somptueux article. Il est temps que je vous en parle.

Vous le dirai-je? La première lecture ne m'avait pas entièrement contenté. La première partie, en quelques endroits, me semblait un peu pénible. Aux alinéas 3, 4 et 5 de la 2ᵉ page, vous me paraissiez embarrassée d'un poids très lourd, ne sachant trop comment vous en délivrer, empêtrée dans les « fondrières » et les « glaises » d'un chemin obscur. Ces deux mots m'ont averti de votre peine qui fut grande quelques instants, avouez-le.

Une minute, vous m'aviez perdu de vue pour ne me retrouver que lorsque vous avez pensé aux « âmes sans abyme ». Alors, soudainement, tout s'éclairait, vous redeveniez agile, toute vivante et magnifique.

Relisant votre article, j'ai senti, chaque fois, cette gêne, ce tâtonnement momentanés, mais combien atténués par la splendeur de tout le reste! Je vous assure, Jeanne, que je suis très fier d'avoir pu être l'occasion ou l'objet d'un tel lyrisme de pensée et d'expression. Je ne sais pas si mon œuvre est aussi étonnante que vous le dites, étant, d'ailleurs, toujours étonné moi-même d'apprendre qu'un écrivain extraordinaire existe en moi. Mais quelle vision précise, quelle intelligence, dans l'admirable alinéa : « Léon Bloy saccage cette ordonnance... »

Ah! ma chère et très chère, je voudrais pouvoir vous serrer dans mes bras en pleurant de joie et d'orgueil. Je ne sais plus si vous êtes ma *nièce*, ma sœur, ma fille ou mon aïeule. Je vous vois si près de moi, si lumineuse, si confiante en Dieu qui a pris de la boue — et quelle boue! — pour me faire ce que je suis, sans que j'y fusse pour rien, éternellement!

N'est-ce pas votre cas, à vous aussi ?

Vous voulez que je sois « un immense artiste » et je

consens très volontiers à ce miracle, sans y rien comprendre.

De mon côté, je vois en vous un très haut poète et vous serez bien forcée d'y consentir, sans comprendre davantage.

Nous sommes de singuliers êtres situés, pour la Joie et pour la Douleur, dans un pays très lointain, à l'Ouest, j'imagine, au bord de l'Océan qu'on nommait autrefois la « Mer Ténébreuse », où Dieu fait pleuvoir les belles larmes de tous ses Saints. Soyons des colons fidèles et ne cherchons pas ailleurs.

Voilà tout ce que je peux vous dire aujourd'hui, en suppliant les cent quarante-quatre mille amis de l'Agneau d'environner l' « abyme de votre âme » nuit et jour.

Je vous prie de donner mon plus affectueux bonjour à votre cher mari.

Léon Bloy.

14 décembre 1913.

Votre lettre me touche beaucoup, ma chère Jeanne, et je ne veux pas différer d'une heure ma réponse.

Assurément je consens à être le parrain de votre enfant et je désire qu'après le nom choisi par ses parents, il porte ceux de Léon-Marie ou d'Henriette-Marie.

Vous me parlez très noblement du Baptême, et cela est rare dans notre monde soi-disant chrétien où la *réalité* du Sacrement n'existe plus.

Vous avez eu cette beauté d'âme, vous et votre Jean, de vouloir un pauvre pour parrain. Sans doute ce parrain mettra sur le berceau du nouveau-né une ombre mélancolique et douloureuse, mais, parce qu'il est un pauvre et même un mendiant, il sera un peu moins loin qu'un autre de Jésus-Christ. *Ego mendicus sum et pauper*, a-t-Il dit de Lui-même par la bouche inspirée de Son Prophète.

De mon côté, que ne recevrai-je pas de cette innocence?

Vous êtes une vraie chrétienne, ma chère amie, et je vous chéris profondément pour ce nouveau bienfait. Il est vrai que je suis déjà parrain d'un assez grand nombre, une sorte de patriarche spirituel, selon l'expression de mon filleul Jacques Maritain qui m'écrivait hier que je suis venu au monde pour cela.

« Réjouissez-vous dans le Seigneur, encore une fois, réjouissez-vous. » C'est ce que me disait, ce matin, l'Église, et votre lettre est arrivée aussitôt après...

Soyez parfaitement bénie.

Léon BLOY.

Mévoisins, par Saint-Piat (Eure-et-Loir),
23 *Juillet* 1914.

MON CHER FILLEUL (1),

Tu ne sais peut-être pas — ton éducation ayant été, jusqu'à présent, un peu négligée — que c'est, dans trois jours, 25 juillet, la fête de ton patron, le grand martyr auxiliateur saint Christophe, précurseur miraculeux de Christophe Colomb et compagnon à jamais de saint Jacques le Majeur.

Dans trois jours donc, je demanderai pour toi, par son intercession, que tu aies une part certaine à tout ce que j'ai pu gagner pour les autres, en acceptant de souffrir toute ma vie. J'espère que saint Christophe, depuis si longtemps honoré par moi, t'accordera, à ma prière, le don de Force, privilège des Martyrs, et une facilité merveilleuse de franchir, comme lui, les torrents les plus furieux, en portant sur tes épaules le petit Enfant Jésus qui pèse autant que tous les mondes.

En ton langage d'innocent, dis à ta mère et à ton père que ton vieux parrain les aime profondément et qu'il ne sait comment leur conter sa joie d'avoir été choisi. J'avais

---

(1) Adressée à Christophe Boussac.

tant besoin de toi, mon cher petit, pour compléter ma vieille garde, mon dernier carré de filleuls, dans les suprêmes batailles de ma vie!

En attendant qu'il te soit possible de prier extérieurement, on t'enseignera le Signe de la Croix pour ton parrain. Cela, je le demande, persuadé qu'un tel acte sera, dans cette intention très précise, une prière *intérieure* de ton innocence qui écartera de moi les démons.

Je t'embrasse en pleurant d'amour.

Léon Bloy.

Le Pèlerin de l'Absolu sera envoyé à Varces, aussitôt que je l'aurai reçu moi-même. Retard inouï de l'éditeur.

Rennes (Ille-et-Vilaine),
6, *rue des Dames.*
10 *Septembre* 1914.

Ma chère Amie,

Pour commencer, je vous embrasse d'un peu loin, mais de tout mon cœur. Vous savez déjà par votre père que je suis à Rennes avec ma femme et mes filles. Nous y sommes venus, plutôt qu'ailleurs, à cause de lui. Il fallait fuir Mévoisins qu'on pouvait croire menacé. Seul, je serais probablement resté, persuadé, d'ailleurs, que je vaux exactement 68 hommes, étant né en 1846. Vous savez mon goût pour les voyages et ma sénile passion pour les villégiatures. J'ai été servi supérieurement, vous en conviendrez.

Je voudrais pouvoir rire un peu, ma pauvre Jeanne, ne fût-ce que pour vous amuser un instant. J'avoue que le cœur me manque. Il y a trop d'âmes qui souffrent! Mais vous avez l'amour de la grandeur, vous êtes forte et vous pouvez, plus qu'une autre, porter votre cœur.

Vous m'avez lu, vous savez mes pensées, toujours les mêmes, et je sais qu'elles ne vous font pas peur.

La France a beaucoup à expier, ayant tellement méprisé

17*

les Larmes de sa Souveraine. Elle expie, sans doute, en ce moment, mais elle expie *sans repentir*. Je n'ai pas encore entendu dire qu'un seul évêque se soit levé pour dire : « Nous sommes châtiés pour n'avoir pas écouté la Mère de Dieu qui nous parlait en pleurant ». Cela est grave.

Bienheureux ceux d'entre nous qui pensent à cela! Ils seront épargnés probablement, mais les autres?

Cependant l'heure n'est pas venue. Je ne vois pas de *Signes*. Dieu ne se montre pas d'une manière sensible, indiscutable, et c'est cela que j'attends depuis un grand nombre d'années. En 1870, on disait dans quelques sacristies, sans plus de profondeur ni de repentir qu'aujourd'hui : « Voilà le châtiment ! ». Et on se croyait quittes. En 1914, la même parole vaine peut être entendue dans les mêmes endroits, comme si la Justice divine était dans une balance d'épicier. Moi, j'attends des Signes et, jusqu'à présent, je ne les vois pas. Aussi longtemps que le *Surnaturel* n'apparaîtra pas manifestement, incontestablement, effroyablement, délicieusement, il n'y aura *rien* de fait. Dieu ne peut pas être banal. Or ce qui se passe actuellement, cette guerre européenne comme il ne s'en est jamais vu, avec ses quinze ou vingt millions de combattants furieux, avec son *apparence* apocalyptique, avec les malheurs énormes qui s'ensuivent et qui s'ensuivront, tout cela est parfaitement banal.

Tout cela est un *prestige du Démon*, horrible tant qu'on voudra, mais un prestige, rien qu'un prestige tendant à faire croire aux hommes, particulièrement aux catholiques de France, qu'ils sont enfin châtiés tout de bon et qu'ils ont payé leur dette.

On a comparé ridiculement Guillaume à Attila, *fléau de Dieu*. N'entendez-vous pas le ricanement du Diable et ne sentez-vous combien il est idiot de supposer un tel rôle à ce pauvre pantin à moustaches? Même observation pour le vieux gâteux de Vienne. Ces deux misérables dont la puissance de boue et de ténèbres est sur le point de finir dans la honte et les ordures, ne savent absolument pas ce qu'ils font et c'est tout ce qu'on en peut dire.

Des fleuves de sang, des misères infinies, l'écroulement de deux empires, les consécutifs abois de tous les peuples à la curée, la banalité historique de tous les siècles; et puis rien, rien qu'un pauvre homme de 68 à 70 ans, écrivain par nécessité ou par impuissance, qui attend le Geste de Dieu!

Je vous le répète, Jeanne, ce qui se passe n'est pas autre chose qu'une grimace atroce du Démon, une *singerie* plus abominable que les autres. Voilà tout. Il s'agit de n'en pas avoir peur, mais de se dire que *ce n'est pas cela du tout*, que l'Esprit-Saint représenté par Notre-Dame de la Salette ne punira pas ainsi, mais d'une manière digne de lui, parfaitement inconnue, incompréhensible et indéniable. Méditez cela, chère amie, et pensez amoureusement, l'âme remplie d'espérance, à votre mari, à mon petit filleul Christophe qui porte Jésus sur ses petites épaules, à vos parents, à tous ceux que vous aimez, à moi-même enfin qui vous écris en ce moment pour vous élever le cœur.

Magnificat !
Votre

Léon Bloy.

21 *Décembre* 1914.

Ma chère Jeanne,

Le vieux parrain ne peut envoyer à son filleul Christophe, pour son premier Noël, que la bénédiction d'un pauvre. Dieu veuille qu'elle lui soit profitable! Le cher enfant saura, un jour, qu'il naquit à une époque où il y avait, pour ceux qui voulaient porter le Christ sur leurs épaules, des eaux violentes et fort amères à traverser. Alors, sans doute, selon la loi de nature, le parrain aura disparu avec beaucoup d'autres, mais en laissant quelques livres que vous lui ferez connaître et qui lui parleront de ce haut courage qui sera peut-être plus nécessaire que jamais aux enfants de Dieu.

Je ne sais plus rien de votre cher mari que j'aime et que je veux croire complètement guéri. Je vous prie de me renseigner quand vous aurez le temps de m'écrire.

J'ai cessé d'être un épistolier abondant, d'abord parce que je suis tout à mon livre sur Jeanne d'Arc, une de vos patronnes, travail extraordinairement difficile, surtout en ce moment où la vie matérielle est si pesante et l'esprit si accablé, si suffoqué de tristesse et de colère. Ensuite, que vous dirais-je? Mes pensées ne pourraient que vous affliger. Heureux les aveugles! Heureux — peut-être — ceux qui ne voient pas ce que je vois plus clairement chaque jour!

Un de mes meilleurs élèves, Philippe Raoux, m'écrivait, la semaine dernière, du fond de sa tranchée : « Oui, le *second* acte sera terrible et beaucoup trouveront que le premier était le plus doux ». Que voulez-vous qu'on dise à de pauvres âmes déjà tristes, quand on est dans de telles pensées ?

Avant la guerre, on ne voulait pas des menaces de la Salette ; aujourd'hui que ces menaces ont *commencé* à s'accomplir, on en veut bien moins encore. On refuse absolument d'y penser. Silence des évêques, silence des prêtres. Quand on leur en parle, il faut voir leur sourire méprisant ou leurs blasphèmes!

Vous devinez bien, Jeanne, que je ne pouvais pas écrire sur Jeanne d'Arc sans faire intervenir la guerre actuelle et, par conséquent, la Salette.

Voici quelques lignes de l'Introduction :

« La destruction de la cathédrale et de la ville de Reims, bombardées par la surdité criminelle de son archevêque, membre du Sacré Collège, contempteur et persécuteur de la Mère de Dieu qui avait pleuré *contre* lui sur la Montagne de la Salette; cette abominable immolation de la capitale de Jeanne d'Arc, le 68ᵉ jour anniversaire de la célèbre apparition, à la *même heure* où s'était accompli le miracle et dans les *mêmes circonstances liturgiques*, ne serait-elle pas, à la fois, un signe de colère et de miséricorde? Il y avait là une modeste et fragile statue de l'héroïne, autour de laquelle l'ouragan des obus a tout détruit sans pouvoir l'atteindre, — jusqu'à cet instant, — comme si la Pucelle de France avait encore quelque chose à faire! Demain, peut-être, apprendrons-nous qu'elle a été pulvérisée à son tour par la désobéissance implacable de ce pontife. *Religio depopulata.* »

Le mépris, la haine de la Salette par ceux qui avaient le devoir de propager les Paroles de la Mère, voilà le crime que nous sommes en train d'expier. Il faut croire que le temps de s'en repentir est passé, puisque l'aveuglement persiste et s'aggrave. Le nouveau Pape lui-même, dans sa première Encyclique, où il parle cependant des horreurs de la guerre, n'y a pas fait la plus lointaine allusion. Voilà ce qui me fait peur.

Je vous demande pardon, ma chère amie. Je ne voulais pas vous dire tout cela, mais je n'ai pu m'en empêcher, n'ayant pas autre chose dans l'esprit et me sentant, au surplus, très malheureux.

Donnez, je vous prie, mon bonjour affectueux à tous les vôtres et soyez assurée, une fois de plus, de ma profonde amitié.

Léon Bloy.

Bourg-la-Reine, 19 *mai* 1915.

Mon cher Ami (1),

J'ai reçu une très belle lettre de votre chère Jeanne. J'en avais déjà reçu quelques autres. C'est ma *seule* récompense, la plus précieuse, il est vrai. Ainsi que je le pré-

____

(1) Adressée à Jean Boussac.

voyais, mon livre n'a aucun succès. Plus que jamais, vu les circonstances exceptionnelles, il est évident que Dieu ne veut pas pour moi de victoire, même avec Jeanne d'Arc.

Je dois me résigner, accepter généreusement l'énormité de cette injustice.

Jeanne est-elle encore près de vous? Son père, qui est venu me voir, le dimanche 9, m'avait dit que, peut-être, en revenant de Montargis, elle passerait à Bourg-la-Reine.

En prévision de cette visite très désirée, j'ai préparé pour mon filleul Christophe un très somptueux exemplaire de ma *Jeanne d'Arc* que je serais heureux de confier à sa mère. Si elle ne vient pas, je l'enverrai à Varces.

Mais je tiens à lui faire savoir que mardi prochain, mardi de Pentecôte, 25 mai, nous célébrerons nos *noces d'argent*, ce jour-là étant le 25ᵉ anniversaire de notre mariage.

Nous réunirons les quelques amis qui pourront venir. Si Jeanne pouvait venir, notre joie serait complète.

Pauvre consolation, dans ce temps d'excessive tribulation.

Sergent instructeur! Quel métier pour vous, mon ami! Je vous plains de tout mon cœur.

Je ne sais si cette lettre vous parviendra, Jeanne ayant omis de me donner une adresse précise. Je vous écris tout à fait à la grâce de Dieu et je vous serre la main très chaleureusement, quoique avec mélancolie.

Léon Bloy.

30 *Juillet* 1915,
Mévoisins, par Saint-Piat (E.-et-L.)

Mon cher Boussac,

Je viens d'apprendre par Termier votre nouvelle blessure, heureusement peu grave, me dit-il. C'est donc toujours votre tour!

Quelle doit être la peine de votre Jeanne d'avoir un mari

si peu capable d'échapper aux coups de l'ennemi du genre humain!!!

Cependant elle se trompe et je vais vous dire la vérité qu'elle ignore.

Vous deviez être tué sans rémission. C'est certain. Mais je vous avais mis sous la protection très particulière de Ma Dame de Compassion. Je vous avais recommandé très spécialement à Mélanie et le projectile qui devait vous exterminer a été à un autre, ne vous atteignant que le moins possible.

A peu près dans le même temps et peut-être le même jour, mon autre ami Félix Raugel, également recommandé par moi, a été atteint, mais plus gravement. Il vivra et pourra même continuer son métier. Seulement il restera infirme. Il prend cela très bien, d'ailleurs, presque gaie ment, considérant que tout ce qui arrive est adorable, et la lettre qu'il m'a écrite est d'une parfaite sérénité.

Je vous dis cela, mon ami, pour que vous ne soyez pas trop triste. Il est probable, d'ailleurs, que la guerre est finie pour vous, la guerre pour laquelle vous ne semblez pas fait, puisque vous me disiez votre horreur d'éventrer, même des Boches, ce qui doit être pourtant une volupté dont je souffre cruellement d'être privé.

Ma vieille crinière est, hélas! inutile et dérisoire. Je suis un lion très usé. La guerre de 70 était une guerre *en dentelles*, comparée à celle-ci, venue si tard pour moi. C'est une humiliation à laquelle je dois me résigner.

Termier me dit que vous êtes à la Côte d'Azur, l'un des plus doux pays de la terre, heureusement dessouillé, je veux l'espérer, des aventuriers de la roulette et des rastas infâmes qui le contaminent ordinairement. Heureux et privilégié convalescent! Qu'avez-vous de mieux à faire que de rendre grâce?

Je vous écris de notre solitude de Mévoisins où je tâche de travailler pour me donner l'illusion d'être encore bon à quelque chose. Le pays est étrangement dépeuplé par la guerre, et le silence presque absolu, à peine troublé par le passage des aéroplanes ou des trains, donne la sensation du désert. Le soir surtout, cela pèse sur l'âme. Mais c'est à la fois troublant et apaisant de se dire que les tumultes infinis de l'heure actuelle finiront, dans quelques années ou dans quelques mois, par de la poussière.

A vous, mon cher Jean et à votre compagne, mes pensées les plus affectueuses.

Le parrain de Christophe qui est sans nouvelles de son filleul,

Léon Bloy.

N'ayant pas votre adresse exacte, je fais passer cette lettre par Varces. J'espère qu'elle vous atteindra et je prie Jeanne de me le faire savoir.

27 Décembre 1915.

Mon cher Jean Boussac,

Informé par votre femme de votre changement d'adresse, je me hâte de vous écrire avant que finisse la calamiteuse année. Je voudrais être en meilleur état et capable de vous donner quelque chose, mais je crains, mon ami, que vous ne soyez bien mal servi. Je suis complètement privé de forces, inerte et languissant la moitié du jour, sans savoir comment finira cette misère, nouvelle pour moi. Je sais cependant que mon rôle n'est pas fini en ce monde et qu'il faudra que j'achève ma tâche, n'importe comment. Cela, je le sais profondément, et cette certitude, même quand je souffre, me tient lieu d'une santé parfaite.

Je ne cesse de regarder l'avenir par-dessus la douleur présente et cette vision me fait tressaillir de joie. C'est en ce sens que je suis optimiste. Certes, nul mieux que moi ne peut voir le mal actuel, que j'ai si souvent annoncé, et le mal futur, désormais prochain, dont l'évidence devient aveuglante. Comment pourrais-je ne pas me réjouir de voir que Dieu agit enfin et visiblement sur la terre? Car ce qui se passe n'est vraiment pas de l'homme et nous sommes, sans doute possible, au seuil de l'Apocalypse.

Il y a maintenant deux Frances : celle du front et celle de l'arrière, l'une quasi sublime et l'autre prodigieusement abjecte. Ainsi se précise, *pour la première fois*, avec une fulgurante simplicité, l'antinomie trop inaperçue qui est le fond de l'histoire humaine. Une muraille vivante de pauvres, ayant accepté la mort et les tourments, et, derrière cette muraille qui les abrite, les chercheurs d'or dans le sang ou les ordures, les profiteurs et les jouisseurs! Sans parler des infâmes *marchés de guerre* favorisés par le plus infâme des gouvernements; pour ne rien dire de la purulente ignominie des accapareurs ou concussionnaires à tous les étages, qui font regretter la guillotine du Comité de Salut Public, que penser du monstrueux coup de filet nommé *l'emprunt de la Victoire*, emprunt à 5 % qui sera probablement réglé par la faillite et dont les malheureux artisans de la victoire ne verront peut-être pas venir un cinquantième, quand les intermédiaires innombrables se seront servis?

Vous êtes, mon cher Jean, du bon côté de la Lumière et votre situation est enviable, quelque dure qu'elle puisse paraître. Voici ce que j'écrivais tout dernièrement à un ami dans votre cas :

« Je vous dis, comme je le pense, que vous serez très particulièrement et très amoureusement protégé. Je me persuade que ceux qui m'aiment et qui ont eu compassion de moi seront traités avec une grande douceur et auront part à la sorte de vie surnaturelle que Dieu prépare en ce monde aux chères âmes qu'il veut y garder. Il est possible que, même dans le froid, la boue et l'angoisse physique, la détresse du cœur que vous redoutez vous soit épargnée. J'ai éprouvé cela, il y a quarante-cinq ans, lorsque j'étais en présence de ces mêmes ennemis diaboliques. Dans les pires moments et lorsque le désespoir semblait tout proche, visitation soudaine d'une vague de paix intérieure, abolition immédiate et merveilleuse de toute crainte, de toute tristesse et renouvellement instantané de la vigueur corporelle. Après tant d'années, j'ai le souvenir précis de ces bouffées de consolation délicieuse. Vous connaîtrez cela, mon cher ami, et il vous sera bien facile de l'obtenir. A ceux qui ont fait d'avance le sacrifice de leur vie, Dieu demande si peu, pas même la réalité de ce sacrifice, et vous savez si bien ce qu'il faut lui dire. »

Prenez tout cela pour vous, mon cher Jean Boussac. Ici, nous vous recommandons avec une entière confiance à Celle qu'on n'invoque pas en vain, et j'espère très fermement revoir en vous, non une victime de cette guerre abominable, mais un homme devenu plus fort et de qui l'épreuve aura superbement agrandi le cœur. Je vous crie donc de toutes mes forces : Patience et confiance! Dieu et sa Mère savent que je puis avoir besoin de vous et, ne fût-ce que pour moi, ils vous garderont.

Je vous embrasse.

Léon Bloy.

Saints Innocents, 1915,
Fête de saint Jean l'Évangéliste.

Ma chère Amie,

Je me suis tellement dépensé pour votre Jean qu'il ne me reste plus rien pour vous.

Je suis complètement anéanti, mais joyeux si j'ai pu réconforter un peu cet ami.

Il vous plaira d'apprendre que j'ai enfin des épreuves de Au seuil de l'Apocalypse. Dur travail pour un malade et qui serait impossible sans le dévouement de ma femme.

Embrassez pour moi notre innocent.

Votre

Léon Bloy.

8 *Mai* 1916.

Chère Amie,

Il faut me pardonner mon silence qui vous a peut-être étonnée.

J'ai été un peu plus malade, ces derniers temps, réduit à l'impuissance presque complète, et ce mal physique a été aggravé par d'horribles chagrins venus de Verdun.

Au reçu de votre dernière lettre si douloureuse, j'ai pu écrire, avec un grand effort, à votre père. C'est ma femme qui vous a répondu à ma place. Je n'en pouvais plus. Avez-vous reçu cette réponse? Votre père, qui vient de m'écrire, ne me le dit pas.

Que puis-je vous écrire, ma pauvre amie? C'est maintenant le temps de la souffrance pour tous ceux qui n'ont pas reçu leurs âmes en vain, et cette souffrance ne peut que s'aggraver. Elle est énorme déjà pour quelques-uns, et je vous assure que je n'ai pas trop de toute ma confiance en Dieu pour supporter les horreurs prochaines, que je prévois aussi nettement que j'ai prévu la guerre actuelle.

Si vous pouvez, en allant à Rennes, venir ici, avec mon petit filleul, je vous devrai quelques heures très douces. C'est surtout pour vous rappeler cette promesse que je vous écris aujourd'hui, en vous priant de me pardonner ma brièveté. Mon impuissance est extrême et mon état vraiment pitoyable.

Votre vieil ami très triste.

Léon Bloy.

26 *Août* 1916.

Très chère Amie,

Si j'étais un saint, je trouverais sans doute les paroles qu'il faudrait. Je ne suis qu'un pauvre homme au cœur déjà très meurtri et je ne peux que vous présenter mon impuissance douloureuse.

Le mardi 22, c'était l'octave de l'Assomption. La Sainte Vierge pouvait guérir notre ami. Elle a préféré l'emporter avec Elle dans son triomphe, sachant certainement que cela lui serait meilleur. Elle devait le chérir très particulièrement à cause de son extrême douceur, et il doit être si heureux maintenant dans la lumière!

Que Dieu vous donne, chère Jeanne, d'être fortifiée par cette pensée! Il vous donnera en même temps d'être consolée par ces deux âmes innocentes qui n'ont plus que vous sur la terre.

Tout ce qui se passe depuis deux ans est horrible assurément, mais nous ne pouvons pas douter de la Beauté de Dieu. Attachez-vous fortement à cette idée, ma pauvre Jeanne. Elle sera puissante sur votre âme. La Beauté de Dieu, la beauté adorable de tout ce qu'Il fait, de tout ce qu'Il permet, en accomplissement de Ses desseins, et l'infiniment peu de ce que nous croyons faire ou comprendre! Il n'y a pas d'autre réalité, mais elle ne peut entrer dans nos cœurs qu'avec le couteau.

Il faut pleurer *debout*, Jeanne, comme pleurait Marie, et vous dire à vous-même que vous êtes admirablement située pour prier et pour adorer.

Je suis avec vous de toute mon âme.

Léon BLOY.

Société Française d'Imprimerie d'Angers, 4, rue Garnier